레몬쌤의
미드
영어

미드 하나는 완벽하게 볼 수 있다!

레몬쌤의 미드 영어

초판 1쇄 펴냄 2020년 2월 5일

지은이 이혜영
펴낸이 고영은 박미숙

외부진행 김영은
디자인 ALL contents group
마케팅팀 오상욱 선민영 | **경영지원팀** 김은주

펴낸곳 뜨인돌출판(주) | **출판등록** 1994.10.11.(제406-251002011000185호)
주소 10881 경기도 파주시 회동길 337-9
홈페이지 www.ddstone.com | **블로그** blog.naver.com/ddstone1994
페이스북 www.facebook.com/ddstone1994
대표전화 02-337-5252 | **팩스** 031-947-5868

ⓒ 2020, 이혜영

ISBN 978-89-5807-747-3 13740

이 도서의 국립중앙도서관 출판예정도서목록(CIP)은 서지정보유통지원시스템 홈페이지
(http://seoji.nl.go.kr)와 국가자료종합목록 구축시스템(http://kolis-net.nl.go.kr)에서 이용하실 수 있습니다.
(CIP제어번호 : CIP2019052568)

미드 하나는 완벽하게 볼 수 있다!

레몬쌤의 미드 영어

이혜영 지음

뜨인돌

CONTENTS

▶ 영어 공부를 위한 미드 보기, 어떻게 시작할까?

영어 공부를 위해 미드를 보는 분들이 많아요. 미드를 보면 어떤 효과
가 있을까요?

먼저 듣기가 정말 좋아져요. 재미있는 미드 두세 시즌만 봐도 십몇
시간을 영어를 듣게 되지요. 많이 들으면 들을수록 귀는 열려요.

말하기도 덩달아 좋아져요. 미드는 기본적으로 듣기만 하지만 보다
보면 반복되는 대사나 인상적인 대사들이 기억에 남아 말을 하는 데
무척 도움이 될 거예요.

그런데 미드를 무작정 보기 시작하면 영어 실력이 갑자기 좋아질까
요? 오히려 내가 정말 영어를 못한다는 것을 깨닫고 자괴감에 빠질지
도 몰라요. 아는 단어, 아는 표현도 잘 안 들리는데 모르는 단어, 모르
는 표현이 수두룩하게 나오니까요. 게다가 배우들은 어찌나 빨리 말하
는지! 그냥 볼 때는 재미있지만 영어 공부를 위해 그 말을 다 알아들어
야겠다고 생각하면 엄청난 스트레스를 받을 거예요.

이렇게 준비가 되지 않은 미드 시청은 심장만 후덥지근하게 만들
어요. 그래서 미드를 보기 전에 준비 과정이 좀 필요해요. 영어를 미리
공부해야 하지요.

외국어를 잘한다는 건 읽기, 듣기, 말하기가 가능하다는 것인데 이를

위해서는 먼저 단어, 숙어, 문법 등의 기초가 있어야 해요. 지루하지만 견뎌야 하는 과정이에요. 어느 정도는 탄탄하게 기초를 쌓은 뒤에 읽기 → 듣기 → 말하기의 순서대로 익히는 것이 효율적인 방법이에요.

미드 보기는 듣기 과정에 해당돼요. 그러니 미드를 보기 전에 해야 할 것은 원서 책을 읽는 거예요.

미드를 볼 때는 자막을 켜고 봐야 효과적이에요. 어느 정도 자막을 이해할 능력이 있어야 하지요. 자막을 이해할 수 없다면 당연히 들리지도 않아요. 자막을 이해할 수 있다고 해도 처음에는 배우들의 말하는 속도가 너무 빠르게 느껴져서 자막을 읽는 속도가 듣는 속도를 못 좇아갈 거예요. 하지만 점점 따라잡게 되면 점차 자막에 있는 단어들이 선명하게 다 들리는 날이 올 거예요.

책을 좀 읽어 놓은 상태에서 미드를 시작해야 이런 효과를 단시간 안에 볼 수 있어요. 책을 많이 읽으면 읽을수록 미드를 볼 때 듣기가 정말 놀라운 속도로 좋아진답니다.

물론 먼저 미드부터 보겠다 하는 분들을 무조건 말릴 수는 없어요. 미드는 무진장 많이 보기만 해도 영어가 늘긴 해요. 그런데 웬만큼 준비가 되어 있지 않고서는 정말 조금밖에 안 들릴 거예요.

최소한 사전에서 모르는 단어를 다 색칠하고 몇 번 읽고 문법 문제집도 한 권은 풀고 회화책은 한 권을 서너 번 반복해서 베껴 쓰고 책도 몇 권 읽는 준비가 필요해요.

내가 준비를 철저히 할수록 들리는 것들이 많아요. 그러면 미드를 보는 그 시간이 너무 재미있어요. 미드를 보면서 답답함을 느끼기 싫고 실력이 쑥쑥 느는 것을 즐기고 싶다면 책을 읽어야 해요.

그런데 책 읽기는 어떻게 할까요? 책 읽는 것도 무턱대고 시작하면 쉽게 좌절할 수 있어요. 단어, 숙어, 문법 등의 기초를 쌓으려고 하면 양도 무척 방대할 뿐 아니라 공부법도 제각각이라 혼자서는 엄두가 안 날 거예요. 하지만 제 공부법을 따라 하면 무조건 쉽게 책을 읽을 수 있어요.

영어 기초를 탄탄히 쌓고 싶은 분들은 제가 기존에 출간한 『태어나서 처음 하는 진짜 영어공부』를 보거나 제 블로그(https://blog.naver.com/lemonstory73)를 참고해 주세요. 책이 체계적으로 공부하는 데 도움이 되겠지만 블로그 글도 꼭 읽어 봤으면 해요.

▶ 미드, 얼마나 봐야 할까?

예전에 애틀란타에서 일본어를 공부할 때 일본 드라마를 비디오로 빌려 봤었어요. 요즘에야 인터넷으로 외국 드라마를 쉽게 접할 수 있지만 그때는 비디오 가게를 통해야만 가능했지요.

한국 슈퍼에서 더 이상 빌려 볼 비디오가 없을 때 일본 사람들이 운영하는 쇼핑센터에서 일본 전문 비디오 가게를 발견했어요. 벽에 온통 일본 비디오가 꽂혀 있는 것을 봤을 때 반짝이는 금은보화를 본 것만큼 기뻤어요. 모두 다 보고 싶었어요. 일본어가 명쾌하게 들리지 않아서 박살 낼 기회만 보고 있었는데 그 비디오들을 다 보면 가능할 것 같았어요. 그런데 역시 또 시간이 문제였어요. 직장 생활을 하고 있었을 때라 하루가 너무나 짧았거든요.

그래도 꾸준히 빌려 봤는데 드디어 기회가 왔어요. 직장을 그만두었거든요. 남편에게 두 달만 쉬다가 다른 직장을 찾겠으니 두 달만 나를 자유부인으로 만들어 달라고 말했어요. 딱 두 달만 모든 가사 일에서 벗어나게 해 주면 딱 잠자는 시간만 빼고 비디오를 봐서 일본어를 완전히 내 것으로 만들어 보겠다고요. 굉장히 불쌍한 얼굴을 하고 부탁했어요.

일본어는 공부하고 있던 다른 언어들에 비해 대단히 쉬웠기 때문에 시간을 질질 끌지 않고 완전히 끝내 버리고 싶었어요. 저의 간절한 부탁에 남편은 큰 결심을 했어요. 살림도 맡아 주고 딸도 보살펴 주면서 자신의 직장도 다니는 슈퍼 남편이 되기로 한 거죠.

일본 드라마 비디오를 산더미처럼 빌려다 놓고 새벽 4시에 일어나 비디오를 보기 시작해서 밤 11~12시에 자는 생활을 딱 두 달 했어요. 남편이 차려 주는 밥을 먹어 가며 아무 생각도 하지 않고 비디오만 봤어요. 두 달이 얼마나 짧은 시간인 줄 알기에 1초도 그냥 보낼 수 없었어요. 화장실에 자주 갈까 봐 물도 거의 안 마셨어요. 그 당시 일본 드라마는 소재가 무척 다양해서 매력적이었어요. 처음엔 재미있어서 시간 가는 줄 몰랐어요. 그런데 계속 보다 보니 어느 순간에는 내가 드라마를 보는지 드라마가 나를 보는지 모르는 상태가 되기도 했어요. 두 달이 끝나가는 막판에는 어지러워서 비틀거리기도 했어요. 그리고 나니 일본어는 거의 만족할 수준이 되었답니다.

이처럼 외국어를 익히기 위해 드라마를 본다면 생각하는 것보다 훨씬 많이 봐야 해요. 정확한 양을 드리는 건 정말 조심스러워요. 개개인의 차가 크니까요.

그래도 많이 편안해지는 순간을 정해 본다면 대략 40~50개의 드라마를 봐야 할 거예요.

미드는 시즌제로 되어 있어요. 10개가 넘는 시즌을 가진 드라마도 있고 2~3개 정도의 시즌을 가진 것도 있어요. 시즌 안의 에피소드 개수도 다양해요. 3회 정도로 끝나는 것도 있고 20회를 훌쩍 넘는 것들도 종종 있어요. 그러니 40~50개의 드라마라는 건 굉장히 막연한 숫자일 수 있어요. 총 몇 회를 봐야 한다고 정확하게 말씀드릴 수는 없어요. 40~50개라는 숫자는 그만큼 미드를 다양하게 많이 봐야 한다는 의미예요.

미드 볼 때의 원칙은 '골고루 봐야 한다'예요. 생활 속에서 어떤 말이 튀어나올지는 아무도 모르는 거잖아요. 물론 직업이나 취향에 따라 많이 만나는 분야는 당연히 있겠지만 그래도 어떤 분야의 말들을 듣고 말하게 될지 알 수 없는 것이 생활이잖아요. 그런 의미에서 미드를 골고루 본다는 것은 다양한 영어 세싱을 만난다는 거예요.

▶ 미드, 무엇을 봐야 할까?

막상 미드를 보려면 뭘 봐야 할지 막막할 거예요. 어떤 미드를 봐야 할지 고르는 게 생각보다 소모적일 수 있어요. 미드의 세계가 워낙 방대하다 보니 고르려면 결정 장애가 오기 십상이에요. 시작하기도 전에 지쳐서 포기하고 싶을지도 몰라요. 신중하게 고른 다음 보기 시작해도 내가 선택한 미드가 과연 영어 공부에 도움이 되는지 의심이 생길 수 있어요. 혹시 다른 미드가 더 도움이 되지 않을까 기웃거리며 갈팡질팡하게 돼요.

게다가 미드를 완벽하게 공부하겠다는 각오로 단어 찾고 대사 분석하고 따라 말하고 이렇게 공부하면서 보기 시작하면 열에 아홉은 곧 포기해요. 그렇게 하면 해야 할 것들이 너무 많아서 공부 의욕이 빠르게 사그라들어요.

그래서 미드를 보는 가장 효율적인 방법을 알려 드리려고 해요. 이 책에 소개한 단계별로 따라가면서 그냥 보기만 하면 돼요.

영어 공부를 위해 미드를 볼 때는 어떤 미드로 시작하느냐가 중요해요. 처음 볼 때는 공부한다는 부담감을 덜 수 있도록 정말 재미있는 미드로 시작해야 해요. 1단계에서 봐야 할 미드는 5편인데 24, Alias, Sex and the City, Six Feet Under, Lost예요. 좀 오래된 드라마들이지만 그만큼 많은 사람들이 검증한 재미와 몰입도가 최강인 드라마들이에요.

명심할 점은 1단계에서는 단어 미리 익히고 대사 외우고 할 필요 없이 그냥 봐야 한다는 거예요. 일단 보다 보면 미드의 세계에 빠지게 되고 어느 정도 보는 요령도 생길 거예요. 하지만 이렇게 해서 과연 영어가 늘까 하는 의심도 같이 생길 거예요. 그래서 2단계에서 해야 할 일은 단어를 분석하며 보는 일이에요. 딱 한 개만 해 보면 돼요. 우리가 단어를 분석하며 볼 미드는 This is Us인데 일상생활을 다룬 드라마라 수준이 평이해요. 2단계 챕터에 구체적인 방법이 나오니 그저 따라 하면 돼요.

3단계에서는 이제 취향대로 미드를 보면 돼요. 40~50개는 봐야 하는데 취향에 맞는 미드를 찾느라 우왕좌왕할 필요 없게 이것도 추천 목록을 분류해 놓았어요. 분류해 놓은 것 말고 다른 것을 더 보고 싶은 분들은 부록에서 550개의 미드를 정리한 목록을 참고해 주세요. 취향이 어떻든 보고 싶은 모든 드라마가 다 있을 거예요.

▶ 미드, 어떻게 봐야 할까?

미드를 볼 때는 꼭! 반드시! 자막을 틀고 보아 주세요. 한글 자막 말고 영어 자막으로요.

미드는 듣기 공부인데 왜 자막을 보냐고요? 그래서 듣기가 늘겠느냐고요? 우리는 미드를 통해서 새로운 형태의 독서를 할 거예요. 책으로 하는 독서는 자신이 속도를 조절하기 때문에 말하는 속도에 맞추는 일이 그리 쉽지 않아요. 미드의 자막은 그야말로 말하는 속도로 지나가기 때문에 자막을 읽을 수 있으면 말하는 속도를 따라가는 셈이 되겠지요. 그런데 자막을 읽다 보면 아시겠지만 모르는 단어와 숙어들이 넘쳐날 거예요. 모르는 것들은 암만 들어도 몰라요. 심지어 내가 뭘 모르는지도 모르고 지나가게 되지요.

사실 미드를 볼 때 목적으로 삼아야 할 것은 두 가지예요.

1. 자막 읽는 속도를 빠르게 한다.
2. 내가 알지 못하는 숙어들을 눈으로 읽으며 익숙해지도록 한다.

그럼 미드 볼 때 듣기는 신경 안 써도 되냐고요? 듣기는 하루아침에 좋아지는 것이 절대 아니랍니다. 시간과 양이 필요해요. 그리고 자막을 틀고 읽으면서 봐도 듣기는 충분히 늘어요. 듣기는 많이 듣는 것도 중요하지만 이해력과 속도가 동반이 되어야 하거든요. 단순히 많이 들는다고 듣기가 늘 거라는 생각은 말아 주세요. 진정한 듣기는 듣는 일 말고 읽는 일에서 해결돼요.

물론 자막 없이 보는 일도 중요해요. 꼭 필요해요. 그런데 모든 일에는 순서가 있는 법. 일단 자막을 보면서 읽는 일에 집중해 주세요. 특히 제가 소개하는 1단계 목록은 무조건 자막을 가지고 봐 주세요.

그리고 미드는 되도록 전 시즌을 다 보는 걸 권장하지만 웬만큼 봤다 싶으면 바로 다음 드라마로 넘어가는 과감함도 필요해요. 미드 보기를 시작할 때는 세월아 네월아 늘어져서 보면 안 되거든요. 기간을 딱 정해 놓고 이 기간 안에 끝낸다는 마음으로 몰입해서 봐야 해요. 1단계 목록을 다 보는 기간을 10일 정도로 잡으면 가장 이상적이지만 그러려면 생활도 다 포기해야 하고 잠도 거의 자지 않아야 하니 2주 정도로 목표를 잡으세요. 힘들 것 같다 싶으면 3주로 잡아도 돼요. 2단계 This is Us 단어 분석도 나름의 기간을 정하고 그 안에 끝내는 걸 목표로 잡았으면 해요.

직장에 다니는 분들은 목표한 기간 안에 하는 게 힘들 거예요. 직장 다니는 분들은 최소한의 잠만 자고 보는 걸 목표로 해 주세요. 적어도 1단계에서는 건강을 해치지만 않겠다 싶게 최소한의 일상을 보내고 무조건 미드 보는 양을 늘려 주세요.

미드 보기는 복습의 절정판이에요. 모르는 단어나 숙어가 나와도 거기에 연연하지 마세요. 미드 보기는 알고 있는 걸 다지는 순간이에요. 알고 있는 것들에 날개를 다는 순간이에요. 그래서 무조건 양을 늘려야 하고요. 속도를 내야 한답니다. 모르는 것은 그냥 구경만 해 주세요. 모르는 것들은 차차 공부하면 돼요.

미드 보기 : 1단계

입문하기
좋은 미드

#24 #Alias #Sex and the City #Six Feet Under #Lost

1단계 미드 목록의 선정 이유

영어 공부에서 미드 보는 것만큼 설레는 일이 있을까요? 미드 볼 때는 뭘 외우거나 뭘 쓸 필요가 없어요. 그냥 화면에 나오는 대로 보고 들리는 대로 듣기만 하면 되기 때문에 공부한다는 부담감을 내려놓을 수 있어요.

그런데 보다 보면 들리는 게 너무 없어서 쉽게 좌절할 수 있어요. 화면 속의 배우들이 진지하게 이야기를 나누다가 충격 받은 표정을 짓는데 내용을 전혀 알 수 없을 때는 고구마 100개를 삼키는 것 같은 답답함도 느낄 거예요. 그럴 때 한글 자막을 켜고 싶은 유혹에 넘어가기 정말 쉬워요. 그렇게 중도에 포기하게 되지요.

그래서 반드시! 꼭! 영어 자막을 켜고 봐야 해요. 어느 정도는 내용에 대한 궁금증을 해소시켜 줄 거예요. 자막이 흘러가는 속도를 따라가려고 애쓰다 보면 자막 없이도 이해하는 날이 곧 올 거예요.

처음에 볼 1단계 미드 목록은 무조건 재미있는 것들로 골랐어요. 미드는 사실 무조건 많이 보기만 하면 돼요. 하지만 재미없는 내용을 억지로 본다면 금방 질리고 말 거예요. 특히 처음 시작하는 미드가 중요해요. 1단계 미드 목록대로 시작하면 공부한다는 괴로움을 잊고 미드 보는 재미에 푹 빠질 수 있어요.

처음은 고단할 거예요. 그래도 처음에 끝을 잘 내야 해요. 양으로 버티다 보면 질의 발전은 꼭 찾아와요.

24

테러방지단 C.T.U 요원 잭 바우어가 테러를 막기 위해 활약하는
24시간을 실시간으로 구성한 액션 드라마

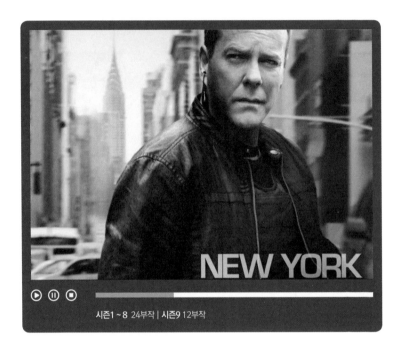

시즌1 ~ 8 24부작 | 시즌9 12부작

　많고 많은 미드 중 중독성이 강한 건 24가 으뜸이에요. 이 드라마를
보기 시작했다가 밤을 새웠다는 사람이 부지기수예요. 저도 그중 하나
예요. 24를 보면서 일상생활을 평탄하게 보낼 수 있는 사람은 별로 없
을 거예요. 그 정도로 재미있어요.

주인공 잭이 미국을 테러 조직으로부터 지키는 이야기인데 에피소드 한 편이 한 시간 동안 벌어지는 사건을 다뤄요. 한 시즌이 24시간 동안 벌어지는 이야기인데 시청하고 있는 가운데 실시간으로 사건이 진행되는 거예요. 그 긴장감이 말도 못 해요. 눈을 뗄 수가 없는 긴박한 상황들이 끊임없이 등장해요.

미드를 처음 시작한다면 이보다 더 적합한 드라마를 찾기가 어렵지 않을까 싶어요. 물론 테러 얘기가 많이 나와서 일상 생활과 괴리가 있고 첩보 작전과 관련된 전문적인 단어들이 등장해서 얼핏 어려울 것 같다고 느낄 수 있어요. 그러나 선악 구조가 뚜렷해서 절대 어렵지 않아요. 단어들을 다 알아듣지 못해도 충분히 내용을 파악할 수 있어요.

한 시즌에 24부작씩 구성되어 양이 꽤 많지만 보는 시간이 절대 지루하지 않아요. 중간에 포기하는 일 없이 끝까지 드라마를 볼 수 있어요. 끝까지 봐야 한다는 의무감에 꾸역꾸역 보는 게 아니라 재미있어서 술술 넘기면 어느새 미드 보는 양을 훌쩍 늘릴 수 있을 거예요.

영어 공부를 위해 드라마를 본다는 생각을 싹 잊게 만들어 줄 드라마예요.

Alias

CIA와 비밀조직 SD-9 사이에서 이중 스파이로 활약하는
시드니의 이야기를 다룬 액션 첩보 드라마

시즌 1 ~ 4 22부작 | 시즌 5 17부작

좀 오래된 드라마이긴 하지만 Alias를 봐야 하는 이유는 24만큼 재
미있어서예요. 24가 실시간으로 진행되면서 당장 미국이나 세계에 큰
난리가 날 것 같아 우리를 정신없게 만드는 데 비해 Alias는 좀 여유 있
어요.

CIA 첩보원인 주인공 시드니가 자신이 속한 조직 SD-9가 사실은 CIA를 위장한 악의 세력이라는 걸 알게 되면서 이야기가 시작해요. 시드니는 이중 스파이가 되고 세계 곳곳을 돌아다니며 첩보 활동을 펼치게 돼요.

첩보 활동 중에 시드니가 변장하는 화려한 패션도 볼 만하고 나오는 액션들도 격렬해요. 시드니 가족에 얽힌 비밀이 드러나면서 끊임없이 반전이 펼쳐져요. 살짝 귀띔을 하자면 시드니의 아버지는 시드니와 같은 첩보원이고 시드니의 어머니는 죽은 줄 알았지만 사실은 살아 있으면서 엄청난 비밀을 숨기고 있어요.

르네상스 시대 예언자의 유물에 신비한 힘이 있다는 음모론도 곳곳에 뿌려 놓았어요. 이런 비밀과 음모를 알기 위해서 다음 회가 계속 궁금해져요. 한마디로 궁금함에 끊을 수가 없는 드라마예요.

이 드라마를 볼 때도 가끔 어려운 단어들이 등장을 해서 심란할 수 있어요. 어차피 미드를 처음 보게 되면 겪을 수밖에 없는 일이에요. 당연한 과정이라고 생각하고 너무 스트레스 받지 마세요. 사소한 것들을 꼬치꼬치 알려고 하다가는 큰 것을 얻을 수 없어요. 그냥 넘기는 것이 중요해요. 그냥 넘겨도 큰 줄거리를 이해하며 즐기는 데에는 아무 문제가 없어요.

Sex and the City

뉴욕에 사는 4명의 여자 친구들의
사랑과 우정, 일상을 다룬 드라마

시즌1 12부작 | 시즌2~4 18부작 | 시즌5 8부작 | 시즌6 20부작

Sex and the City는 많은 인기를 끌었는데 특히 20~30대 여자들
이 좋아했던 드라마예요.

　뉴욕에 사는 4명의 여자 친구들, 칼럼니스트인 캐리, 홍보 전문가
사만다, 큐레이터 샬롯, 변호사 미란다의 이야기로 일상생활 단어가

많이 나와서 영어 공부용으로 적합해요.

캐리가 칼럼을 쓰고 내레이션을 하면서 이야기가 진행되는데 매 회마다 칼럼의 주제가 그 에피소드의 주제이지요. 드라마 제목에도 노골적으로 나온 만큼 여성들의 성생활이 주된 소재라서 야하긴 해요. 하지만 단순히 성생활만 그린 것이 아니라 사랑과 이별에 대한 진지한 고민이 담겨 있답니다. 게다가 일하면서 겪는 문제, 인간관계에 대한 고민도 자주 다루고 있어요.

모두 성공한 여자들이니만큼 4명이 매회 펼치는 화려한 패션도 좋은 볼거리이고 사랑과 이별을 어떻게 하는가도 궁금하지만 이 드라마의 백미는 4명이 음식점에서 모여 얘기할 때예요. 4명이 모여 서로의 생활과 고민을 털어놓고 조언도 하고 위로도 하는데 저런 친구들이 있으면 정말 좋겠다는 생각이 절로 들어요. 나이가 들면 시간 내서 만날 수 있고 자기 속 이야기도 아무 거리낌 없이 할 수 있는 친구들을 사귀기란 정말 쉽지 않으니까요.

여자들의 삶을 주로 다뤄서 남자들의 입장에서는 공감이 안 될 수도 있지만 뉴욕의 삶을 엿볼 수 있다고 생각하고 가볍게 보면 좋을 거예요. 24나 Alias 같은 액션 드라마를 보다가 잠시 쉬어 간다고 생각해 주세요.

#4

Six Feet Under

LA에서 장의사 일을 하는
피셔 가족의 이야기를 그린 드라마

EVERY DAY ABOVE GROUND IS A GOOD ONE
SIX FEET UNDER

HBO

시즌1~3 13부작 | 시즌4~5 12부작

절대 유쾌할 수 없는 주제 중의 단연 일등은 죽음일 거예요. 그러나 또 절대로 멀리 할 수 없는 주제 중의 하나도 죽음이에요. 절대 유쾌하지 않지만 늘 우리 곁을 맴도는 이 죽음이라는 주제로 많은 이야기들이 있어요. 그래서 도대체 새로운 이야기가 있을까 싶지만 새로운 이야기들은 늘 등장하지요.

Six Feet Under는 장의사를 업으로 하는 가족의 이야기예요. 제목처럼 땅 아래 6피트에 관을 묻는 장의사들이 주인공이지요.

매회 누군가가 죽음을 맞이하는데 장의사 집안의 가장이 죽음을 맞이하면서 시작해요. 죽음을 소재로 다룬 만큼 당연히 인간의 깊은 내면을 들여다보는 드라마예요. 그러나 지루하거나 너무 어렵지 않아요. 블랙 코미디도 많이 섞여 있답니다. 이 드라마를 끝까지 보고 나면 삶을 보는 눈이 반드시 달라질 거예요.

이 드라마는 누구도 부정할 수 없는 명작이에요. 죽음을 통해서 삶을 새롭게 들여다보게 하는 기가 막힌 힘을 가졌어요. 주옥같은 대사도 빼놓을 수 없는 장점이에요. 진중한 대사들이지만 그렇다고 심오한 영어 실력을 요구하는 것도 아니에요. 차분히 앉아서 여러 종류의 죽음들을 들여다보고 있자면 내 삶에 대해서 생각하게 돼요. 영어 공부가 목적이 아니더라도 누구나 한번쯤 보면 좋을 드라마예요.

5

Lost

비행기 사고로 섬에 추락한 승객들이 겪는 사건들과
서로의 과거가 연관되어 펼쳐지는 미스터리 드라마

시즌1~3 13부작 | 시즌4~5 12부작

Lost는 우리나라의 김윤진 배우가 나와서 한층 더 유명해진 드라마
예요. 재미교포 배우 대니얼 김도 나오지요. Lost도 미드에 처음 입문
할 때 보면 좋아요. 재미 면에서 타의 추종을 불허하거든요. 24가 손에
땀을 쥐게 하면서 다음이 미친 듯이 궁금한 드라마라면 Lost는 꾸준

히 머릿속을 맴돌면서 생각을 하게 만드는 드라마예요. 미스터리를 좋아한다면 Lost를 정말 재미있게 볼 수 있을 거예요.

남태평양의 한 무인도에 비행기가 추락하게 되고 살아남은 40여 명의 사람들이 구조대를 기다리며 섬에서 살아가는 내용이에요. 로빈슨 크루소 같은 이야기인가 싶겠지만 무인도에 신비한 힘이 있고 사람들 사이에서 갈등 같은 게 생기면서 이야기가 한도 끝도 없이 펼쳐져요.

무인도에서 생존하는 이야기뿐만이 아니라 생존자들의 과거 사연들도 함께 나오면서 궁금증을 자아내요. 무인도인 줄 알았던 곳에 또 다른 사람들이 등장을 하면서 벌어지는 이야기도 흥미로워요.

드라마로 영어 공부를 시작하면 모든 드라마가 다 어렵고 까다로운 단어와 문장들을 장착한 채 초보자들을 공격(?)하는 것 같지만 분명 쉬운 드라마도, 어려운 드라마도 있어요. 그중에 이 드라마는 어려운 난이도는 아니에요. 초보자들이 보기에 심히 괴로운 단어들과 문장들이 별로 없어요. 그렇지만 나름 철학적인 부분이 많이 내포된 드라마라 거슬릴 때도 있을 거예요. 그러려니 하고 지나가는 것이 필요해요. 모르는 것에 신경 쓰기보다 아는 것들이 나올 때에만 초점을 맞추세요.

02

This is Us

#This is Us

This is Us 단어를 분석하는 이유

미드에 나오는 단어들은 책에 나오는 단어들에 비해서는 쉬워요. 물론 어려운 단어들이 쏟아져 나오는 미드도 간간히 있기는 해요. 그러나 전반적으로 보면 드라마에 나오는 단어가 책에 나오는 단어들보다는 쉬워요. 그런데 책은 읽어도 미드는 영 안 들린다는 사람들이 많아요. 왜 그럴까요?

책은 스스로 속도를 조절하면서 읽는 게 가능하지만 드라마는 내가 속도를 조절하는 것이 불가능해요. 내가 이해할 수 없다고 해서 배우들이 천천히 말해 줄 리는 만무하지요. 배우들이 말하는 속도와 내가 이해하는 속도가 맞아떨어지지 않으면 이해하기 어려워요.

또 드라마에는 생활 영어가 많이 나와요. 그런데 그 생활 영어 중에는 미리 공부를 해 두어야 이해가 가는 것들이 꽤 많아요. 미드를 보려면 생활 영어 패턴을 익혀 둘 필요가 있어요.

그리고 미국 사람들은 말을 좀 뭉개서 하는 경향이 있어요. 사실 대부분이 그래요. 내가 다 아는 문장이고 이해 속도에 문제가 없어도 못

알아듣는 경우가 종종 있어요. 이건 양으로 해결하는 수밖에 없어요. 이골이 날 때까지 많이 듣는 방법밖에 없어요.

미드 볼 때 단어를 미리 공부하면 듣는 데 어느 정도 도움을 받을 수 있어요. 그렇다고 미드를 볼 때마다 단어를 공부해야 한다면 너무 험난한 과정이에요. This is Us만 단어를 미리 익히고 보면 돼요. 일상생활을 다룬 This is Us는 단어가 무난하고 평이하기 때문에 다른 미드를 볼 때에도 큰 도움이 될 거예요.

혹시 원한다면 This is Us 단어를 익힌 방법을 다른 미드에도 적용시킬 수 있어요. 대본은 인터넷에서 검색하면 쉽게 구할 수 있으니까요. 모든 드라마를 다 이렇게 공부할 필요는 없지만, 하고 싶으시다면요.

This is Us 소개

세 쌍둥이인 케빈, 케이트, 랜달과 그들의 부모의 과거와 현재가 교차하며 전개되는 이야기

시즌1~시즌3 18부작

This is Us는 미국에서 큰 인기를 끈 드라마예요.

케빈, 케이트, 랜달, 세 쌍둥이의 이야기가 태어난 때와 어린 시절, 36살이 된 현재가 교차되어 펼쳐지는데 그들의 부모 잭과 레베카의 이야기도 중요한 축을 이루어요.

사실 드라마의 처음에는 이들이 가족 관계라는 것이 밝혀지지 않아요. 케빈, 케이트, 랜달, 잭이 각각 생일에 겪는 일들이 따로 따로 펼쳐지죠. 이 4명은 모두 같은 날 생일이에요. 왜 같은 날 생일이 되었는지 이유는 나중에 밝혀져요. 중요한 스포를 먼저 말한 것 같아 조심스

럽지만 알고 봐도 감동적이에요. 숨어 있는 사연들을 더욱 궁금해지게 만드는 전개 때문에 빠져들어 볼 수밖에 없는 드라마예요.

This is Us는 보다가 대성통곡까지 할 수 있어요. 이게 막 슬픔을 강요하는 그런 드라마는 아니지만 심금을 아주 후벼 파는 스타일이에요. 가족 간의 갈등과 알게 모르게 주고받는 상처들을 결국 가족의 사랑으로 감싸 안는 내용에 완전히 감정이입할 수 있어요. 보다 보면 인생을 송두리째 돌아보게 만드는 내용이죠.

1단계 목록에서 봤던 드라마들이 좀 오래되고 머리 써서 봐야 하는 드라마였다면 This is Us는 쉬어 갈 수 있는 드라마예요. 취향에 따라 본격적으로 미드를 골라 보기 전에 보고 가면 좋아요. 특히 영어 공부하기에 딱 맞춤이에요.

전문적인 분야나 특이한 소재를 다룬 것이 아니라 일상의 이야기이기 때문에 단어가 그리 어렵지 않고 실생활에 유용한 표현들이 많아요.

배우들도 다들 무난한 발음으로 연기하고 누구나 호불호 없이 즐길 수 있는 드라마랍니다.

This is Us 시즌1의 단어 목록과 공부 방법을 준비했는데 절대 다 외워야겠다는 생각은 하지 마세요. 단어를 공부한다는 건 다 외우라는 뜻이 절대 아니에요. 단지 훑어 보고 익숙해지면 돼요. 눈으로 손으로 익숙해지는 것만 목표로 하세요.

이렇게만 해도 드라마를 보기에 한결 편할 거예요. 더욱 자신감을 가지고 볼 수 있어요.

This is Us에 가장 많이 나오는 단어

이 드라마의 시즌1에는 98,430여 개의 단어가 등장을 해요. 시즌1의 총 13개 에피소드에 등장하는 단어 수예요. 물론 98,430여 개의 각각 다른 단어가 나오는 건 아니고요. 겹치는 단어들도 많아요. 일단 많이 나오는 단어들을 좀 살펴볼까요?

This is Us에 가장 많이 등장하는 두 단어는 총 4,982번과 4,231번 등장해요. 이 두 개의 단어는 뭘까요? 답을 보기 전에 재미 삼아 한번 먼저 생각해 보세요. 우리가 영어에서 가장 많이 보는 단어랍니다.

4,982번 등장하는 단어는 I이고 4,231번 등장하는 단어는 you예요. 그밖에 1,000번 이상 나오는 단어는 다음과 같아요.

▶ 1000번 이상 나오는 단어

4,982번	I	1,612번	and
4,231번	you	1,554번	that
2,870번	is	1,548번	a(n)
2,180번	the	1,151번	are
2,103번	to	1,069번	do
1,768번	not	1,034번	am
1,763번	it		

1,000번 이상 나오는 단어들은 뻔한 거예요. 주어 역할을 하는 대명사와 be동사가 많아요. 관사인 a와 the도 한자리를 차지하지요.

이제 500번 이상 나오는 단어들도 한번 살펴볼까요?

역시 여기에도 대명사들이 많고요. be동사들과 함께 이번에는 전치사들이 많이 보이지요? be동사 말고 know, have 같은 동사들도 등장을 하고 있어요. 여기에도 모르는 단어들은 없을 거예요.

이제 100번 이상 나오는 단어들을 만나 볼까요?

▶ 100번 이상 나오는 단어

499번	uh	321번	she	220번	because
487번	but	321번	there	211번	sorry
485번	will	317번	now	206번	her
482번	like	317번	well	205번	chuckles
467번	hey	309번	got	202번	love
461번	gonna	295번	if	201번	look
458번	with	292번	Randall(등장 인물)	200번	let
408번	get	275번	one	189번	then
397번	go	262번	him	187번	need
372번	here	254번	Jack	185번	um
367번	up	251번	how	185번	would
362번	about	245번	time	184번	why
362번	out	239번	they	179번	sighs
350번	good	237번	when	178번	back
345번	at	235번	think	177번	had
344번	did	230번	Kevin(등장 인물)	176번	been
334번	can	230번	really	173번	Kate(등장 인물)
331번	want	229번	see	173번	say
325번	come	226번	man	171번	thank

169번	could	139번	day	116번	much
168번	us	138번	hmm	114번	hi
167번	mm	135번	something	114번	please
166번	baby	134번	as	113번	three
165번	his	134번	or	110번	guys
160번	take	133번	yes	110번	maybe
156번	who	131번	tell	110번	over
154번	little	129번	never	109번	always
153번	some	128번	make	109번	play
153번	William(등장 인물)	128번	way	108번	going
152번	mean	127번	more	107번	down
152번	Rebecca(등장 인물)	123번	life	106번	should
150번	thing	123번	two	105번	God
149번	laughs	122번	dad	104번	mom
148번	an	121번	does	104번	very
147번	were	121번	them	103번	doing
144번	too	121번	where	103번	feel
140번	from	118번	kids	101번	off
140번	our	117번	great	100번	said

100번 이상 등장하는 단어들도 다 쉽지요? 혹시 눈에 거슬리는 단어가 있다면 사람 이름으로 쓰는 단어이거나 킥킥거리다, 낄낄 웃다의 뜻을 가진 chuckle 정도일 거예요. 이 단어는 사실 대사가 아니라 대본의 지문에 등장하는 단어예요.

100번 이상 등장하는 단어들은 150개 정도고요. 이 150개 정도의 단어들이 등장하는 숫자의 총합은 약 68,000개가량 되었어요. 그러니까 시즌1의 총 98,430여개의 단어들 중에 100번 이상 등장을 하는 단어들의 수가 거의 3분의 2 정도를 차지한다는 얘기예요.

다른 미드의 단어 구성도 이와 비슷할 거예요. 결국 우리가 미드를 보면서 만나는 단어들의 3분의 2는 딱히 공부가 필요 없는 아주 기본적인 것들이라는 결론이 나와요.

This is Us에 100번 이하로 나오는 단어

이번에는 100번 이하 11번 이상 등장을 하는 단어들을 많이 나오는 순서대로 살펴볼 건데요. 여기에도 그리 어려운 단어들은 없어요. 거의 중학교 수준의 단어들이에요. 혹시라도 낯선 단어라면 그건 의성어이거나 줄임말 같은 것들일 가능성이 높아요.

그래서 원칙적으로 단어만 놓고 보자면 미드는 별다른 공부 없이도 웬만큼은 이해를 할 수 있는 게 맞아요. 그러나 말하는 속도 때문에 미드의 흐름을 따라잡기가 힘든 거고요. 미리 공부를 해야 할 숙어 등 표현들도 많아서 단어만 가지고 해결을 할 수는 없지요.

This is Us 시즌1에 11번에서 99번까지 등장하는 단어는 650개이고요, 대사에 총 19,000번 등장해서 전체의 5분의 1을 차지해요. 100번이상 등장하는 단어들 포함, 11번 이상 등장하는 단어는 모두 87,000번가량 등장해 This is Us 시즌1의 90% 정도를 차지해요.

100번 이하로 나오는 단어

99번	even	85번	has	72번	hell
97번	night	85번	stop	72번	new
97번	Toby(등장 인물)	82번	huh	71번	home
96번	by	81번	still	71번	I'd
92번	actually	79번	father	71번	lot
92번	first	79번	thought	70번	ever
92번	sure	78번	give	70번	laughing
92번	talk	78번	work	70번	things
91번	only	77번	Beth(등장 인물)	69번	kind
89번	years	76번	anything	68번	before
88번	big	76번	wait	68번	wow
87번	everything	76번	wanted	66번	other
87번	nice	75번	than	65번	guy
87번	show	74번	call	65번	into
86번	every	74번	people	64번	door
86번	fine	73번	told	64번	old

64번	thanks	55번	getting	49번	care
64번	tonight	55번	meet	49번	Christmas
64번	wife	55번	watch	49번	exhales
63번	bad	55번	whole	49번	left
63번	these	54번	being	49번	made
62번	real	54번	best	49번	place
61번	away	54번	bye	49번	pretty
61번	phone	54번	find	49번	Thanksgiving
61번	remember	54번	son	48번	hear
60번	better	54번	which	48번	house
60번	family	53번	long	48번	keep
59번	trying	53번	myself	48번	today
58번	both	52번	girls	47번	after
58번	done	51번	came	47번	around
58번	those	51번	enough	47번	birthday
57번	babe	51번	mother	47번	cause
57번	happy	51번	nothing	47번	cool
57번	playing	50번	damn	47번	mmm
57번	their	50번	gone	47번	talking
56번	last	50번	help	46번	car
56번	Miguel(등장 인물)	50번	put	46번	coming
56번	together	49번	again	46번	everyone
55번	course	49번	any	46번	hold

46번	listen	40번	groans	37번	ten
46번	probably	40번	happened	37번	yourself
46번	since	40번	leave	36번	already
46번	start	40번	room	36번	another
46번	woman	40번	softly	36번	brother
46번	wrong	40번	try	36번	crying
45번	girl	40번	understand	36번	found
45번	morning	39번	alone	36번	own
45번	ooh	39번	hard	36번	perfect
45번	year	39번	hate	36번	person
44번	boy	39번	looking	36번	sniffles
44번	end	39번	Pearson(등장 인물)	36번	thinking
44번	manny	39번	ready	36번	went
44번	second	38번	ah	35번	bit
44번	used	38번	music	35번	clears
43번	having	38번	same	35번	each
43번	job	38번	through	35번	late
43번	met	37번	bring	35번	lost
43번	might	37번	eat	35번	parents
43번	name	37번	friend	35번	school
42번	knew	37번	guess	35번	Tess(등장 인물)
41번	world	37번	kid	35번	throat
40번	fun	37번	stuff	34번	'em

34번	daddy	31번	sit	28번	ask
34번	everybody	31번	while	28번	children
34번	next	30번	ago	28번	eyes
34번	Olivia(등장 인물)	30번	babies	28번	funny
34번	party	30번	chuckling	28번	grunts
34번	stay	30번	Dr.	28번	hello
34번	TV	30번	fat	28번	hope
34번	until	30번	few	28번	hours
34번	whoa	30번	grandpa	28번	mind
34번	yet	30번	making	28번	movie
33번	beautiful	30번	saw	28번	turn
33번	black	30번	scoffs	27번	anymore
33번	face	30번	soon	27번	anyway
33번	part	30번	voice	27번	break
33번	someone	29번	Bec(등장 인물)	27번	else
33번	took	29번	crazy	27번	front
33번	weight	29번	deep	27번	game
32번	also	29번	different	27번	lose
32번	five	29번	idea	27번	seen
32번	though	29번	later	27번	week
31번	believe	29번	laugh	27번	whatever
31번	Kev(등장 인물)	29번	sounds	26번	Annie(등장 인물)
31번	miss	29번	white	26번	bed

26번	conversation	25번	once	23번	quietly
26번	friends	25번	open	23번	shirt
26번	heart	25번	run	23번	station
26번	hot	25번	sleep	23번	wear
26번	indistinct	25번	supposed	23번	whispers
26번	leaving	25번	surgery	23번	worry
26번	live	25번	taking	23번	New York
26번	may	24번	die	22번	absolutely
26번	months	24번	laughter	22번	ahead
26번	most	24번	moment	22번	change
26번	move	24번	money	22번	continues
26번	pick	24번	story	22번	days
26번	problem	24번	true	22번	deal
26번	promise	24번	wants	22번	drink
26번	saying	24번	yep	22번	either
26번	sister	24번	young	22번	fall
26번	six	23번	almost	22번	far
26번	Sloane(등장 인물)	23번	brought	22번	felt
26번	sweet	23번	called	22번	gasps
26번	tomorrow	23번	close	22번	honey
26번	without	23번	least	22번	hospital
25번	dinner	23번	married	22번	husband
25번	entire	23번	means	22번	makes

22번	minute	21번	wherever	19번	happening
22번	opens	20번	Ben(등장 인물)	19번	heard
22번	reason	20번	between	19번	Jessie(등장 인물)
22번	scared	20번	dead	19번	loved
22번	shut	20번	dying	19번	meeting
22번	song	20번	excuse	19번	must
22번	started	20번	football	19번	needed
22번	sweetheart	20번	gave	19번	point
21번	asked	20번	happen	19번	roll
21번	boat	20번	matter	19번	serious
21번	boys	20번	nurse	19번	set
21번	breathe	20번	office	19번	top
21번	crap	20번	shh	19번	Tyler(등상 인물)
21번	cute	20번	Sophie(등장 인물)	19번	wake
21번	drive	20번	times	19번	watching
21번	favorite	20번	working	19번	wish
21번	fire	19번	Andy(등장 인물)	18번	amazing
21번	question	19번	band	18번	breath
21번	read	19번	business	18번	bum
21번	sex	19번	child	18번	buy
21번	someties	19번	couple	18번	catch
21번	telling	19번	full	18번	check
21번	walk	19번	grandma	18번	closes

18번	deserve	17번	calling	16번	class
18번	doctor	17번	chatter	16번	cream
18번	half	17번	cheering	16번	died
18번	happens	17번	clicks	16번	ex
18번	hat	17번	cut	16번	exactly
18번	inhales	17번	easy	16번	excited
18번	inside	17번	four	16번	fact
18번	joke	17번	kitchen	16번	feeling
18번	mine	17번	plan	16번	free
18번	moving	17번	ray	16번	hands
18번	Pilgrim	17번	rings	16번	head
18번	Rick(등장 인물)	17번	Shelly(등장 인물)	16번	high
18번	sad	17번	theater	16번	kidding
18번	send	17번	triplets	16번	living
18번	seriously	17번	welcome	16번	many
18번	service	17번	you'd	16번	meant
18번	sing	17번	yup	16번	minutes
18번	sniffs	16번	announcer	16번	mommy
18번	super	16번	beeps	16번	past
18번	terrible	16번	body	16번	previously
18번	totally	16번	bowl	16번	rest
18번	tour	16번	cannot	16번	spend
18번	whispering	16번	career	16번	tried

16번	turned	15번	kiss	14번	lives
16번	weird	15번	line	14번	loud
16번	women	15번	machine	14번	loves
16번	yours	15번	nobody	14번	lucky
15번	applause	15번	panting	14번	mad
15번	appreciate	15번	piano	14번	marriage
15번	ass	15번	pool	14번	outside
15번	book	15번	quick	14번	raise
15번	breathing	15번	Sanjay(등장 인물)	14번	says
15번	city	15번	side	14번	seems
15번	cousin	15번	singing	14번	sexy
15번	date	15번	single	14번	sir
15번	drunk	15번	third	14번	somebody
15번	early	15번	touch	14번	speak
15번	eating	14번	anyone	14번	stage
15번	eight	14번	awesome	14번	stand
15번	finally	14번	biological	14번	stopped
15번	fix	14번	cabin	14번	such
15번	gets	14번	dating	14번	surprise
15번	groaning	14번	dear	14번	table
15번	hit	14번	hoping	14번	takes
15번	ice	14번	knows	14번	till
15번	kept	14번	liked	14번	use

14번	wearing	13번	road	12번	definitely
13번	across	13번	screaming	12번	during
13번	asleep	13번	sick	12번	fair
13번	bathroom	13번	sleeping	12번	finish
13번	bedroom	13번	smile	12번	giggles
13번	Bradshaw (미식축구 선수)	13번	soul	12번	grew
13번	comes	13번	sound	12번	honestly
13번	crowd	13번	special	12번	insane
13번	deeply	13번	tradition	12번	king
13번	dream	13번	truth	12번	known
13번	drinking	13번	uncle	12번	merry
13번	feels	13번	waiting	12번	month
13번	forgot	13번	walking	12번	news
13번	hand	13번	words	12번	pay
13번	hour	12번	afternoon	12번	plays
13번	keys	12번	along	12번	ringing
13번	knocking	12번	asking	12번	seem
13번	light	12번	beeping	12번	slow
13번	lunch	12번	booth	12번	sort
13번	Mr.	12번	breaking	12번	starts
13번	nights	12번	broke	12번	stomach
13번	offer	12번	cheese	12번	sunshine
13번	pal	12번	clean	12번	tongue

12번	valentine	11번	dark	11번	obviously
12번	water	11번	decided	11번	push
12번	weeks	11번	dog	11번	quit
12번	wind	11번	egg	11번	ridiculous
12번	worst	11번	Eve	11번	smart
12번	yelling	11번	figure	11번	standing
11번	acting	11번	food	11번	star
11번	answer	11번	forget	11번	starting
11번	anybody	11번	forgive	11번	store
11번	artist	11번	goes	11번	team
11번	audience	11번	himself	11번	thinks
11번	buddy	11번	lately	11번	trip
11번	bus	11번	lead	11번	trust
11번	busy	11번	leg	11번	window
11번	camp	11번	looks	11번	wonder
11번	cold	11번	Mrs.		
11번	cuz	11번	none		

This is Us에 10번 이하로 나오는 단어

11번 이상 등장하는 800개의 단어들이 전체 단어의 90%를 차지한다는 얘기는 10번 이하로 등장하는 단어들이 나머지 10%를 차지한다는 얘기겠지요? 그럼 10번 이하로 등장하는 단어들은 몇 개일까요? 무려 4,700개가 넘어요. 중복 등장을 제외하면 미드 This is Us 시즌1에 등장하는 단어의 수는 5,500개가 넘는데요. 11번부터 4,982번까지 등장하는 단어의 수는 800개이고 1번부터 10번까지 등장하는 단어의 수가 무려 4,700개가 넘어요.

10번 이하로 등장하는 단어들은 다시 2번에서 10번 정도 나오는 단어들과 딱 한 번 나오는 단어들로 나눌 수 있어요. 2번에서 10번까지 등장하는 단어는 2,220개 정도이고 딱 한 번 등장하는 단어는 2,390개 정도예요. 2번에서 10번까지 등장을 하는 단어 수보다 딱 한 번 등장을 하는 단어 수가 더 많지요?

2번에서 10번까지 등장을 하는 단어들을 먼저 모아 봤어요. 한번 죽 훑어 주세요. 여기도 쉬운 것들이 대부분이에요. 그런데 뜻을 모르는 것들도 살짝 눈에 띈다는 걸 알게 될 거예요. 그래도 전반적으로는 절대 어렵지 않아요.

어려운 게 있다면 아마 사람이나 가게 이름, 관용어 등이겠지요. 이건 미드를 보면서 내용과 같이 파악을 해야 이해가 쉬우니 너무 파고들지 않아도 돼요.

대부분의 미드는 이렇게 많이 등장하는 적은 수의 단어와 적게 등
장하는 많은 수의 단어로 구성되어 있어요. 적게 등장하는 단어들도
대부분 이미 알고 있는 단어들이에요. 그러니 단어 공부를 그리 세게
하지 않아도 돼요. 한결 마음이 편안해지는 분석 결과예요.

▶ 10번 나오는 단어

1	able	17	dude	33	lied
2	adult	18	freaking	34	longer
3	bah	19	glass	35	magic
4	bar	20	golf	36	mama
5	blues	21	grade	37	men
6	bought	22	grow	38	middle
7	boyfriend	23	hair	39	moved
8	bud	24	handle	40	nine
9	cake	25	healthy	41	opening
10	cancer	26	history	42	painting
11	chance	27	holy	43	pass
12	chocolate	28	hotel	44	peace
13	chuckle	29	huge	45	pie
14	coffee	30	incredible	46	possibly
15	dance	31	Jesus	47	pregnant
16	dress	32	learn	48	running

49	screw	55	talked	61	wondering
50	seat	56	tired	62	word
51	sent	57	town	63	worked
52	somewhere	58	under	64	worth
53	step	59	win	65	yesterday
54	street	60	won		

▶ 9번 나오는 단어

66	adopted	82	fiancee	98	lights
67	air	83	focus	99	list
68	apologize	84	folks	100	literally
69	appointment	85	future	101	Memphis(지역)
70	aw	86	gay	102	needs
71	bet	87	glad	103	neither
72	born	88	gotta	104	nervous
73	breakfast	89	hang	105	paper
74	brings	90	heavily	106	Peabody (등장 인물)
75	cat	91	hurt	107	Pittsburgh(지역)
76	character	92	indistinctly	108	played
77	clothes	93	keeps	109	quarter
78	cry	94	lady	110	ran
79	David(등장 인물)	95	lay	111	red
80	fast	96	less	112	rehearsal
81	fault	97	lie	113	ride

114	scary	121	stupid	128	vogue
115	Schneider (등장 인물)	122	suck	129	washing
116	seven	123	taken	131	we'd
117	snow	124	teeth	130	weather
118	soft	125	themselves	132	what'd
119	strike	126	threw	133	whenever
120	stuck	127	Tony(등장 인물)	134	worried

▶ 8번 나오는 단어

135	academy	150	changing	165	jealous
136	act	151	chemo	166	Jemma(등장 인물)
137	actor	152	closed	167	join
138	admit	153	completely	168	land
139	against	154	crackers	169	lived
140	ai	155	daughter	170	looked
141	arm	156	distance	171	Madonna(가수)
142	assistant	157	dogs	172	marry
143	barely	158	eye	173	meetings
144	basement	159	follow	174	message
145	behind	160	hated	175	monkey
146	bringing	161	he'd	176	mouth
147	calm	162	human	177	network
148	careful	163	interesting	178	ones
149	changed	164	jazz	179	pee

180	pizza	191	showed	202	teach
181	playwright	192	shower	203	trouble
182	pose	193	sitting	204	turkey
183	pounds	194	slept	205	turns
184	putting	195	space	206	upset
185	questions	196	speaking	207	upstairs
186	realized	197	spent	208	wall
187	respect	198	spin	209	where'd
188	safe	199	staying	210	whooping
189	Santa	200	sucks		
190	shall	201	sun		

▶ 7번 나오는 단어

211	afraid	222	box	233	doorstep
212	American	223	broken	234	dreams
213	appendix	224	calories	235	drop
214	ate	225	chair	236	drugs
215	attack	226	cheers	237	dry
216	awful	227	chess	238	ear
217	bag	228	chicken	239	enjoy
218	banana	229	clatters	240	eventually
219	birth	230	clear	241	except
220	blows	231	company	242	exciting
221	board	232	dessert	243	fancy

244	feet	268	mirror	292	secret
245	fit	269	missed	293	shouting
246	fly	270	mistake	294	skinny
247	footsteps	271	movies	295	spending
248	forever	272	mwah	296	state
249	Frank(등장 인물)	273	nah	297	Steelers(미식축구 팀)
250	gift	274	named	298	strong
251	given	275	near	299	suit
252	grunting	276	Novak(등장 인물)	300	suitcase
253	ho	277	numbers	301	support
254	How'd	278	officially	302	surprised
255	hurts	279	others	303	taste
256	instead	280	pain	304	throw
257	Issues	281	photo	305	track
258	Josie(등장 인물)	282	picture	306	tree
259	joy	283	planned	307	vice
260	Lanie(등장 인물)	284	pound	308	video
261	lemon	285	princess	309	wash
262	lemonade	286	pull	310	whistle
263	loss	287	quiet	311	wine
264	low	288	rather	312	worse
265	lying	289	relax	313	write
266	master	290	resembling	314	writing
267	medication	291	ruined		

315	age	338	distinct	361	hurry
316	allowed	339	Doc	362	involved
317	apartment	340	Dolly(등장 인물)	363	Jessica(등장 인물)
318	ball	341	doorbell	364	Joe(등장 인물)
319	beginning	342	drama	365	kill
320	bigger	343	drinks	366	killed
321	biggest	344	empty	367	knock
322	booked	345	explain	368	Kyle(등장 인물)
323	boss	346	fake	369	ladies
324	bottle	347	fan	370	likes
325	Buchanan (등장 인물)	348	feelings	371	listening
326	card	349	fell	372	manager
327	cash	350	firm	373	Mayflower(선박)
328	chimes	351	forward	374	memorial
329	chirping	352	Friday	375	monitor
330	choice	353	gentlemen	376	mostly
331	closet	354	girlfriend	377	names
332	confused	355	grace	378	number
333	continue	356	Heather(등장 인물)	379	older
334	cost	357	Hill(등장 인물)	380	otherwise
335	death	358	hired	381	overwhelmed
336	destroy	359	holiday	382	pack
337	dick	360	humming	383	pair

384	park	401	seats	418	sweater
385	parties	402	sees	419	tapes
386	plus	403	sell	420	tells
387	problems	404	selling	421	tequila
388	proud	405	share	422	thankful
389	quite	406	shoes	423	total
390	raised	407	simple	424	twice
391	reading	408	someday	425	understood
392	realize	409	sometime	426	unless
393	record	410	sooner	427	usually
394	relationship	411	sourest	428	wedding
395	Rocky(영화)	412	Spain	429	whiskey
396	role	413	split	430	wide
397	scale	414	stairs	431	willing
398	scene	415	stammers	432	works
399	schedule	416	straight	433	Yvette(등장 인물)
400	screams	417	stranger		

▶ 5번 나오는 단어

434	accent	440	AI	446	awake
435	account	441	Alan(등장 인물)	447	become
436	actress	442	annoying	448	beer
437	actual	443	arrhythmia	449	beyond
438	addict	444	Asher(등장 인물)	450	blue
439	afford	445	Aunt	451	borderline

452	bread	476	dollars	500	greatest
453	brief	477	doubt	501	grocery
454	brownies	478	Duke(등장 인물)	502	group
455	build	479	Elaine(등장 인물)	503	heavy
456	burst	480	emotional	504	Hollywood(지역)
457	cancel	481	England	505	hon
458	caught	482	especially	506	honest
459	cause	483	everywhere	507	horse
460	Charleston(지역)	484	experience	508	idiot
461	cheating	485	farm	509	imagine
462	choose	486	feed	510	important
463	classes	487	field	511	intense
464	clearly	488	figured	512	interest
465	congrats	489	fingers	513	interested
466	congratulations	490	floor	514	invite
467	coughs	491	fool	515	invited
468	country	492	freak	516	judgment
469	curious	493	fruit	517	keeping
470	dates	494	furnace	518	kindness
471	decision	495	gee	519	kiyah
472	difference	496	gentle	520	lines
473	dings	497	goal	521	lonely
474	dirty	498	gosh	522	lots
475	dive	499	grab	523	loving

524	ma	548	police	572	smoke
525	ma'am	549	poor	573	snacks
526	Maine(지역)	550	pretend	574	sobbing
527	mention	551	promised	575	spinning
528	miracle	552	protect	576	sports
529	Mo(등장 인물)	553	register	577	stops
530	moments	554	remind	578	straighten
531	noon	555	rock	579	strange
532	normal	556	rolling	580	suddenly
533	notice	557	sauce	581	taught
534	nuts	558	save	582	teacher
535	ourselves	559	scream	583	timing
536	ow	560	script	584	toast
537	packed	561	season	585	tough
538	partner	562	shift	586	treat
539	Paul(등장 인물)	563	shooter	587	ugh
540	paying	564	shopping	588	upon
541	personal	565	short	589	uptight
542	Peter(등장 인물)	566	shot	590	vacation
543	picked	567	showing	591	visiting
544	piece	568	sign	592	wanna
545	pieces	569	signal	593	Webster(등장 인물)
546	plane	570	smell	594	Wednesday
547	plenty	571	smiling	595	wise

596	wrote	598	yo	600	zone
597	yay	599	yogurt		

601	(a)'bout	621	bear	641	camera
602	address	622	beauty	642	case
603	adults	623	beg	643	celebrate
604	alive	624	begins	644	certain
605	although	625	believes	645	Challenger(우주선)
606	Amex(신용카드)	626	bell	646	chase
607	animal	627	birds	647	checked
608	anxious	628	bless	648	chest
609	anywhere	629	blood	649	Chloe(등장 인물)
610	approaching	630	boom	650	Cleveland(지역)
611	arms	631	brain	651	clicking
612	Ashley(등장 인물)	632	branch	652	club
613	attention	633	breakdown	653	clubs
614	attitude	634	breaks	654	coat
615	au pair(입주 보모)	635	bucks	655	cocaine
616	aware	636	bunch	656	Coke(코카콜라)
617	ay	637	buried	657	college
618	background	638	bypass	658	colors
619	bacon	639	Cain(성경 인물)	659	comfortable
620	bail	640	calls	660	concerned

661	consider	686	eh	711	George(등장 인물)
662	control	687	ended	712	ghost
663	cooing	688	ends	713	ghosts
664	cook	689	engaged	714	gig
665	cousins	690	engine	715	giggling
666	cover	691	English	716	giving
667	cribs	692	episode	717	grades
668	cycles	693	expect	718	grand
669	dangerous	694	expected	719	grandchildren
670	Daytona(지역)	695	extra	720	granddaughter
671	deeper	696	faith	721	grant
672	delivery	697	famous	722	grateful
673	dice	698	fans	723	gray
674	dieting	699	favor	724	green
675	director	700	fight	725	grief
676	discussion	701	fighting	726	growing
677	distorted	702	finished	727	grown
678	distress	703	fired	728	habit
679	diving	704	fishing	729	Hamlet(소설)
680	divorced	705	followed	730	hanging
681	donkey	706	fourth	731	hates
682	driver	707	Froggy's(가게)	732	helpful
683	ducks	708	funeral	733	hike
684	duty	709	gastric	734	holding
685	eats	710	geez	735	hole

736	homework	760	losing	784	opportunity
737	homophobic	761	maker	785	owl
738	hoo	762	male	786	pants
739	hut	763	mark	787	passed
740	introduce	764	math	788	pet
741	jam	765	meat	789	Pharaoh
742	Jared Leto (영화 배우)	766	memory	790	picking
743	Jesse(등장 인물)	767	mic	791	pills
744	Jew	768	miles	792	places
745	judge	769	milk	793	planet
746	junk	770	million	794	planning
747	Katowski(등장 인물)	771	miserable	795	plate
748	kicked	772	moans	796	player
749	kicking	773	nanny	797	pleasure
750	kiddo	774	nap	798	plug
751	kings	775	Nathan(등장 인물)	799	poem
752	learned	776	necessary	800	poet
753	learning	777	neck	801	possible
754	leaves	778	newborn	802	potato
755	lesson	779	Noel(크리스마스)	803	pow
756	letter	780	Nope	804	pregnancy
757	letting	781	notebook	805	prepare
758	load	782	oatmeal	806	present
759	locked	783	olds	807	pressure

808	pretending	832	shrieks	856	sunscreen
809	private	833	sides	857	talent
810	program	834	sight	858	talks
811	pulling	835	Simon(등장 인물)	859	tape
812	rapidly	836	sitcom	860	Teddy(등장 인물)
813	reasons	837	sixth	861	terrified
814	replaced	838	size	862	tests
815	restaurant	839	skies	863	text
816	romantic	840	small	864	therapy
817	ruin	841	soccer	865	thumbs
818	rustling	842	sold	866	tickets
819	sacrificed	843	somehow	867	tie
820	salad	844	spare	868	tight
821	Saturday	845	speakers	869	towel
822	science	846	speaks	870	truly
823	sec	847	speed	871	tub
824	security	848	sport	872	Tuesday
825	self	849	spread	873	twins
826	series	850	squeals	874	type
827	shake	851	stick	875	using
828	shame	852	storm	876	VCR
829	shape	853	stress	877	shock
830	sharply	854	suicide	878	vomiting
831	shop	855	Sunday	879	walked

880	warm	884	wondered	888	younger
881	watched	885	writer	889	zero
882	sugar	886	version		
883	whirring	887	ya		

890	abandoned	908	avoiding	926	blow
891	Abel(성경 인물)	909	awkward	927	blown
892	accidentally	910	babysitter	928	bodyguard
893	accounts	911	balls	929	bomb
894	action	912	banging	930	bone
895	affair	913	barber	931	bottom
896	afterwards	914	Barbie(인형)	932	bow
897	agent	915	bartender	933	brag
898	aggressive	916	based	934	Brandon (등장 인물)
899	agreed	917	Bauman(등장 인물)	935	breast
900	Alex(등장 인물)	918	bears	936	breastfeed
901	almond	919	beat	937	brick
902	alright	920	bedrooms	938	bride
903	alt	921	begin	939	briefcase
904	angry	922	bi	940	brilliant
905	apart	923	biggie	941	British
906	apple	924	bitch	942	bro
907	asses	925	blanket	943	BS(bullshit)

944	bug	968	client	992	cross
945	built	969	clients	993	crossed
946	burgers	970	clothing	994	crown
947	burning	971	clouds	995	crushing
948	buzzing	972	comedy	996	cue
949	cap	973	comfort	997	cup
950	Cara(등장 인물)	974	commentator	998	curl
951	carpet	975	complete	999	cutting
952	carry	976	condition	1000	dare
953	carrying	977	confirm	1001	Darryl(등장 인물)
954	Catherine (등장 인물)	978	considered	1002	dated
955	cats	979	cooking	1003	decide
956	celebrity	980	cops	1004	decisions
957	censor	981	count	1005	deny
958	certainly	982	counting	1006	deposit
959	chattering	983	crack	1007	derivative
960	Cheez-it(과자)	984	cracker	1008	descending
961	Chevelle(자동차)	985	cranberry	1009	desk
962	childhood	986	crank	1010	dies
963	chill	987	crash	1011	diet
964	chips	988	crickets	1012	digging
965	church	989	cried	1013	direct
966	clapping	990	critic	1014	direction
967	clattering	991	crops	1015	disgusting

1016	diversify	1040	explaining	1064	futures
1017	dolls	1041	explosion	1065	gain
1018	Dorothy(등장 인물)	1042	fabulous	1066	games
1019	dot	1043	faces	1067	gin
1020	double	1044	fading	1068	gives
1021	Doug(등장 인물)	1045	Fannin(등장 인물)	1069	goin
1022	drank	1046	fashion	1070	grandkids
1023	drifted	1047	faults	1071	grandmother
1024	drifting	1048	fellas	1072	Greek
1025	driving	1049	film	1073	guarantee
1026	drumming	1050	fir	1074	guilty
1027	due	1051	fixed	1075	habits
1028	easier	1052	fixing	1076	Hamilton(뮤지컬)
1029	echoing	1053	flat	1077	Hanukkah (유대교 명절)
1030	embarrassing	1054	floating	1078	health
1031	energy	1055	Florida(지역)	1079	heat
1032	errand	1056	flowers	1080	helping
1033	estimates	1057	fold	1081	highlight
1034	Ethan(등장 인물)	1058	former	1082	honks
1035	evening	1059	foster	1083	honor
1036	exceptional	1060	Fox's(가게)	1084	horn
1037	expensive	1061	Franco (미식축구 선수)	1085	horses
1038	experienced	1062	French	1086	hundred
1039	experimental	1063	fridge	1087	hungry

1088	imitates	1111	labored	1134	Misery(소설)
1089	inauthentic	1112	Labrador	1135	missing
1090	Inigo Montoya (드라마 인물)	1113	laughed	1136	moaning
1091	installed	1114	leads	1137	models
1092	interview	1115	Lee(등장 인물)	1138	Molly(등장 인물)
1093	Israel	1116	legally	1139	monster
1094	itchy	1117	level	1140	moon
1095	itself	1118	lift	1141	moonshadow
1096	jeans	1119	lingerie	1142	morphine
1097	Jenna(등장 인물)	1120	lips	1143	mouths
1098	jerk	1121	lodge	1144	Ms.
1099	jerks	1122	Los Angeles(지역)	1145	mumbles
1100	(New) Jersey(지역)	1123	lovely	1146	murmuring
1101	jicama	1124	loyal	1147	musician
1102	jingle	1125	lunches	1148	natural
1103	juice	1126	magician	1149	neighborhood
1104	junior	1127	mailman	1150	nest
1105	Katie(등장 인물)	1128	Malone(등장 인물)	1151	niece
1106	Kelsey(등장 인물)	1129	match	1152	nor
1107	kiddies	1130	mate	1153	nursing
1108	kinda	1131	medicine	1154	O'Shannon's (가게)
1109	kinds	1132	Mexico	1155	offense
1110	knowing	1133	microphone	1156	oil

1157	oncologist	1180	pickles	1203	reel
1158	onion	1181	pictures	1204	regular
1159	onto	1182	pile	1205	relief
1160	option	1183	pill	1206	remaining
1161	order	1184	Pinewood(지역)	1207	rent
1162	original	1185	pissed	1208	repair
1163	ounces	1186	pit	1209	report
1164	owed	1187	position	1210	return
1165	pad	1188	positive	1211	rhythmic
1166	paid	1189	pray	1212	ring
1167	paint	1190	previous	1213	risk
1168	parent	1191	privately	1214	rocks
1169	parenting	1192	project	1215	Ron Howard (영화 배우)
1170	passing	1193	proper	1216	rose
1171	passion	1194	Puerto Rican	1217	round
1172	passive	1195	pulled	1218	row
1173	patterns	1196	pumped	1219	rule
1174	pause	1197	quality	1220	rules
1175	pears	1198	radio	1221	Sally Field(영화 배우)
1176	peed	1199	reach	1222	salt
1177	penis	1200	reached	1223	Sandberg (등장 인물)
1178	perfectly	1201	rearview	1224	sandwich
1179	phenomenal	1202	records	1225	sat

1226	saving	1249	slowly	1272	summer
1227	sax	1250	sniffling	1273	supportive
1228	scariest	1251	snorts	1274	swear
1229	schools	1252	socks	1275	swift
1230	searchlight	1253	soda	1276	swim
1231	seconds	1254	solid	1277	switch
1232	sense	1255	spirit	1278	syrup
1233	sentences	1256	spoke	1279	teammate
1234	sharing	1257	spoken	1280	tears
1235	sharp	1258	squares	1281	teenager
1236	sheep	1259	stands	1282	teenagers
1237	shield	1260	stayed	1283	television
1238	shots	1261	steadily	1284	tennis
1239	shoulder	1262	Stevic Wonder(가수)	1285	terms
1240	shows	1263	stint	1286	test
1241	shutter	1264	strangers	1287	Sam(등장 인물)
1242	sighing	1265	Streisand(가수)	1288	Samantha (등장 인물)
1243	silence	1266	strip	1289	texted
1244	silly	1267	stubborn	1290	they'd
1245	sin	1268	students	1291	throwing
1246	Singh(등장 인물)	1269	style	1292	Thursday
1247	skin	1270	successful	1293	tickle
1248	slipped	1271	sudden	1294	Tobe(등장 인물)

1295	ton	1308	victory	1321	windows
1296	tournament	1309	visit	1322	within
1297	towels	1310	wanting	1323	wonderful
1298	Tracy(등장 인물)	1311	wasted	1324	woods
1299	Travis(등장 인물)	1312	weed	1325	wrapped
1300	truck	1313	weekend	1326	y'all
1301	typing	1314	Weezer(가수)		
1302	Uber(택시 앱)	1315	weigh		
1303	ugly	1316	Wendy's(가게)		
1304	understanding	1317	whether		
1305	unusual	1318	whoops		
1306	vibrates	1319	whose		
1307	vibrating	1320	Williams(등장 인물)		

▶ 2번 나오는 단어

1327	abandon	1335	add	1344	Alli(등장 인물)
1328	abandoning	1336	adding	1345	aloha
1329	aboard	1337	adorable	1346	ancient
1330	above	1338	adores	1347	animals
1331	absolute	1339	Aladdin(동화)	1348	answered
1332	AC(에어컨)	1340	alarm	1349	ante
1332	accept	1341	alarmed	1350	appetite
1333	acted	1342	Alberta(지역)	1351	approval
1334	actors	1343	alike	1352	arcs

1353	area	1376	basically	1399	blueberries
1354	artistic	1377	basics	1400	boarding
1355	artists	1378	basketball	1401	bombs
1356	arugula	1379	bat	1402	bonding
1357	ash	1380	bathrooms	1403	bones
1358	ashamed	1381	beautifully	1404	boo
1359	ashes	1382	became	1405	boring
1360	associate	1383	Becca(등장 인물)	1406	borrow
1361	asthma	1384	bedazzling	1407	bother
1362	attaching	1385	begging	1408	bourbon
1363	attend	1386	beings	1409	bourbons
1364	attic	1387	bells	1410	boxes
1365	audition	1388	below	1411	Brad(등장 인물)
1366	aunts	1389	belt	1412	breaker
1367	authentic	1390	bend	1413	breakup
1368	avoid	1391	beneath	1414	breathes
1369	balloons	1392	billion	1415	breaths
1370	bands	1393	bird	1416	bricked
1371	bang	1394	blankets	1417	Broadway(지역)
1372	bank	1395	blast	1418	brothers
1373	bankrupt	1396	blind	1419	brownie
1374	banner	1397	blocked	1420	brush
1375	barbershop	1398	blowing	1421	building

1422	buildings	1445	chairs	1468	clatter
1423	bussing	1446	champion	1469	cleaning
1424	bust	1447	changes	1470	cliche
1425	butt	1448	channels	1471	Cliff(등장 인물)
1426	butterfly ball	1449	charge	1472	climb
1427	buying	1450	charity	1473	clock
1428	buzzard	1451	Charlie(등장 인물)	1474	clockwork
1429	buzzer	1452	chased	1475	co
1430	cabinets	1453	cheated	1476	coast
1431	calculated	1454	checking	1477	color
1432	callin	1455	cheer	1478	comforting
1433	canceled	1456	cheeseburgers	1479	comin
1434	cardboard	1457	Chicago(지역)	1480	comma
1435	cards	1458	chickens	1481	commit
1436	carefully	1459	chiming	1482	commodities
1437	Carol(등장 인물)	1460	chinos	1483	commodity
1438	caroling	1461	chip	1484	community
1439	cartoon	1462	choices	1485	compared
1440	catching	1463	Christa McAuliffe (우주 비행사)	1486	complaining
1441	causing	1464	cider	1487	complicated
1442	cautiously	1465	cigarettes	1488	compulsive
1443	cell	1466	circle	1489	concern
1444	center	1467	cities	1490	confusing

1491	connected	1515	curveball	1539	destroyed
1492	considering	1516	Cyndi Lauper(가수)	1540	devastate
1493	construction	1517	dads	1541	diaper
1494	containers	1518	damaged	1542	difficult
1495	continued	1519	Daniel(등장 인물)	1543	dim
1496	contract	1520	darned	1544	disappear
1497	contracts	1521	daughters	1545	dish
1498	conversations	1522	Deadpool(영화)	1546	distant
1499	convince	1523	deaf	1547	distraction
1500	convinced	1524	dealing	1548	divorce
1501	cooked	1525	deals	1549	dock
1502	cookies	1526	decades	1550	doctors
1503	Cool Ranch(과자)	1527	defect	1551	Donny(등장 인물)
1504	cooler	1528	definition	1552	doors
1505	core	1529	degrees	1553	dopey
1506	corn	1530	delicate	1554	doves
1507	covers	1531	delivered	1555	Doylestown(지역)
1508	crappy	1532	Demi Lovato(가수)	1556	dreamed
1509	crawling	1533	denied	1557	dressed
1510	credit	1534	denim	1558	dressing
1511	crisis	1535	dental	1559	drift
1512	cruel	1536	departure	1560	dropping
1513	crush	1537	depression	1561	drug
1514	crutch	1538	depriving	1562	Dudley(등장 인물)

1563	duly	1587	excuses	1611	fits
1564	earnings	1588	exhale	1612	fitting
1565	ears	1589	exhaling	1613	flare
1566	East	1590	expecting	1614	flight
1567	Edward(등장 인물)	1591	expert	1615	Florence Foster Jenkins(성악가)
1568	eighth	1592	exposed	1616	fluid
1569	elephant	1593	eyeliner	1617	flying
1570	elevator	1594	Facebook(SNS)	1618	focusing
1571	elliptical	1595	falls	1619	following
1572	emergency	1596	fantasy	1620	forbid
1573	emotion	1597	fathers	1621	foreman
1574	emotionally	1598	fear	1622	forgiveness
1575	empathize	1599	feedback	1623	forms
1576	encourage	1600	feeding	1624	foundation
1577	endearing	1601	female	1625	freakin
1578	ending	1602	fiance	1626	freedom
1579	endless	1603	fields	1627	freeze
1580	enter	1604	fill	1628	fresh
1581	envelope	1605	filled	1629	friendly
1582	essay	1606	final	1630	fries
1583	eulogy	1607	finance	1631	fussing
1584	event	1608	finds	1632	gallon
1585	ew	1609	finger	1633	gambling
1586	examinations	1610	fished	1634	gas

1635	gasp	1659	groceries	1683	hip
1636	gasping	1660	gym	1684	hire
1637	general	1661	Halloween	1685	holes
1638	generous	1662	handled	1686	homemade
1639	gestures	1663	handsome	1687	homes
1640	globe	1664	handwriting	1688	honesty
1641	glory	1665	handyman	1689	hopefully
1642	gloves	1666	Hanes(미식축구 팀)	1690	hopping
1643	glowing	1667	happily	1691	hose
1644	gold	1668	hardcore	1692	hospice
1645	goodness	1669	hats	1693	however
1646	goods	1670	Hawaii(지역)	1694	hug
1647	gorgeous	1671	heads	1695	hugh
1648	gotten	1672	headset	1696	hung
1649	gout	1673	healing	1697	ill
1650	grabbed	1674	hearing	1698	immersive
1651	grabbing	1675	hears	1699	imported
1652	Graceland(음반)	1676	heels	1700	impression
1653	Gracie(등장 인물)	1677	heights	1701	impressive
1654	grandfather	1678	hellhole	1702	incredibly
1655	grave	1679	helped	1703	individualized
1656	greater	1680	hemp	1704	indulge
1657	Greeks	1681	hiding	1705	infants
1658	groan	1682	highness	1706	informed

1707	inherited	1731	joking	1755	LED
1708	instructions	1732	jolly	1756	legacy
1709	instructor	1733	jug	1757	legal
1710	instruments	1734	jump	1758	Legos(레고)
1711	intercom	1735	Kansas(지역)	1759	lessons
1712	intern	1736	karate	1760	levels
1713	intro	1737	Kathryn(등장 인물)	1761	librarian
1714	invest	1738	keeper	1762	lightly
1715	iPod(mp3p)	1739	Ken(등장 인물)	1763	liquor
1716	Island	1740	key	1764	Lisa(등장 인물)
1717	its	1741	killer	1765	Jimmy(등장 인물)
1718	jackass	1742	killing	1766	lit
1719	jackets	1743	knees	1767	litterer
1720	Jahiri(등장 인물)	1744	knockout	1768	Liv(등장 인물)
1721	Japanese	1745	knocks	1769	lively
1722	Jason Momoa(영화 배우)	1746	Kraft(치즈)	1770	lock
1723	Jeff Goldblum(영화 배우)	1747	labor	1771	locks
1724	Jell-O(과자)	1748	lame	1772	lodging
1725	Jeremy(등장 인물)	1749	lamppost	1773	loitering
1726	Jess(등장 인물)	1750	landed	1774	loosen
1727	Jews	1751	laughingstock	1775	Lord
1728	Jill(등장 인물)	1752	lava	1776	lotion
1729	jitters	1753	laying	1777	loudly
1730	jobs	1754	leaking	1778	lover

1779	lowest	1802	medications	1825	mumbling
1780	luck	1803	meds	1826	mushrooms
1781	luckily	1804	melody	1827	musical
1782	lung	1805	memories	1828	musicians
1783	magazines	1806	mental	1829	mustache
1784	magical	1807	mess	1830	muttering
1785	maid	1808	messed	1831	MVP
1786	mail	1809	Michael(등장 인물)	1832	mystic
1787	Malia(등장 인물)	1810	midlife	1833	nails
1788	mamas	1811	mighty	1834	naturally
1789	managed	1812	mint	1835	Nazi
1790	manners	1813	moles	1836	neighbor
1791	maps	1814	Monday	1837	nerve
1792	marching	1815	Monica(등장 인물)	1838	nesting
1793	Marin(등장 인물)	1816	monsters	1839	New Yorker
1794	Marsha(등장 인물)	1817	montage	1840	nibbling
1795	Mary(등장 인물)	1818	Montana(지역)	1841	nightmare
1796	mask	1819	motel	1842	nominated
1797	massive	1820	moves	1843	normally
1798	McKinley(지역)	1821	muffins	1844	noted
1799	meals	1822	muffled	1845	nowhere
1800	meaningful	1823	mugs	1846	nurses
1801	medical	1824	multiple	1847	odds

1848	offering	1872	painted	1896	poems
1849	offers	1873	pancake	1897	poker
1850	often	1874	paradise	1898	ponzu
1851	ok	1875	parentheses	1899	pop
1852	onesies	1876	parking	1900	popcorn
1853	online	1877	pats	1901	pops
1854	oof	1878	Paul Simon(가수)	1902	popular
1855	oops	1879	paused	1903	portfolio
1856	opened	1880	Payables(가게)	1904	portion
1857	operate	1881	peeking	1905	possessed
1858	opinion	1882	pen	1906	postcard
1859	opposite	1883	per	1907	potatoes
1860	ordinary	1884	perform	1908	power
1861	ounce	1885	performing	1909	practice
1862	overalls	1886	period	1910	practicing
1863	overdo	1887	phase	1911	prayers
1864	overnight	1888	Philadelphia(지역)	1912	pre
1865	overstaying	1889	phones	1913	precinct
1866	overstepped	1890	picnic	1914	prefer
1867	owners	1891	pillows	1915	prep
1868	owns	1892	pilot	1916	presentation
1869	oxygen	1893	pin	1917	presents
1870	package	1894	Pixar(영화사)	1918	president
1871	page	1895	plasma	1919	press

1920	prick	1944	recommended	1968	rhythm
1921	prince	1945	rectal	1969	rhythmically
1922	process	1946	reeks	1970	rich
1923	produce	1947	refuse	1971	Ricky(등장 인물)
1924	producing	1948	regret	1972	ringtone
1925	progress	1949	reins	1973	rip
1926	prom	1950	relate	1974	rise
1927	prouder	1951	related	1975	risky
1928	Prozac(약)	1952	relaxed	1976	roast
1929	puke	1953	remain	1977	robes
1930	punch	1954	remembered	1978	rocked
1931	punishment	1955	renewable	1979	rode
1932	pushing	1956	rented	1980	rot
1933	quaint	1957	repairing	1981	roughhousing
1934	qualified	1958	repeat	1982	routine
1935	quarterback	1959	replacement	1983	rows
1936	quarterly	1960	reschedule	1984	Roy(등장 인물)
1937	queen	1961	research	1985	sabotage
1938	quickly	1962	reservation	1986	sadness
1939	rain	1963	respects	1987	safer
1940	raising	1964	responsible	1988	sake
1941	raspy	1965	resting	1989	Salman Rushdie(작가)
1942	raw	1966	retire	1990	saltine
1943	recognize	1967	retirement	1991	saltines

1992	**Sandra**(등장 인물)	2016	shell	2040	speaker
1993	scar	2017	**Shiller**(등장 인물)	2041	specifically
1994	scare	2018	shines	2042	spiritual
1995	scattered	2019	shouts	2043	splendid
1996	schemes	2020	shown	2044	sponge
1997	score	2021	shredder	2045	squealing
1998	screwed	2022	**Shultz**(등장 인물)	2046	**St. Maarten**(지역)
1999	sea	2023	sicker	2047	staff
2000	seal	2024	signature	2048	stammering
2001	search	2025	singer	2049	standard
2002	searchlights	2026	singles	2050	staring
2003	seductive	2027	siren	2051	starving
2004	seize	2028	sis	2052	stash
2005	selfie	2029	situation	2053	steel
2006	sending	2030	slaps	2054	steps
2007	sends	2031	slim	2055	stirred
2008	senile	2032	smacks	2056	stole
2009	septal	2033	snag	2057	stood
2010	sets	2034	snapshots	2058	stories
2011	setting	2035	sneak	2059	strangest
2012	shadows	2036	sneaking	2060	strategize
2013	shakes	2037	soap	2061	streets
2014	**Shakespeare** (작가)	2038	soaps	2062	stretch
2015	shared	2039	south	2063	sue

2064	suggest	2088	tends	2112	train
2065	sum	2089	terrific	2113	trainer
2066	superhero	2090	tested	2114	trash
2067	suppose	2091	thin	2115	traveler
2068	surgeons	2092	thoughts	2116	treadmill
2069	surprises	2093	thousand	2117	treasure
2070	sweat	2094	throughout	2118	treated
2071	sweaty	2095	Tina(등장 인물)	2119	treatment
2072	sweetest	2096	Tinder(데이트 앱)	2120	treatments
2073	swing	2097	tires	2121	trembling
2074	system	2098	toilet	2122	tuck
2075	tail	2099	tolerate	2123	tummy
2076	talented	2100	tongues	2124	turning
2077	tall	2101	tooth	2125	turtle
2078	tame	2102	toppings	2126	twelve
2079	tank	2103	toss	2127	twin
2080	tax	2104	tow	2128	Twinkies(과자)
2081	Taylor Swift(가수)	2105	toward	2129	typical
2082	teasing	2106	toys	2130	un-buy
2083	technical	2107	tracers	2131	unannounced
2084	technically	2108	trade	2132	uncomplicated
2085	technician	2109	trader	2133	underneath
2086	teleportation	2110	traditions	2134	underwear
2087	temple	2111	traffic	2135	unemployed

2136	unfair	2153	warning	2170	wildest
2137	unfortunately	2154	Watson(등장 인물)	2171	wildly
2138	unhappy	2155	wave	2172	Willy(등장 인물)
2139	utterly	2156	wax	2173	wishes
2140	vanished	2157	ways	2174	woke
2141	various	2158	weak	2175	woo
2142	vision	2159	wee	2176	wore
2143	vitamin	2160	whatsoever	2177	worker
2144	voices	2161	whee	2178	worries
2145	vomit	2162	wheezes	2179	wrap
2146	vows	2163	whew	2180	wrath
2147	vying	2164	whites	2181	yarn
2148	waited	2165	whoo	2182	yellow
2149	waking	2166	whopper	2183	yells
2150	walks	2167	Wicked(뮤지컬)	2184	yoga
2151	walkup	2168	wifi	2185	yum
2152	war	2169	wild		

This is Us에 1번 나오는 단어

This is Us 시즌1에 10만 개 가까이 등장하는 단어들 중 어려운 단어들은 1번 정도만 등장하는 단어들이고 2,390개쯤 돼요. 10만 개 중에 2,390개면 정말 적은 수이지요. 이 단어들이 모두 어려운 것은 아니에요. 다만 좀 복잡한 단어들이 있어요. 훑어보면 아는 단어와 뜻이 알쏭달쏭한 단어, 전혀 뜻을 모르는 단어들이 적당히 섞여 있을 거예요. 그래도 모르는 단어들을 사전에서 일일이 다 찾아보려면 하세월이 걸릴 듯해서 1번 나오는 단어는 뜻을 넣어 단어 목록을 만들었어요.

대본에 등장하는 그대로 단어 목록을 만들었기 때문에 대사가 아닌 지문에 나오는 단어들도 넣었어요. 대사로는 들을 수 없지만 알아 두면 좋을 단어들이에요. 또 대본의 느낌을 살리기 위해 동사들은 거의 기본형이 아니라 현재분사형, 과거분사형 등 변화형을 넣었어요. 단어 끝이 −ing가 −in으로 끝나는 것도 그냥 두었어요. 철자는 틀리지만 소리 나는 대로 쓴 경우예요.

例 looking → lookin

1번만 나오는 단어를 볼 때는 노력이 좀 필요해요. 다음의 과정을 거쳐 주세요.

1번 나오는 단어 목록 공부법

☐ 단어들을 쭉 읽으면서 모르거나 헷갈리는 단어들만 노트에 쓴다.

☐ 단어를 다 쓰고 사전에 색칠을 한다.

　★사전을 스스로 찾아봐도 좋겠지만 편의를 위해 뜻을 넣었으므로 단어 목록에 색칠해
　　주셔도 좋아요.

☐ 사전에 색칠이 끝나면 노트에 단어의 뜻을 쓴다.

☐ 뜻을 다 쓰고 그 옆에 단어만 4번씩 쓴다.

단어 목록 약어 풀이

(명) 명사 | (동) 동사 | (형) 형용사 | (부) 부사 | (대) 대명사 | (감) 감탄사 | (접속) 접속사 |

(접) 접두어 | (조) 조동사 | (복) 복수 | (삼·단) 삼인칭단수 | (현·분) 현재분사 |

(과·분) 과거분사 | (과) 과거 | (비)(형) 형용사 비교급 | (최)(형) 형용사 최상급

(약) 약어 | (속) 비속어 | (인명) 사람 이름 | (지명) 지역 이름 | (이름) 상표, 음식 이름,
가게 상호 등 | (단) 단축형

• 과거 뜻의 경우 '~했다'가 아닌 '~하다'로 동사 원형의 뜻을 표기했습니다.

• ~ing형은 현재분사·형용사 뜻과 동명사·명사 뜻을 모두 가지고 있지만 형용사 뜻 위주로
표기했습니다. 명사 뜻은 사전에 나온 경우에만 표기했습니다.

abandonment [əbǽndənmənt]	(명) 포기, 폐기, 버림, 단념
Abba-Zaba	(이름) 아바-자바 - 미국 초콜릿 바 상표
abnormally [æbnɔ́ːrməli]	(부) 비정상적으로
abruptly [əbrʌ́ptli]	(부) 갑자기, 무뚝뚝하게, 불쑥
abs [æbz]	(명) 복근, abs 제동장치
absurd [æbsə́ːrd, æbzə́ːrd]	(형) 터무니없는, 불합리한
abusive [əbjúːsiv]	(형) 학대하는, 욕하는
access [ǽkses]	(명) 접근, 입장, 접속 (동) 접속하다
accessorize [əksésəraiz]	(동) 액세서리를 달다
accounting [əkáuntiŋ]	(현·분)(형) 차지하는, 여기는, 책임을 지는 (명) 회계
aches [eiks]	(복)(명) 통증, 아픔
acid [ǽsid]	(명) 산, 신 것 (형) 산성의, 신, 신랄한
acknowledge [æknάlidʒ, əknάlidʒ]	(동) ~을 인정하다, 알은척하다, 감사하다
acquisitions [ækwizíʃəns]	(복)(명) 습득물
actively [ǽktivli]	(부) 적극적으로, 활발하게

added [ǽdid]	(과·분)(형) 추가된, 부가된 (과)(동) 추가하다
addicted [ədíktid]	(과·분)(형) 중독이 된, 빠져 있는 (과)(동) 중독시키다
addict [ǽdikt]	(명) 중독자 (동) 중독되게 하다
Adele	(인명) 아델 - 영국의 가수
Adirondacks [ædérandæks]	(지명) 애디론댁 산맥 - 뉴욕 북동부에 있는 산맥
admire [ædmáiər]	(동) 존경하다, 칭찬하다, 감탄하다
admires [ædmáiərz]	(삼·단)(동) 존경하다
admitted [ædmítid]	(과·분)(형) 공공연한, 인정된 (과)(동) 인정하다, 허락하다
admittedly [ædmítidli]	(부) 명백히, 틀림없이
adopt [ədάpt]	(동) 채택하다, 입양하다, 적용하다
adorably [ədɔ́ːrəblli]	(부) 흠모할 만하게, 숭배할 만하게
adulthood [ədʌ́lthùd]	(명) 성인, 성년
adventure [ædvéntʃər]	(명) 모험, 도전
advice [ædváis]	(명) 충고, 조언, 권고
AFC	(약)(명) 미식축구 연맹 American Football Conference

affairs [əféərz]	(복) (명) 사건, 일
affect [əfékt]	(명) 감정, 정서 (동) ~에 영향을 주다, ~을 침범하다
affected [əféktid]	(과·분) (형) 영향을 받은, 침범된, 꾸민 (과) (동) 영향을 주다
affection [əfékʃən]	(명) 애정, 애착, 사랑
Afro [ǽfrou]	(명) 흑인들의 둥근 곱슬머리
agency [éidʒənsi]	(명) 대리점, 중개, 대행, 기관
agents [éidʒəntz]	(복) (명) 대리인, 중개상
agony [ǽgəni]	(명) 고통, 고뇌
agree [əgríː]	(동) 동의하다, 합의하다, 일치하다
aim [eim]	(명) 조준, 목적 (동) 겨냥하다, 노리다, 목표로 하다
aircraft [érkræft]	(명) 항공기, 비행기
airing [éəriŋ]	(명) 발표, 토론, 바람에 쐼 (현·분) (형) 방송하는
airlines [éərlàins]	(복) (명) 항공사, 비행기
airport [érpɔ̀rt]	(명) 공항
Al Gore	(인명) 앨 고어 – 미국의 환경운동가, 정치인

Albany [ɔ́ːlbəni]	(지명) 올버니 – 뉴욕의 주도
alcoholism [ǽlkəhɔːlìzm]	(명) 알코올 중독
allergic [ələ́ːrdʒik]	(형) 알레르기가 있는
allow [əláu]	(동) ~할 수 있게 하다, 허락하다, 지급하다
almonds [ɑ́ːməndz]	(복) (명) 아몬드
almost [ɔ́ːlmoust]	(부) 거의, 하마터면, ~에 가까운
Altoids	(이름) 알토이즈 – 미국의 사탕 상표
amends [əméndz]	(명) 보상, 배상
Americano [əmerikánou]	(명) 아메리카노
amount [əmáunt]	(명) 양, 액수, 총액 (동) 합계가 ~에 이르다, 결국 ~되다
amplified [ǽmpləfàid]	(과·분) (형) 확대된, 부연된 (과) (동) 확대하다, 부연하다
Amy	(인명) 에이미 – 여자 이름
anaphylactic [ænəfəlǽktik]	(형) 과민증의, 아나필락시스의
anchovies [ǽntʃouviz]	(복) (명) 멸치
Andrew	(인명) 앤드류 – 남자 이름

anecdote [ǽnikdòut]	몡 일화, 기담
anemia [əníːmiə]	몡 빈혈
angels [éindʒəls]	뙥 몡 천사
Ann	인명 앤 – 여자 이름
Anne	인명 앤 – 여자 이름
annex [ənéks, ǽneks, ənéks]	몡 부속물, 별관 뙹 첨부하다, 병합하다, ~을 부여하다
announcement [ənáunsmənt]	몡 공고, 고지, 발표
annual [ǽnjuəl]	톙 연간의, 해마다의
anonymous [ənɑ́nəməs]	톙 익명의, 미상의
anorexic [ænəréksik]	몡 식욕억제제, 식욕부진증 환자 톙 식욕이 없는
answering [ǽnsərin]	몡 응답함 현·분 톙 응답의, 상응하는
anticipate [æntísəpèit]	뙹 기대하다, 예상하다, 예견하다
anxiety [æŋzáiəti]	몡 걱정, 고민, 근심, 열망
anyhow [énihàu]	뙭 어쨌든, 아무리 해도
anytime [énitàim]	뙭 언제든지, 언제나, 늘

apologies [əpɑ́lədʒiz]	뙥 몡 사과, 사죄, 변명
apologizing [əpɑ́lədʒiziŋ]	몡 사과하기, 사과문 현·분 톙 사과하는
apology [əpɑ́lədʒi]	몡 사과
apparently [əpǽrəntli, əpɛ́ər-]	뙭 분명히, 명백히, 확실히
appendectomy [æpəndéktəmi]	몡 충수 절제, 맹장 수술
appendixes [əpéndisìːz]	뙥 몡 부록, 부속물
appetite [ǽpətàit]	몡 식욕, 입맛, 욕구, 성향
applaud [əplɔ́ːd]	뙹 박수 치다
apples [ǽpəlz]	뙥 몡 사과
applesauce [ǽpəlsɔ̀s]	몡 사과 소스, 허튼소리
applicable [ǽplikəbl, əplík-]	톙 적용할 수 있는, 적절한
application [æpləkéiʃən]	몡 적용, 응용, 신청, 외용약
appropriate [əpróupriət]	톙 적절한, 적합한 뙹 충당하다, 사용하다
approved [əprúːvd]	과·분 톙 승인된, 통과된 과 뙹 승인하다, 통과하다
arc [aːrk]	몡 호, 활 모양 뙹 활 모양을 그리다

archdiocese [ɑ́ːrtʃdáiəsìːs, -sis]	몡 대주교구, 대주교의 관구	**Ashlee Simpson**	인명 애슐리 심슨 – 미국의 가수
architecture [ɑ́ːrkɪtèktʃər]	몡 건축, 건축 양식, 구조	**ashtray** [ǽʃtrei]	몡 재떨이
Argentina [ɑ́ːrdʒəntíːnə]	몡 아르헨티나	**ashy** [ǽʃi]	혱 창백한, 재투성이의
argue [ɑ́ːrgjuː]	몡 주장하다, 논쟁하다	**assist** [əsíst]	몡 보조 플레이 동 돕다, 출석하다
armrest [ɑ́ːrmrèst]	몡 팔걸이	**assume** [əsúːm]	동 가정하다, 추측하다, 맡다
army [ɑ́ːrmi]	몡 군대, 육군	**assumed** [əsúːmd]	과·분 혱 추정되는 과 동 가정하다
arouse [əráuz]	동 깨우다, 유발하다, 자극하다	**Atari**	이름 아타리 – 미국 비디오게임 회사
arrangement [əréindʒmənt]	몡 배열, 배합, 협정, 타협, 설비, 편곡	**athlete** [ǽθliːt]	몡 운동선수
arrangements [əréindʒməntz]	몡 준비, 채비	**attached** [ətǽtʃt]	과·분 혱 덧붙여진, 첨부된 과 동 덧붙이다, 첨부하다
arrested [əréstid]	과·분 혱 체포된, 억류된 과 동 체포하다, 억류하다	**attacked** [ətǽkt]	과·분 혱 공격받은 과 동 공격하다
arrives [əráivz]	삼·단 동 도착하다	**attempt** [ətémpt]	몡 시도 동 시도하다, 계획하다
art [aːrt]	몡 예술, 미술품, 기술	**auditioning** [ɔːdíʃəniŋ]	현·분 혱 오디션을 하는
artificial [ɑ́ːrtəfíʃəl]	혱 인공의, 인위적인, 인조의	**auditorium** [ɔ́ːditɔ́ːriəm]	몡 강당, 방청석, 청중석
ASAP	약 가능한 빨리 As Soon As Possible	**authenticity** [ɔ́ːθentísəti]	몡 확실성, 신뢰성
asbestos [æsbéstəs]	몡 석면	**auto** [ɔ́ːtou-, -tə-]	몡 자동차, 차

autograph [ɔ́təgræf]	몡 서명, 자필원고 동 서명하다	**backs** [bæks]	복 몡 등, 뒤쪽 삼·단 동 후원하다, 후퇴시키다
automated [ɔ́:təmèitid]	과·분 혱 자동화된, 자동의 과 동 자동화시키다	**backwards** [bǽkwərdz]	부 거꾸로, 뒤로
autumn [ɔ́:təm]	몡 가을	**backyard** [bǽkjàrd]	몡 뒤뜰, 전문 영역
available [əvéiləbl]	혱 가능한, 이용할 수 있는, 유효한	**badass** [bǽdæs]	혱 난폭한, 질이 나쁜
avenue [ǽvənjù]	몡 거리, -가, 길	**bags** [bǽgz]	복 몡 가방, 자루
average [ǽvəridʒ]	몡 평균 혱 평균의 동 평균을 내다	**bailed** [beild]	과·분 혱 보석으로 풀려난, 손을 뗀 과 동 보석으로 풀어 주다
awakening [əwéikəniŋ]	몡 자각, 각성 현·분 혱 자각하는	**bake** [beik]	동 굽다
awards [əwɔ́:rdz]	복 몡 상	**balance** [bǽləns]	몡 균형, 안정, 조화, 잔고
awhile [əhwáil]	부 얼마, 잠깐, 잠시	**balloon** [bəlú:n]	몡 풍선 동 부풀다
axis [ǽksis]	몡 축, 중심선	**ballsy** [bɔ́:lzi]	혱 배짱 있는
bachelor [bǽtʃələr]	몡 학사, 미혼 남자	**Baltic** [bɔ́:ltik]	혱 발트 해의, 혹한의
backfield [bǽkfìld]	몡 외야, (미식축구의) 후위	**Baltimore** [bɔ́:ltəmɔ̀:r]	지명 볼티모어 - 미국의 도시
backing [bǽkiŋ]	몡 후원, 지지, 등판, 반주 현·분 혱 물러나는	**bam** [bæm]	감 쿵(부딪치는 소리) 동 속이다
backpack [bǽkpæk]	몡 배낭, 등짐 동 배낭을 지고 걷다	**banana** [bənǽnə]	몡 바나나
backpacks [bǽkpæks]	복 몡 배낭	**banister** [bǽnəstər]	몡 난간, 계단 끝의 작은 기둥

banker [bǽŋkər]	몡 은행가, 은행원, 은행업자, 은행 관계자
banners [bǽnərz]	복 몡 현수막, 기, 표제
barge [ba:rdʒ]	몡 바지선, 장식배 동 헤치고 나아가다, 충돌하다
barking [bɑ́:rkiŋ]	현·분 형 짖는
barrier [bǽriər]	몡 장벽, 장애물, 울타리
barriers [bǽriərz]	복 몡 장벽, 장애물, 울타리
bars [ba:rz]	복 몡 빗장, 난간, 술집, 장애 삼·단 동 빗장을 지르다, 막다
basic [béisik]	형 기본적인, 기초적인, 근본적인
bastards [bǽstərdz]	복 몡 서자, 잡종, 얼간이
bathing [béiðiŋ]	몡 수영, 목욕, 해수욕
bawling [bɔ́:liŋ]	현·분 형 고함치는
bay [bei]	몡 만, 월계수 동 으르렁거리다
beating [bí:tiŋ]	몡 두드리기, 패배 현·분 형 두드리는
beats [bi:tz]	삼·단 동 두드리다, 처서 울리다

beautifuls [bjú:təfəlz]	복 몡 예쁜이들
Becky	인명 베키 – 여자 이름
becoming [bikʌ́miŋ]	몡 변화 현·분 형 어울리는, 알맞은
beds [bedz]	복 몡 침대
bedside [bédsàid]	몡 침대 곁
bedtime [bédtàim]	몡 취침 시간, 잘 시간 형 자기 전의
beef [bi:f]	몡 쇠고기
beep [bi:p]	몡 삑 소리, 신호음, 경적 동 삑 소리를 내다
beeper [bí:pər]	몡 무선 호출기, 호출기
beginners [bigínərz]	복 몡 초보자
behave [bihéiv]	동 행동하다, 처신하다, 작용하다
beige [beiʒ]	몡 베이지색 형 베이지색의
Beef Wellington	이름 비프 웰링턴 – 고급 소고기 요리
belief [bilí:f]	몡 신념, 믿음, 소신
believing [bilí:viŋ]	몡 믿음 현·분 형 믿는

belligerent [bəlídʒərənt]	몡 적 혱 호전적인, 교전국의
bellman [bélmən]	몡 종을 울리는 사람, 야경꾼
Benny	인명 베니 – 남자 이름
Bermuda [bərmjúːdə]	지명 버뮤다 제도
besides [bisáidz]	뷔 게다가 젼 ~이외에도
Bethel Park	지명 베델 파크
betrayed [bitréid]	괴·붠 혱 배반당한 괴 동 배반하다
Betty	인명 베티 – 여자 이름
bevakasha	히브리어 please의 뜻
biked [baikd]	괴·붠 혱 자전거에 태운 괴 동 자전거를 타다
bikini [bikíːni]	몡 비키니, 비키니 환초
binge [bindʒ]	몡 폭식, 흥청망청 놀기 동 과식하다
binged [bindʒd]	괴·딘 혱 푹 빠지게 되는, 정주행하는 괴 동 과식하다
bio-daddy [báiou-dǽdi]	몡 친아버지
bite [bait]	몡 물기, 한 입 동 물다, 쏘다
bites [baits]	복 몡 물기, 한 입 분량 삼·딘 동 물다, 쏘다

biting [báitiŋ]	몡 물기, 쏘기 현·붠 혱 무는, 신랄한, 괴롭히는
blacked [blækt]	괴·붠 혱 어두워진, 손상된 괴 동 검게 하다, 더럽히다
blackout [blǽkaùt]	동 소등하다, 꺼지다, 필름이 끊기다
bleed [bliːd]	동 피 흘리다, 배어 나오다
Bleier	인명 블레어 – 성(sirname)
blender [bléndər]	몡 믹서, 혼합기
blindfolded [blaíndfòuldid]	괴·붠 혱 눈가리개를 한 괴 동 눈을 가리다
blip [blip]	몡 깜빡 신호, 일시적인 현상
blissful [blísfəl]	혱 행복에 넘친
blisters [blístərz]	복 몡 물집 삼·딘 동 물집이 생기다, 물집이 생기게 하다
blitz [blits]	몡 대공세, 기습 공격 동 급습하다
bloody [blʌ́di]	혱 유혈의, 피의, 잔혹한
blouse [blaus, blauz]	몡 블라우스
bluesy [blúːzi]	혱 블루스풍의

boats [boutz]	(복) (명) 배, 보트
Bob	(인명) 밥 – 남자 이름
Bobby	(인명) 바비 – 남자 이름
bod [bad]	(명) 사람, 몸
bodies [bɑ́diz]	(복) (명) 몸, 시체, 본문
bold [bould]	(형) 힘 있는, 과감한, 획이 굵은
bolts [boultz]	(복) (명) 볼트, 빗장, 번갯불 (삼·단) (동) 빗장을 지르다
bon [bɔːn, ban]	(형) 좋은
bonded [bɑ́ndid]	(과·분) (형) 결합된, 묶여진 (과) (동) 계약하다, 접착하다
bonus [bóunəs]	(명) 상여금, 덤, 특별 수당
bonuses [bóunasis]	(복) (명) 상여금
boo [buː]	(명) 우 하는 소리 (속) 마리화나 (동) 야유하다
booking [búkiŋ]	(명) 예약 (현·분) (형) 예약하는
books [búks]	(복) (명) 책, 장부 (삼·단) (동) 예약하다
boost [buːst]	(명) 상승, 부양 (동) 밀어올리다, 드높이다
booty [búːti]	(명) 전리품, 보상
Boston [bɔ́(ː)stən]	(지명) 보스턴 – 미국의 도시
bothering [bɑ́ðəriŋ]	(현·분) (형) 괴롭히는
bouncy [báunsi]	(형) 탄력성 있는, 활발한, 발랄한
bound [baund]	(과·분) (형) 묶인, 속박된, 제본한 (과) (동) 묶다, 구속하다
bowling [bóuliŋ]	(명) 볼링
boyfriends [bɔ́ifrèndz]	(복) (명) 남자 친구
braid [breid]	(명) 땋은 머리, 끈 (동) 땋다, 묶다
brakes [breiks]	(복) (명) 브레이크, 제동기 (삼·단) (동) 브레이크를 걸다
brand [brænd]	(명) 상표, 품종, 낙인 (동) 낙인을 찍다
breast-fed [brest-fed]	(형) 모유로 기른
breathtaking [bréθtèikiŋ]	(형) 아슬아슬한, 깜짝 놀랄 만한

brew [bru:]	(동) 양조하다, 끓이다, 꾸미다
Brexit [bréksit]	(신조어) 브렉시트 – 2016년 영국의 EU 탈퇴
Brian	(인명) 브라이언 – 남자 이름
bribed [braibd]	(과·분)(형) 매수된 (과)(동) 매수하다, 뇌물을 주다
briefly [bríːfli]	(부) 간략하게, 일시적으로
bright [brait]	(형) 밝은, 영리한, 빛나는
brimmed [brimd]	(과·분)(형) 테두리가 있는 (과)(동) 넘치려 하다
broaden [brɔ́ːdn]	(동) 넓어지다, 확장하다, 펼쳐지다
broccoli [brɑ́kəli]	(명) 브로콜리
Bruce Banner	(인명) 브루스 배너 – 미국의 영화 배우
Bruce Lee	(인명) 브루스 리 – 미국의 영화 배우
brushing [brʌʃiŋ]	(명) 솔질 (현·분)(형) 솔질하는
Brussels [brʌsəlz]	(지명) 브뤼셀 – 벨기에의 수도
Bryce	(인명) 브라이스 – 남자 이름
bubble [bʌbl]	(명) 거품, 기포 (동) 거품이 일다

buckets [bʌkitz]	(복)(명) 양동이, 들통
bugging [bʌgiŋ]	(명) 도청 (현·분)(형) 도청하는, 괴롭히는, 도망치는
bugs [bʌgz]	(복)(명) 벌레, 곤충
buh-bye [buːbai]	(감) 안녕히 계세요
bull [bul]	(명) 황소 (형) 수컷의, 강력한 (동) 밀고 나아가다
bullets [búlitz]	(복)(명) 총알, 탄환
bully [búli]	(명) 불량배, 따돌림 (동) 괴롭히다
bummer [bʌmər]	(명) 게으름뱅이, 불쾌하게 하는 것
bump [bʌmp]	(명) 충돌, 장애물 (동) 부딪치다
bumps [bʌmps]	(복)(명) 장애물 (삼·단)(동) 부딪치다
burn [bəːrn]	(명) 화상, 굽기 (동) 타다, 태우다
burned [bəːrnd]	(과·분)(형) 태워진 (과)(동) 타다, 태우다
burns [bəːrnz]	(복)(명) 화상 (삼·단)(동) 타다, 태우다

burping [bə:rpiŋ]	(현·분) (형) 트림하는
burrito [bərí:tou]	(이름) 부리또 – 멕시코 요리
butter [bʌtər]	(명) 버터 (동) 버터를 바르다
button [bʌtən]	(명) 단추 (동) 단추를 채우다
buttoned [bʌtənd]	(과·분) (형) 단추가 채워진 (과) (동) 단추를 채우다
buttons [bʌtənz]	(복) (명) 단추 (삼·단) (동) 단추를 채우다
buzzes [bʌziz]	(삼·단) (동) 윙윙 소리를 내다
cab [kæb]	(명) 택시
cabinet [kǽbənit]	(명) 내각, 장식장 (형) 내각의, 비밀의
Cadillac	(이름) 캐딜락 – 미국의 자동차 상표
Caesar [síːzər]	(명) 시저, 로마 황제
cafeteria [kæfətíəriə]	(명) 구내 식당, 카페테리아
caffeine [kæfíːn]	(명) 카페인
calendar [kǽləndər]	(명) 달력, 일정표
campus [kǽmpəs]	(명) 캠퍼스, 대학, 교정, 구내, 분교
Canadian [kənéidiən]	(명) 캐나다인 (형) 캐나다의
candles [kǽndlz]	(복) (명) 양초
canyon [kǽnjən]	(명) 협곡
cappuccino [kàːpjutʃíːnou, kæp-]	(명) 카푸치노
caps [kǽps]	(복) (명) 대문자, 모자
captain [kǽptən]	(명) 선장, 주장, 지도자
captivating [kǽptəvèitiŋ]	(현·분) (형) 매혹적인, 마음을 사로잡는
careers [kəríərz]	(복) (명) 직업, 경력
carefree [kérfrì]	(형) 걱정이 없는, 태평한
Carl	(인명) 칼 – 남자 이름
Carole	(인명) 캐롤 – 여자 이름
Carolina	(인명) 캐롤리나 – 여자 이름
carpenter [káːrpəntər]	(명) 목수 (동) 목수 일을 하다
carpentry [káːrpəntri]	(명) 목수일, 목공팀
Carrie Underwood	(인명) 캐리 언더우드 – 미국의 가수

carriers [kǽriərz]	(복) (명) 운반기, 수송기, 운수 회사	**caused** [kɔːzd]	(과·분) (형) 초래된 (과) (동) 초래하다
carrots [kǽrəts]	(복) (명) 당근	**Cavaricci**	(이름) 카바리치 – 미국 의류 상표
cars [kaːrz]	(복) (명) 자동차	**caved** [keivd]	(과·분) (형) 무너진, 함몰된 (과) (동) 항복하다, 포기하다
cart [kaːrt]	(명) 손수레, 짐차 (동) (수레로) 운반하다	**CD**	(명) 시디 compact disc
casting [kǽstiŋ]	(명) 던지기, 주조, 배역 (현·분) (형) 던지는, 맡기는	**cedar** [síːdər]	(명) 삼나무, 참죽나무
casually [kǽʒuəli]	(부) 무심코, 태연하게, 간편하게	**celebrated** [séləbrèitid]	(과·분) (형) 축하받는, 유명한 (과) (동) 축하하다
catalogue [kǽtəlɔ́g]	(명) 목록 (동) 목록을 만들다	**celebrating** [séləbrèitiŋ]	(명) 축하 (현·분) (형) 축하하는
catches [kǽtʃz]	(복) (명) 잡기, 걸쇠, 포획물 (삼·단) (동) 붙들다, 명중하다	**celebrities** [səlébrətiz]	(복) (명) 유명인, 연예인
catchphrase [kǽtʃfreiz]	(명) 선전 문구	**celery** [séləri]	(명) 셀러리
cater [kéitər]	(동) 음식, 서비스 등을 제공하다	**cells** [selz]	(복) (명) 세포, 독방, 작은 방, 기초 조직
caterer [kéitərər]	(명) 출장요리사, 연회업자, 호텔 지배인	**central** [séntrəl]	(형) 중앙의, 중심의, 중추 신경의
catheter [kǽθətər]	(명) 도뇨관, 카테터	**century** [séntʃəri]	(명) 100년, 1세기
catwalk [kǽtwàk]	(명) 좁은 보행 통로, 패션쇼 무대	**cereal** [síəriəl]	(명) 곡물, 시리얼

cerebellum [sèrəbéləm]	(명) 소뇌
challenged [tʃǽləndʒd]	(과·분) (형) 도전받은, 권유받은 (과) (동) 도전하다
challenging [tʃǽlindʒiŋ]	(현·분) (형) 도발적인, 매력적인, 도전적인
chambers [tʃéimbərz]	(복) (명) 방, 실, 회의장
champions [tʃǽmpiən]	(복) (명) 우승자, 전사
championship [tʃǽmpiənʃip]	(명) 선수권 대회, 결승전
chances [tʃǽnsəz]	(복) (명) 가능성, 기회, 승산
channel [tʃǽnl]	(명) 경로, 통신, 수로, 통로
channeled [tʃǽnəld]	(과·분) (형) 전달되는, 수로가 있는 (과) (동) 전달하다
charade [ʃəréid]	(명) 제스처 게임, 위장, 가식
Chardonnay [ʃàːrdənéi]	(이름) 샤르도네 – 백포도주
charges [tʃaːrdʒz]	(복) (명) 혐의, 경비, 요금, 세금
charmer [tʃάːrmər]	(명) 마법사, 매력 있는 사람
charming [tʃάːrmiŋ]	(현·분) (형) 매력적인, 멋진
charts [tʃaːrts]	(복) (명) 도표, 그래프, 수로도
chat [tʃæt]	(명) 잡담 (동) 잡담하다
chatting [tʃǽtiŋ]	(명) 수다, 잡담, 대화 (현·분) (형) 대화하는
cheap [tʃiːp]	(형) 싼, 저렴한, 손쉬운, 인색한
cheater [tʃíːtər]	(명) 사기꾼, 난봉꾼
checkmate [tʃékmeìt]	(명) 외통장군(체스) (동) 궁지에 몰아넣다
checks [tʃeks]	(삼·단) (동) 저지하다, 확인하다, 점검하다
cheekbones [tʃíkboùnz]	(복) (명) 광대뼈
cheeseburger [tʃízbərgər]	(명) 치즈버거
cheesy [tʃíːzi]	(형) 치즈의, 위선적인, 싸구려인
chestnut [tʃésnʌt, -nət]	(명) 밤나무 (형) 밤색의
chewing [tʃúiŋ]	(명) 씹기 (현·분) (형) 씹는
chick [tʃik]	(명) 병아리, 어린애
chiefs [tʃiːfs]	(복) (명) 우두머리, 장관, 국장
childbirth [tʃaíldbərθ]	(명) 분만, 출산, 해산

chimney [tʃímni]	몡 굴뚝
chin [tʃin]	몡 턱
Chinese [tʃàiníːz]	몡 중국인 혱 중국의
chirps [tʃəːrps]	삼·단 통 짹짹 울다, 지저귀다
choked [tʃoukt]	과·분 혱 막힌, 숨막히는 과 통 질식시키다
chop [tʃɑp]	몡 자르기, 토막 통 잘게 자르다, 깍아치다
chorus [kɔ́ːrəs]	몡 합창, 코러스
chose [tʃouz]	과 통 선택하다, 선정하다
chosen [tʃóuzn]	과·분 혱 선택된, 선발된, 뽑힌
Christopher Marlowe	인명 크리스토퍼 말로 – 영국의 작가
Christopher Plummer	인명 크리스토퍼 플러머 – 미국의 배우
ciabatta [tʃábætə;-bɑːtə]	이름 치아바타 – 이탈리아 빵
cigarette [sìgərét]	몡 담배, 궐련
Cincinnati [sɪnsénæti]	지명 신시내티 – 미국의 도시
Cindy	인명 신디 – 여자 이름
circles [sə́rkəlz]	복 몡 원, 순환, 범위, 그룹
circumstances [sə́ːrkəmstæns]	복 몡 상황, 환경, 부수적 문제
clacking [klǽkiŋ]	현·분 혱 딱딱 소리를 내는, 지껄이는
claiming [kleimiŋ]	현·분 혱 주장하는, 요구하는
clamoring [klǽməriŋ]	현·분 혱 외치는, 떠들어대는
clan [klæn]	몡 씨족, 문중, 일족
claps [klæps]	복 몡 툭 치기, 쾅 소리 삼·단 통 박수 치다
classic [klǽsik]	혱 일류의, 고전의, 전형적인, 전통적인
classical [klǽsikəl]	혱 고전의, 클래식의
claustrophobic [klɔ́ːstrəfóubik]	혱 폐쇄 공포증의 몡 폐쇄 공포증의 사람
claw [klɔː]	몡 갈고리 발톱, 집게발 통 할퀴다, 긁다, 더듬다
cleared [kliərd]	과·분 혱 치워진, 명확해진 과 혱 치우다, 깨끗해지다
Clemente	인명 클레멘테 – 성(sirname)
clinic [klínik]	몡 병원, 클리닉, 진료소

clinks [kliŋks]	삼·단 동 쨍 울리게 하다
Clooney	인명 클루니 – 성(sirname)
closely [klóusli]	부 긴밀히, 면밀하게, 가까이
closeness [klóusnis]	명 정확, 접근, 친밀
closest [klousəst]	최 형 가장 가까운, 가장 근접한
closing [klóuziŋ]	명 마감 현·분 형 마감하는
cloths [klɔ:θs]	복 명 천, 행주, 제복
cloud [klaud]	명 구름 동 구름으로 덮다
clown [klaun]	명 광대, 시골뜨기
clunks [klʌŋks]	삼·단 동 땅 소리가 나다
CNN	약 Cable News Network – 미국의 뉴스 전문 방송국
coach [koutʃ]	명 대형 마차, 합승 버스, 코치 동 지도하다
coaster [kóustər]	명 롤러코스터, 연안 무역선
coats [koutʃ]	복 명 코트, 상의
Coca-cola	이름 코카콜라 – 음료 상표

coincidence [kouínsidəns]	명 동시 발생, 일치, 우연
collect [kəlékt]	동 모으다, 수집하다, 징수하다
collective [kəléktiv]	명 집단, 공동체 형 집합적인, 집단의
colorful [kʌlərfəl]	형 알록달록한, 다채로운, 화려한
combination [kàmbənéiʃən]	명 조합, 결합, 복합
comedies [kámədiz]	복 명 코미디, 희극
comfy [kʌmfi]	형 편안한, 기분 좋은, 안락한
comic [kámik]	명 코미디언, 만화 형 희극의, 웃기는
commercials [kəmə́:rʃəlz]	복 명 광고
committing [kəmítiŋ]	현·분 형 저지르는, 충실한
compactor [kəmpǽktər]	명 부엌 쓰레기 압축기
comparing [kəmpéəriŋ]	현·분 형 비교하는
compassion [kəmpǽʃən]	명 동정, 연민
complain [kəmpléin]	동 불평하다, 호소하다, 고발하다
complex [kəmpléks], [kámpleks]	명 복합체, 종합 빌딩, 강박 관념 형 복잡한, 복합의

compliment [kámpləmənt,kɔ́m-]	(명) 찬사, 칭찬 (동) 칭찬하다
compliments [kámpləmənts, kɔ́m-]	(복) (명) 칭찬 (삼·단) (동) 칭찬하다
compromised [kámprəmàizd]	(과·분) (형) 손상된, 위태로운 (과) (동) 타협하다
computer [kəmpjú:tər]	(명) 컴퓨터
conceived [kənsíːvd]	(과·분) (형) 상상된, 임신된 (과) (동) 상상하다, 임신하다
concerning [kənsə́:rniŋ]	(현·분) (형) 관련된, 걱정하는
concert [kánsəːrt,kɔ́nsət]	(명) 공연, 음악회, 연주회
condescendingly [kàndəséndiŋli]	(부) 거들먹거리며
condescension [kàndəsénʃən]	(명) 거만한 태도, 우월감
conditioned [kəndíʃənd]	(과·분) (형) 조절된, 좌우된 (과) (동) 길들이다
conditioning [kəndíʃəniŋ]	(명) 조절, 훈련 (현·분) (명) 길들이는
condolences [kəndóulənsəz]	(삼·단) (동) 애도의 뜻을 표하다
condoms [kándəmz]	(복) (명) 콘돔
conference [kánfərəns]	(명) 회견, 회의, 회담
confess [kənfés]	(동) 고백하다, 자백하다, 인정하다

confession [kənféʃən]	(명) 고백, 자백, 진술서
confident [kánfədənt]	(형) 자신 있는, 확신하는
confidently [kánfədəntli]	(부) 자신 있게, 확신을 갖고
confirmed [kənfə́:rmd]	(과·분) (형) 확인된, 승인된, 굳어진 (과) (동) 확인하다, 확정하다
confuse [kənfjú:z]	(동) 혼란스럽다, 혼동하다, 당황하게 하다
confusion [kənfjú:ʒən]	(명) 혼란, 혼동, 당황
conjured [kándʒərd]	(과·분) (형) 떠올려진, 상기된 (과) (동) 떠올리다, 마술하다
connect [kənékt]	(동) 연결하다, 접속하다, 관련시키다
Connecticut [kənétikət]	(지명) 코네티컷 – 미국의 도시
conquered [káŋkərd]	(과·분) (형) 정복된 (과) (동) 정복하다
considers [kənsídərz]	(삼·단) (동) 고려하다, 숙고하다
contact [kántækt]	(명) 접촉, 연락 (동) 접촉하다, 접촉시키다
contacts [kántæktz]	(복) (명) 접촉, 연락 (삼·단) (동) 접촉하다

content [kάntent]	몡 내용, 목차, 용량 동 만족시키다
contest [kάntest,kɔ́n-]	몡 대회, 선거 동 경쟁하다, 논쟁하다
context [kάntekst]	몡 문맥, 상황
continuing [kəntínjuːiŋ]	현·분 형 연속된, 계속적인
continuous [kəntínjuəs]	형 연속적인, 지속적인, 계속되는
contractually [kəntrǽktʃuəli]	부 계약상
contrary [kάntreri]	형 정반대의, 불리한 몡 반대의 것
contributors [kəntríbjutərz]	복 몡 기부자, 공헌자
convenient [kənvíːnjənt]	형 편리한, 간편한, 알맞은
convincing [kənvínsiŋ]	현·분 형 설득력 있는, 납득이 가는
cooking [kúkiŋ]	몡 요리 현·분 형 요리하는
coolest [kuːlist]	최 형 가장 서늘한, 가장 냉정한
coordinator [kouɔ́ːrdənèitər]	몡 조정자, 책임자, 위원장, 심의관

coos [kuːz]	삼·단 동 구구 울다
cope [koup]	동 대처하다, 맞서다, 겨루다
copies [kάpiz]	복 몡 복사본, 원고
coping [kóupiŋ]	현·분 형 대처하는
copy [kάpi]	몡 한 부, 복사본 동 복사하다
cord [kɔːrd]	몡 노끈, 줄, 척수
cornered [kɔ́ːrnərd]	과·분 형 곤경에 처한 과 동 궁지에 몰다
corporation [kɔ́ːrpəréiʃən]	몡 기업, 회사, 법인
corrected [kəréktid]	과·분 형 정정된, 교정된 과 동 정정하다, 교정하다
cosmetic [kazmétik]	몡 화장품 형 화장용의, 겉치레의
costumes [kάstjuːmz] [kɔ́stjuːmz]	복 몡 복장, 의상
cot [kat]	몡 간이 침대, 오두막
couch [kautʃ]	몡 쇼파, 긴 의자 동 (말로) 표현하다
counsel [káunsəl]	몡 특별 검사, 상담, 변호사
counters [káuntərz]	복 몡 계산대, 판매대
countertops [káuntərtàps]	복 몡 주방용 조리대

countless [káuntlis]	형 많은, 셀 수 없는, 다양한
counts [kaunts]	삼·단 동 계산하다, 세다, 중요하다
courage [kə́:ridʒ]	명 용기, 용감
covered [kʌ́vərd]	과·분 형 덮인, 감추어진 / 과 동 덮다, 가리다
cow [kau]	명 소, 젖소, 암소
cowboy [káubói]	명 카우보이, 목동
coworker [kóuwə́:rkər]	명 협력자, 동료
coyotes [kaióutis]	복 명 코요테
cracked [krækt]	과·분 형 깨진, 금이 간, 손상된 / 과 동 갈라지다
cracking [krǽkiŋ]	현·분 형 우두둑 꺾이는
cramp [kræmp]	명 경련, 쥐 / 동 경련을 일으키다
cramping [krǽmpiŋ]	현·분 형 경련을 일으키는
crane [krein]	명 크레인, 학, 두루미
cranky [krǽŋki]	형 짜증내는, 까다로운, 괴팍한

crapped [kræpt]	과·분 형 엉망이 된 / 과 동 엉망으로 만들다
crashed [kræʃt]	과·분 형 충돌된, 만취한 / 과 동 충돌하다, 추락하다
crate [kreit]	명 나무 상자 / 동 상자에 담다
creaking [kríːkiŋ]	현·분 형 삑삑 소리 나는
creams [kriːmz]	복 명 크림
create [kriéit]	동 만들다, 창조하다, 제작하다
created [kriéitid]	과·분 형 창조된 / 과 동 창조하다
creative [kriéitiv]	형 창의적인, 독창적인
creature [kríːtʃər]	명 생명체, 동물, 창조물
creepy [kríːpi]	형 오싹한, 소름끼치는, 기어다니는
cremated [kríːmeitid]	과·분 형 화장된, 소각된 / 과 동 화장하다
crib [krib]	명 유아용 침대, 구유, 헛간 / 동 몰래 베끼다
cries [kraiz]	삼·단 동 울다, 외치다
crime [kraim]	명 범죄, 죄, 죄악

crimes [kraimz]	(복) (명) 범죄, 사건, 죄, 범행, 불법
criminals [krímɪnlz]	(복) (명) 범죄자
critical [krítikəl]	(형) 비판적인, 중요한, 결정적인
critics [krítiks]	(복) (명) 비평가, 전문가, 평론가
crossroads [krɔ́sroùdz]	(복) (명) 교차로, 사거리
crow [krou]	(명) 까마귀 (동) (수탉이) 울다, 환성을 지르다
crowds [kraudz]	(복) (명) 많은 것, 군중
crucify [krú:səfài]	(동) 십자가에 못박다, 억누르다, 학대하다
crumb [krʌm]	(명) 부스러기, 단서
crushed [krʌʃid]	(과·분) (형) 부서진, 박살난 (과) (동) 눌러 부수다
crust [krʌst]	(명) 지각, 표면, 껍질
cube [kju:b]	(명) 정육면체, 세제곱, 주사위 (동) 깍둑썰기하다, 세제곱하다
cubicle [kjú:bikl]	(명) 칸막이 한 작은 방
cuckoo [kú:ku:]	(명) 뻐꾸기 (동) 뻐꾹뻐꾹 울다
cult [kʌlt]	(명) 숭배, 광신적 교단
cupcake [kʌpkèik]	(명) 컵케이크
cups [kʌps]	(복) (명) 컵, 잔
cured [kjurd]	(과·분) (형) 치료된, 보존 치료된 (과) (동) 치료하다
current [kə́:rənt]	(명) 흐름, 해류 (형) 지금의, 현재의
currently [kə́:rəntli]	(부) 지금은, 일반적으로, 유창하게
curtain [kə́:rtn]	(명) 커튼, 막, 장막
cuter [kjú:tər]	(명) 25센트
Dahala Mapuana	(인명) 다할라 마푸아나
damage [dǽmidʒ]	(명) 손상, 피해, 배상금 (동) 피해를 입히다
damages [dǽmədʒəz]	(복) (명) 피해, 배상금 (삼·단) (동) 피해를 입히다
damned [dǽmd]	(속) 제기랄, 빌어먹을
dancer [dǽnsər, dɑ́:nsər]	(명) 무용가, 춤추는 사람
dangers [déindʒarz]	(복) (명) 위험, 위협
dangling [dǽʒgliʒ]	(현·분) (형) 매달린, 늘어뜨린
dapper [dǽpər]	(형) 말쑥한, 단정한, 산뜻한

darling [dάːrliŋ]	몧 가장 사랑하는 사람
darlings [dάːrliŋz]	목 몧 가장 사랑하는 사람
dasher [dǽʃər]	몧 돌진하는 사람, 교반기, 기세 좋은 사람
David Bowie	인명 데이비드 보위 – 영국의 록 가수
daylight [deílàit]	몧 햇빛, 일광, 낮, 공공연함
dazed [deizd]	과·분 혱 멍한, 망연한 과 동 멍해지게 하다
dazzler [dǽzlər]	몧 눈에 띄는 사람, 화사한 것
de [di-], [də-]	접 반대, 반역의 뜻
deadline [dédlàin]	몧 마감일, 최종 기한
dearest [díərist]	몧 여보(그대) 최 혱 가장 사랑하는
dearly [díərli]	붑 몹시, 대단히
debate [dibéit]	몧 토론, 논쟁, 논의 동 토론하다, 논의하다
debut [deibjúː]	몧 데뷔, 첫 출연
decade [dékeid], [dikéid]	몧 십 년간, 십 년
decent [díːsnt]	혱 제대로 된, 품위 있는, 상당한

decides [disáidz]	삼·단 동 결정하다
deciding [disáidiŋ]	현·분 혱 결정적인
Def Leppard	인명 데프 레퍼드 – 미국의 가수
default [difɔ́ːlt]	몧 부도, 불이행, 연체
defeat [difíːt]	동 패배시키다, 이기다, 무찌르다
defeather [diféðər]	동 (가금류의) 털을 뽑다
defend [difénd]	동 방어하다, 지키다, 보호하다, 변호하다
defense [diféns]	몧 방어, 국방, 방위, 안보, 보호
defensive [difénsiv]	혱 방어적인, 옹호하는
defining [difáiniŋ]	현·분 혱 정의하는, 규정짓는
delay [diléi]	동 지연시키다, 연기하다, 미루다
deleted [dilíːtid]	과·분 혱 삭제된, 제거된 과 동 삭제하다
deli [déli]	몧 조제 식품, 조제 식품 판매점
delicious [dilíʃəs]	혱 맛있는, 달콤한, 즐거운
delighted [diláitid]	과·분 혱 기쁜, 즐거워하는 과 동 기쁘게 하다, 매우 기뻐하다
delivering [diːlívariŋ]	현·분 혱 배달하는, 구출하는, 출산을 돕는

delusional [dilúːʒənəl]	휑 망상의
demanding [dimǽndiŋ]	명 요구, 주장 현·분 형 부담이 큰, 힘든
demo [démou]	명 시위, (홍보용) 데모 음반
demon [díːmən]	명 악마, 악의 화신
demons [díːmans]	복 명 악마
denying [dínáːŋ]	현·분 형 부정하는, 부인하는
department [dipáːrtmənt]	명 부서, 학과
depend [dipénd]	동 의존하다, 의지하다, 좌우되다
depending [dipéndiŋ]	현·분 형 의존하는
depth [depθ]	명 깊이, 심도
derivatives [dirívətivz]	복 명 파생물, 금융 파생 상품
describe [diskráib]	동 묘사하다, 설명하다, 표현하다, 그리다
deserved [dizéːrvd]	과·분 형 응당한, 마땅한 과 동 받을 만하다
deserves [dizáːrvs]	삼·단 동 받을 만하다
deserving [dizéːrviŋ]	현·분 형 받아야 할, 자격이 있는
designs [dizáinz]	복 명 디자인, 설계
desperate [déspərət]	형 필사적인, 자포자기의, 극도의
destined [déstind]	과·분 형 운명 지어진, 예정된 과 동 예정해 두다
destiny [déstəni]	명 운명, 숙명
destroying [distrɔ́ːŋ]	현·분 형 파괴하는
details [ditéilz]	복 명 세부 사항
devastated [dévəstèitid]	과·분 형 큰 타격을 받은, 황폐한 과 동 파괴하다
developed [divéləpt]	과·분 형 발달한, 선진의 과 동 발달시키다, 개발하다
development [divéləpmənt]	명 개발, 발전, 발달, 전개
devil [dévl]	명 마귀, 악령
devoted [divóutid]	과·분 형 헌신적인, 전념하는 과 동 헌신하다
diarrhea [dàiəríːə]	명 설사
diddly [dídli]	명 하찮은 것, 아무것
dietary [dáiətèri]	형 규정식의, 음식의
diff [dif]	명 차이, 다름
differ [dífər]	동 다르다, 동의하지 않다
difficulties [dífikʌltiz]	복 명 어려움
difficulty [dífikʌlti]	명 어려움, 곤란, 말썽
dig [dig]	명 찌르기, 비꼬기, 발굴 동 파다, 발굴하다, 캐내다

digs [digz]	⑧ ⑨ 구멍, 셋방 ⑤·⑤ ⑧ 발굴하다, 파다
diligence [dílidʒəns]	⑨ 근면, 성실
diner [dáinər]	⑨ 식사하는 사람, 작은 식당
diners [dáinarz]	⑧ ⑨ 식사하는 사람, 작은 식당
dining [dáiniŋ]	⑨ 식사, 정찬 ⑲·⑯ ⑧ 식사를 하는
dinnertime [dínərtàim]	⑨ 정찬 시간
dip [dip]	⑨ 담그기, 소스 ⑧ 떨어지다, 담그다
directed [diréktid], [dai-]	⑭·⑯ ⑧ 지도된, 관리된 ⑭ ⑧ 감독하다, 지시하다
directing [dəréktiŋ]	⑨ 감독, 지시 ⑲·⑯ ⑧ 감독하는, 지시하는
directly [diréktli], [dai-]	⑤ 직접적으로, 곧바로, 똑바로
disappeared [dìsəpíərd]	⑭·⑯ ⑧ 행방불명된, 실종된 ⑭ ⑧ 사라지다
disappears [dìsəpíərz]	⑤·⑤ ⑧ 사라지다
disappoint [dìsəpɔ́int]	⑧ 실망시키다, 낙담시키다, 망치다
disconnect [dìskənékt]	⑧ 끊다, 연락을 끊다, 분리하다
discover [dískʌvər]	⑧ 발견하다, 밝히다, 찾다
discuss [diskʌ́s]	⑧ 논의하다, 토론하다
discussed [diskʌ́st]	⑭·⑯ ⑧ 논의된 ⑭ ⑧ 논의하다
diseases [dizíːzəz]	⑧ ⑨ 병, 질병
disgust [disgʌ́st]	⑨ 구역질, 혐오 ⑧ 혐오감을 일으키다
dishes [díʃəz]	⑧ ⑨ 접시, 설거지거리
dismiss [dismís]	⑧ 무시하다, 해고하다, 기각하다
disown [disóun]	⑧ 인연을 끊다, 의절하다
dispenser [dispénsər]	⑨ 분배자, 조제사, 디스펜서
disrespectful [dìsrispéktfl]	⑧ 실례되는, 예절이 없는
distort [distɔ́ːrt]	⑧ 왜곡하다, 뒤틀다
distortion [distɔ́ːrʃən]	⑨ 왜곡, 곡해, 찌그러짐
distract [distrǽkt]	⑧ 주의를 빼앗다, 관심이 멀어지다, 혼란시키다
distracting [distrǽktiŋ]	⑲·⑯ ⑧ 혼란시키는, 집중할 수 없는
distractions [distrǽkʃənz]	⑧ ⑨ 기분 전환, 오락
district [dístrikt]	⑨ 지역, 지방, 행정구, 구역
disturbing [distə́ːrbiŋ]	⑲·⑯ ⑧ 충격적인, 불안한, 혼란을 주는
ditch [ditʃ]	⑨ 수로, 도랑 ⑧ 도랑을 파다, 버리다, 불시착하다

dividends [dívədèndz]	(복)(명) 나눔수, 배당금, 예금이자, 몫
DJ	(약) 디스크 자키 disc jockey
documentary [dàkjuméntəri]	(명) 다큐멘터리, 기록물
doin' [dú:in]	(명) 행위, 처신 (현·분)(형) 하는
doll [dal]	(명) 인형
dollar [dálər]	(명) 달러
dolphin [dάlfin]	(명) 돌고래
donkeys [dάŋkiz]	(복)(명) 당나귀
donuts [dóunəts]	(복)(명) 도넛
doorknob [dɔ́:rnàb]	(명) 문의 손잡이
Dothraki	(이름) 도트라키 – 소설 『왕좌의 게임』 속 민족
Douglas fir	(이름) 미송 – 미국 서부산 소나무
downloaded [dáunlòudid]	(과·분)(형) 내려받은, 다운로드의 (과)(동) 다운로드하다
downstairs [dáunstɛ̀ərz]	(부) 아래층으로 (형) 아래층의
downtown [daúntaún]	(명) 도심지, 시내, 중심지
drag [dræg]	(동) 끌다, 끌어들이다, 뒤지다 (명) 저인망, 끌기, 장애물

dragon [drǽgən]	(명) 용, 도마뱀
dramatic [drəmǽtik]	(형) 극적인, 급격한, 인상적인
draw [drɔ:]	(동) 그리다, 끌다, 긋다
dreading [dredíŋ]	(현·분)(형) 무서워하는, 두려워하는
dreaming [drí:miŋ]	(현·분)(형) 몽상적인, 꿈을 꾸고 있는, 비몽사몽간의
dresser [drésə(r)]	(명) 의상 담당자, 입는 사람, 화장대
driest [dráist]	(최)(형) 가장 건조한
drifter [dríftər]	(명) 표류자, 떠돌이, 유망 어선
drilling [drílíŋ]	(현·분)(형) 구멍을 뚫는
drinker [dríŋkər]	(명) 마시는 사람, 술꾼, 급수기
driven [drívən]	(과·분)(형) 이끌어진, 구동된
drivers [dráivərz]	(복)(명) 운전자
drives [dráivz]	(삼·단)(동) 운전하다
driveway [draívwèi]	(명) 사유 차도, 진입로, 차도
dropped [drapt]	(과·분)(형) 떨어진, 떨어드린 (과)(동) 떨어지다
drops [draps]	(삼·단)(동) 떨어지다, 그만두다, 잠깐 들르다

drove [drouv]	꽌 동 운전하다, 이끌다, 구동하다
drown [draun]	동 익사하다, 물에 빠지다, 버리다
drowned [draund]	과·분 형 익사한, 몰입한 과 동 익사하다, 버리다
drugged [drʌgd]	과·분 형 마약을 복용한, 마약 주사를 맞은 과 동 마약을 섞다
drugstore [drʌgstɔ̀:r]	명 약국
drum [drʌm]	명 드럼, 북
drummin' [drʌmin]	현·분 형 북을 치는, 쿵쿵 울리는
drums [drʌmz]	복 명 드럼, 북 삼·단 동 북을 치다
drumsticks [drʌmstiks]	복 명 북채, (닭 등의) 다리
ducked [dʌkt]	과·분 형 도망친, 피한 과 동 도망치다
ducking [dʌkiŋ]	명 회피, 도망치기, 물속에 처박기 현·분 형 도망치는
duct [dʌkt]	명 수송관, 도관
dues [dju:z]	복 명 회비, 요금, 세금
dumb [dʌm]	형 말을 못하는, 우둔한
dump [dʌmp]	명 쓰레기장, 덤프트럭 동 버리다, 염가 판매하다

dumplings [dʌmpliŋz]	복 명 만두
dungeon [dʌndʒən]	명 (중세의) 지하 감옥
dyke [daik]	명 제방, 수로, 배수관, 동성애자
dynamic [dainǽmik]	형 역동적인, 역학적인, 활동적인
eagle [í:gl]	명 독수리
earn [ə:rn]	동 벌다, 받다, 얻다
earnest [ə́:rnist]	형 진지한, 성실한, 솔직한
earth [ə:rθ]	명 지구, 땅, 흙, 이승
ease [i:z]	동 완화하다, 덜어 주다, 느슨해지다
easily [í:zili]	부 쉽게, 용이하게, 술술
eater [í:tər]	명 먹는 사람, 부식물
echoes [ékouz]	삼·단 동 울려퍼지다, 울리다, 반향시키다
edge [edʒ]	명 가장자리, 경계, 모서리
edges [edʒiz]	복 명 가장자리, 경계, 모서리
effective [iféktiv]	형 효과적인, 효율적인, 유능한
eggs [egz]	복 명 알, 달걀

106

elaborate [ilǽbərət]	휑 정교한, 공들인 동 정성들여 만들다, 상세히 말하다
elastic [ilǽstik]	휑 탄력 있는, 신축성이 있는, 융통성이 있는
elbow [élbou]	명 팔꿈치 동 팔꿈치로 밀치다
electric [iléktrik]	명 전기(장치) 휑 전기의, 전자의
electrical [iléktrikəl]	휑 전기의, 전자의
Elektra	이름 엘렉트라 – 미국의 레코드 회사
elephants [éləfənts]	복 명 코끼리
Elise	인명 엘리스 – 여자 이름
eloquent [éləkwənt]	휑 웅변의, 달변의, 설득력 있는
embarrass [imbǽrəs]	동 당황하게 하다, 방해하다
emerges [imə́:rdʒz]	삼·단 동 떠오르다, 드러나다, 벗어나다
emotions [imóuʃənz]	복 명 감정, 정서
empire [émpaiər]	명 황제, 제국
employment [implɔ́imənt]	명 고용, 취업, 일자리
empower [impáuər]	동 권능을 부여하다, 권리를 주다

emptier [émptiər]	비 휑 더 빈, 더 인적이 없는, 더 결여된
en garde [a:ŋ gɑ́:rd]	부 준비 자세로 – 프랑스어, 펜싱 용어
endgame [éndgeim]	명 종반전, 최종 단계
endings [éndiŋz]	명 종결, 결말, 어미
enemies [énəmiz]	복 명 적, 적국
entirely [intáiərli]	부 완전히, 전적으로, 거의
entrance [éntrəns]	명 입구, 입학, 현관
environment [inváiərənmənt]	명 환경, 상황, 자연, 분위기
envisioned [invíʒənd]	과·분 휑 그려진, 계획된 과 동 상상하다, 계획하다
envy [énvi]	명 질투, 선망 동 부러워하다, 질투하다
Epcot	이름 엡콧 – 디즈니 테마 파크
equivalent [ikwívələnt]	휑 해당하는, 맞먹는, 동등한
erase [iréis]	동 지우다, 없애다, 되돌리다
ere [ɛər]	전 이전에 접속 하기 전에
escape [iskéip, es-]	동 탈출하다, 벗어나다, 피하다

evil [íːvəl]	몡 악, 유해물 혱 사악한, 나쁜
eviscerating [ivísərèitiŋ]	현·분 혱 제거하는, 도망치는
exact [igzǽkt]	혱 정확한, 정밀한 동 요구하다, 강요하다
exaggerating [igzǽdʒəreitiŋ]	현·분 혱 과장하는
example [igzǽmpl]	몡 예, 본보기, 사례, 모범, 예제
exceeds [iksíːdz]	삼·단 동 한계를 넘다, 초과하다
excellent [éksələnt]	혱 훌륭한, 뛰어난
excitedly [iksáitidli]	부 흥분하여, 기를 쓰고
exclaiming [ikskléimiŋ]	현·분 혱 외치는, 절규하는
exclaims [ikskléimz]	삼·단 동 외치다, 절규하다
exclusively [iksklúːsivli]	부 배타적으로, 전적으로
excused [ikskjúːz]	과·분 혱 용서받은, 용납된 과 동 용서하다, 변명하다
execute [éksikjùːt]	동 처형하다, 집행하다, 만들어내다, 발효시키다
exercise [éksərsàiz]	몡 운동, 훈련, 활동, 연습 동 훈련시키다, 행사하다
exhausted [igzɔ́ːstid]	과·분 혱 다 써 버린, 소모된, 기진맥진한 과 동 다 써버리다
exhaustion [igzɔ́ːstʃən]	몡 기진맥진, 고갈, 소진
existed [igzístəd]	과·분 혱 존재한 과 동 존재하다
exorcist [éksɔ:rsist]	몡 퇴마사, 구마품
expectations [èkspektéiʃənz]	복 몡 기대, 예상, 유산
expects [ikspékts]	삼·단 동 기대하다, 요구하다
explanation [èksplənéiʃən]	몡 설명, 해명, 해석
explicitly [iksplísitli]	부 솔직하게, 명시적으로
explodes [iksplóudz]	삼·단 동 폭발하다, 폭발시키다
explore [iksplɔ́:r]	동 탐험하다, 연구하다, 개척하다
extended [iksténdid]	과·분 혱 확장된, 연장한, 늘어난 과 동 확장하다
extender [iksténdər]	몡 증량제, 체질 안료
extraordinary [ikstrɔ́:rdənèri]	혱 특별한, 뛰어난, 임시의, 특파의
extreme [ikstríːm]	혱 극단적인, 극심한, 지나친
extremely [ikstríːmli]	부 매우, 극도로
eyeballing [áibɔ̀liŋ]	현·분 혱 응시하는, 지켜보는
fa [faː]	몡 파(온음계의 제 4음)

fable [féibl]	몡 동화, 꾸며낸 이야기
fabric [fǽbrik]	몡 직물, 천, 소재
FaceTime	이름 페이스타임 – 영상통화 앱
facility [fəsíləti]	몡 시설, 설비, 재능
facing [féisiŋ]	몡 외장 현·분 혱 직면하는, 마주한
factory [fǽktəri]	몡 공장, 회사, 제조소
faculties [fǽkəltiz]	복 몡 교수진, 교직원, 능력, 학부
fade [feid]	동 사라지다, 흐려지다, 쇠퇴하다
failed [feild]	과·분 혱 실패한, 결함이 있는, 파산한 과 동 실패하다
failure [féiljər]	몡 실패, 고장, 실수
fainting [féintiŋ]	몡 기절, 실신, 졸도 현·분 혱 기절의, 졸도하는
familiar [fəmíljər]	혱 익숙한, 친숙한, 잘 아는, 낯익은
families [fǽməliz]	복 몡 가족
Farrah Fawcett	인명 파라 포셋 – 미국의 영화 배우
fascinated [fǽsənèitid]	과·분 혱 매료된 과 동 매료시키다

fascinating [fǽsənèitiŋ]	현·분 혱 멋진, 매혹적인, 재미있는
fastened [fǽsn/fǽsənd]	과·분 혱 고정된, 묶인, 조여진 과 동 고정하다, 묶다
faster [fǽstər]	비 혱 더 빨리
fastest [fǽstəst]	최 혱 가장 빠른, 가장 신속한
fathom [fǽðəm]	몡 깊이의 단위 (6피트≒1.83m) 동 간파하다, 깊이를 재다
fatman [fǽtmæn]	속 뚱보
fatter [fǽtər]	비 혱 더 뚱뚱한
fatties [fǽtiz]	속 뚱뚱보
FDA	약 (미국) 식품 의약품국 Food and Drug Administration
feast [fiːst]	몡 축제, 잔치 동 대접받다, 즐겁게 해 주다
feather [féðər]	몡 깃털, 가벼운 것
feature [fíːʧər]	몡 용모, 얼굴, 특종, 작품(영화) 동 특징을 이루다
February [fébruèri], [fébju-]	몡 2월
fedora [fidɔ́ːrə]	몡 펠트제의 중절모
feigned [feind]	과·분 혱 거짓의, 꾸며낸 과 동 체하다, 꾸며대다

fellow [félou]	명 동료, 연구원, 회원
feminist [fémənist]	명 페미니스트
fence [fens]	명 울타리, 담, 장애물 동 울타리를 두르다
ferry [féri]	명 여객선, 나룻배 동 (배로) 건너다, (배로) 다니다
festive [féstiv]	형 축제의, 흥겨운, 축제다운
fetish [fétiʃ]	명 맹목적 숭배물, 집착
fiercely [fíərsli]	부 치열하게, 필사적으로
fifteen [fìftíːn]	명 15, 15세
fighters [fáitərz]	복 명 권투선수, 전투기, 전사
figuring [fígjəriŋ]	현·분 형 계산하는, 무늬를 넣는, 나타내는
filed [faild]	과·분 형 정리된, 제출된 과 동 정리하다, (소송을) 제기하다
fillet [fílit]	명 필레(부드러운 고기)
filling [fíliŋ]	명 (음식 등의) 속 현·분 형 채우는
fills [filz]	삼·단 동 채우다
filming [fílmiŋ]	명 영화 촬영 현·분 형 촬영하는, 제작하는

filter [fíltər]	명 여과 장치 동 필터로 거르다, 스며 나오다
filthy [fílθi]	형 더러운, 불결한, 부도덕한
financed [finǽnsd, fáinænsd]	과·분 형 자금이 공급된, 출자된 과 동 자금을 대다
financially [finǽnʃəli], [fai-]	부 재정적으로, 돈과 관련되어
finding [fáindiŋ]	명 결과, 답신, 판결 현·분 형 찾아내는, 밝히는
finest [fáinist]	최 형 가장 좋은, 가장 멋진
fingertips [fíŋgərtìps]	복 명 손가락 끝, 골무
finishing [fíniʃiŋ]	명 끝손질 현·분 형 끝손질의, 마지막의
fireman [fáiərmən]	명 소방수, 소방관
fireplace [faiərpleìs]	명 벽난로
fires [faiərz]	복 명 화재 삼·단 동 불붙이다, 해고하다
fish [fiʃ]	명 물고기, 생선 동 낚시하다
flag [flæg]	명 국기, 깃발
flame [fleim]	명 화염, 불 동 타오르다, 불태우다
flames [fleimz]	복 명 불꽃, 정열 삼·단 동 타오르다

flashback [flǽʃbæk]	(명) 회상 장면, 불길의 역류
flashed [flæʃt]	(과·분) (형) 번쩍인 (과) (동) 반짝이다
flashy [flǽʃi]	(형) 현란한, 야한, 겉치레뿐인
flattering [flǽtəriŋ]	(현·분) (형) 아첨하는, 돋보이게 하는
fleet [fliːt]	(명) 함대, 선단 (형) 빠른, 순식간의 (동) 빨리 지나가다
flesh [fleʃ]	(명) 살, 피부, 고기, 육체
flick [flik]	(명) 가볍게 치기, 휙 움직임 (동) 튀기다, 휙 움직이다
flies [flaiz]	(복) (명) 파리 (삼·단) (동) 날다, 비행하다
flipping [flípiŋ]	(현·분) (형) 휙휙 넘기는, 뒤집는
flirt [fləːrt]	(명) 바람둥이 (동) 시시덕거리다, 집적거리다
floors [flɔːrz]	(복) (명) 바닥, 층, 마루
flophouse [flaphaus]	(명) 싸구려 여인숙, 간이 숙박소
florescent [flɔːrésnt]	(형) 개화한, 전성기의, 꽃이 핀
floundering [fláundəriŋ]	(현·분) (형) 몸부림치는, 허둥대는
flour [fláuər]	(명) 밀가루, 가루

flow [flou]	(명) 흐름, 유입, 밀물 (동) 흐르다, 돌다
flowing [flóuiŋ]	(현·분) (형) 흐르는, 유창한, 솟아나는
flu [fluː]	(명) 독감, 감기
focused [fóukəst]	(과·분) (형) 집중된 (과) (동) 집중하다
folksy [fóuksi]	(형) 사교적인, 허물없는, 민속적인
follows [fάlouz]	(삼·단) (동) 따르다, 종사하다
footfalls [fútfɔ̀lz]	(복) (명) 발소리, 발걸음
force [fɔːrs]	(명) 군대, 힘, 세력 (동) 강요하다
forced [fɔːrst]	(과·분) (형) 강제적인, 강요된 (과) (동) 강제하다
forcefully [fɔ́ːrsfəli]	(부) 힘차게, 힘으로
forest [fɔ́ːrist]	(명) 숲, 산림, 삼림
forgave [fərgéiv]	(과) (동) 용서하다, 양해하다
forgetting [fərgétiŋ]	(현·분) (형) 잊어버린, 빼놓은
forgotten [fərgάtn]	(과·분) (형) 잊힌
fork [fɔːrk]	(명) 포크, 갈래 (동) 포크로 찌르다, 갈라지다

forlorn [fərlɔ́ːrn]	혱 쓸쓸한, 황량한, 버림받은
form [fɔːrm]	몡 형상, 형태, 틀, 양식 동 형성하다, 구성하다
forming [fɔ́rmiŋ]	몡 형성 현·분 혱 형성되는
formula [fɔ́ːrmjulə]	몡 공식, 방식, 제조법, 유동식, 관용 어구
forth [fɔːrθ]	부 앞으로, 밖으로
fortunately [fɔ́ːrtʃənətli]	부 다행히, 운좋게
fortune [fɔ́ːrtʃən]	몡 재산, 행운, 운
fountain [fáuntən]	몡 샘, 분수 동 솟아오르다
fragile [frǽdʒəl]	혱 취약한, 깨지기 쉬운, 부진한
frail [freil]	혱 허약한, 빈약한
frames [freimz]	복 몡 뼈대, 테두리 삼·단 동 테를 두르다
frankly [frǽŋkli]	부 솔직히, 사실
freaked [friːkd]	과·분 혱 충격을 받은, 얼룩진 과 동 놀라게하다
freaky [fríːki]	혱 기이한, 괴팍한
Freddy	인명 프레디 - 남자 이름

freely [fríːli]	부 아낌없이, 자유롭게, 기꺼이
freeway [fríːwèi]	몡 고속도로, 무료 간선도로
frickin [frikin]	속 끝내주는
friggin [frígin]	속 빌어먹을
frisky [fríski]	혱 쾌활한, 까불며 노는
fruits [fruːts]	복 몡 과일, 열매
fry [frai]	몡 튀김 동 튀기다
fulfill [fulfíl]	동 이행하다, 충족시키다, 채우다
fulfilled [fulfíld]	과·분 혱 충실한 과 동 충족시키다
fulfilling [fulfíliŋ]	현·분 혱 만족시키는
functional [fʌ́ŋkʃənl]	혱 기능성의, 작동하는
funded [fʌ́ndəd]	과·분 혱 자금이 제공된 과 동 투자하다
funerals [fjúːnərəlz]	복 몡 장례식
funky [fʌ́ŋki]	혱 고약한 냄새가 나는 속 파격적인
funnier [fʌ́niər]	비 혱 더 재밌는, 더 웃기는

furniture [fɔ́ːrnitʃər]	몡 가구
fussy [fʌsi]	혱 까다로운, 야단법석하는, 안달복달하는
FYI	약 참고로 for your information
gag [gæg]	몡 재갈, 억압, 개그 통 재갈을 물리다, 개그를 하다
gained [geind]	과·분 혱 증가된, 얻게 된 과 통 얻다
garbage [gɑ́ːrbidʒ]	몡 쓰레기, 찌꺼기
gathered [gǽðərd]	과·분 혱 모여진, 집결된, 주름을 잡은 과 통 모이다, 수집하다
geek [giːk]	속 괴짜, 얼간이, 공붓벌레
generally [dʒénərəli]	부 일반적으로, 보통
genes [dʒiːnz]	복 몡 유전자
genetic [dʒənétik, -ikəl]	혱 유전적인
genius [dʒiːnjəs]	몡 천재, 비범한 재능
gentleness [dʒéntlnis]	몡 온화함, 관대함
gently [dʒéntli]	부 친절하게, 온화하게, 서서히

genuine [dʒénjuin]	혱 진실된, 진짜의, 순수한, 성실한
German [dʒə́ːrmən]	몡 독일인 혱 독일의
Germany [dʒə́ːrməni]	몡 독일
germs [dʒə́ːrmz]	복 몡 세균, 병원균
Gertrude Stein	인명 거트루드 스타인 – 미국의 시인 겸 소설가
gesture [dʒéstʃər]	몡 몸짓, 몸동작
giant [dʒáiənt]	몡 거인 혱 위대한, 거대한
gifted [gíftid]	과·분 혱 천부의 재능이 있는, 타고난 과 통 증정하다, 재능을 내려 주다
gifts [gifts]	복 몡 선물, 특수한 능력, 증여
giggle [gígl]	통 낄낄 웃다, 키득거리다
gigs [gigz]	복 몡 공연, 일, 2륜 마차, 소형 보트, 작살, 별점
Gilmore girls	이름 길모어 걸스 – 미국의 시트콤
ginger [dʒíndʒər]	몡 생강 혱 생강의, 생강 빛의 통 생강을 넣다, 자극하다

girlfriends [gə́rlfrèndz]	(복) (명) 여자 친구
gist [dʒist]	(명) 요점, 골자, 요지
glamorous [glǽmərəs]	(형) 매혹적인, 매력이 넘치는
gluten [glúːtn]	(명) 글루텐
goat [gout]	(명) 염소
godforsaken [gadfərséikən]	(형) 황량한, 외딴, 쓸쓸한
gods [gadz]	(복) (명) 신
golden [góuldən]	(형) 황금의, 가장 좋은
good-byes [gùd-báiz]	(감) 안녕(작별인사)
goodnight [gùdnáit]	(감) 안녕히 주무세요
Google	(이름) 구글 – 인터넷 검색 사이트
gorge [gɔːrdʒ]	(명) 골짜기, 폭식, 퇴적물 (동) 게걸스럽게 먹다, 메우다
gotcha [gɑ́tʃə]	(감) 붙잡았다, 걸렸다, 알아서
gourd [gɔːrd]	(명) 박과 열매의 총칭, 호리병박 열매, 머리
GPS	(약) 위성 위치 파악 시스템 Global Positioning System
grain [grein]	(명) 곡물, 입자, 알갱이

grandparents [grǽndpɛərənts]	(명) 조부모님
grape [greip]	(명) 포도
grate [greit]	(명) 벽난로, 격자창 (동) 격자로 가리다, 갈다, 갈리다
gravity [grǽvəti]	(명) 중력, 성실함
greasy [gríːsi, -zi]	(형) 기름진, 기름기가 도는
Greenview	(이름) 그린뷰
grieve [griːv]	(동) 슬퍼하다, 힘들어하다, 애도하다
grieving [gríːviŋ]	(현·분) (형) 슬퍼하는
grinning [griniŋ]	(현·분) (형) 생긋 웃는, 이를 드러내는
grip [grip]	(명) 꽉 붙잡음, 악력, 통제력, 손잡이 (동) 단단히 잡다
Grizabella	(이름) 그리자벨라 – 뮤지컬 〈캣츠〉의 고양이
groovin' [gruːvin]	(현·분) (형) 즐기는, 기분 좋은
ground [graund]	(명) 땅, 기반, 근거 (형) 지상의, 기초의 (동) 착륙하다, 근거를 두다
growling [gráuliŋ]	(현·분) (형) 으르렁거리는

growls [graulz]	(삼·단) (동) 으르렁거리다
grows [grouz]	(삼·단) (동) 성장하다, 자라다, 재배하다
grumbles [grʌmblz]	(복) (명) 불평, 불만 (삼·단) (동) 불평하다
guard [ga:rd]	(명) 경비원, 경계 (동) 보호하다, 막다
guessing [gesiŋ]	(현·분) (형) 추측하는
guests [gests]	(복) (명) 손님
guilt [gilt]	(명) 죄책감, 유죄
gulping [gʌlpiŋ]	(현·분) (형) 꿀꺽 삼키는, 억누르는
gun [gʌn]	(명) 총, 무기
gurgling [gə́:rgliŋ]	(현·분) (형) 콸콸 흐르는, 목을 울리는
guru [gúəru:]	(명) 구루(힌두교의 지도자), 권위자
Gus	(인명) 거스 – 남자 이름
guts [gʌts]	(복) (명) 내장
gutter [gʌtər]	(명) 도랑 (동) 도랑을 내다, 흐르다
gutters [gʌtərz]	(복) (명) 도랑 (삼·단) (동) 도랑을 내다, 흐르다

gypped [dʒipt]	(과·분) (형) 사기 당한 (과) (동) 속이다
haircut [héərkʌt]	(명) 이발, 머리 모양
halfway [hǽfwei]	(부) 중간까지, 거의 (형) 중간의
hall [hɔ:l]	(명) 넓은 방, 복도
hallmark [hɑ́lmɑ̀rk]	(명) 품질 증명, 특징 (동) 품질 보증 마크를 찍다
ham [hæm]	(명) 햄
hamper [hǽmpər]	(명) 방해, 지장, 좌절
handed [hǽndid]	(과·분) (형) 건네진, 손잡이가 있는 (과) (동) 건네주다
handful [hǽndfùl]	(명) 한줌, 소량, 소수
handling [hǽndliŋ]	(명) 취급, 처리, 조작 (현·분) (형) 다루는, 취급의
handsomest [hǽnsam:st]	(최) (형) 가장 잘생긴
handy [hǽndi]	(형) 편리한, 도움이 되는, 손재주가 있는
hangin' [hǽŋin]	(명) 교수형, 벽걸이, 비탈 (현·분) (형) 매달린, 걸려 있는
hangover [hǽŋoùvər]	(명) 숙취, 후유증
Hank	(인명) 행크 – 남자 이름

hap [hæp]	(명) 우연 (동) 우연히 일어나다
happier [hǽpiər]	(비) (형) 더 행복한
harboring [hɑ́rbəriŋ]	(현·분) (형) 숨기는, 서식하는
harder [hɑ́:rdər]	(명) 숭어
hardly [hɑ́:rdli]	(부) 거의 ~않다
harmless [hɑ́:rmlis]	(형) 무해한, 순진한, 악의 없는
Harris	(인명) 해리스 – 남자 이름
harsh [ha:rʃ]	(형) 가혹한, 거친, 강경한
hash [hæʃ]	(명) 해시 요리 (동) 저미다, 다지다, 해결하다
haunting [hɔ́:ntiŋ]	(현·분) (형) 끊임없이 떠오르는, 잊을 수 없는
haven [héivn]	(명) 항구, 피난처, 안식처
haves [hǽvz]	(명) 부유층, 가진 자
Hawaiian [həwáiən]	(형) 하와이의 (명) 하와이 사람
hazy [héizi]	(형) 흐린, 안개가 낀
headache [hédeìk]	(명) 두통, 골칫거리
hearts [ha:rtz]	(복) (명) 심장, 마음

Hector [héktər]	(이름) 헥토르 – 그리스 신화 인물
heroic [hiróuik]	(형) 영웅의, 숭고한, 비장한
herself [hərsélf, ə:r-]	(대) 그녀 자신
Hershey	(이름) 허쉬 – 미국 초콜릿 상표
hesitantly [hézətəntli]	(부) 주저하면서, 말을 더듬으며
hiccups [híkʌps]	(삼·단) (동) 딸꾹질을 하다
Heyward	(인명) 헤이워드 – 성(sirname)
hid [hid]	(과) (동) 숨기다
highest [háiist]	(최) (형) 가장 높은, 최고의
hightail [háitèil]	(동) 급히 도망치다
highway [háiwèi]	(명) 고속도로, 간선도로
hinges [hindʒiz]	(복) (명) 경첩 (삼·단) (동) 달려 있다
hippie [hípi]	(명) 히피(족)
hipster [hípstər]	(명) 최신 유행에 밝은 사람
hipsters [hípstərz]	(복) (명) 최신 유행에 밝은 사람

hobble [hάbl]	명 절기 동 발을 절다, 절게 하다
holds [houldz]	삼·단 동 잡다, 유지하다, 누르다
holed [hould]	과·분 형 구멍 뚫린, 숨은 과 동 구멍을 뚫다
holidays [hάlidèiz]	부 휴일에
homeless [hóumlis]	형 집이 없는, 노숙의
homelessness [hóumləsnəs]	명 노숙자, 무주택
honking [hάŋkiŋ]	명 경적 현·분 형 경적을 울리는
honors [άnərz]	복 명 명예 삼·단 동 존경하다, 영예를 주다
hood [hud]	명 두건, 모자, 덮개
hook [huk]	명 갈고리, 덫 동 갈고리에 걸다, 낚다
hookup [húkʌp]	명 연결, 접속
hooting [huːtiŋ]	현·분 형 고함치는, 야유하는
hop [hap]	명 깡충 뛰기 동 깡충 뛰다, 뛰어넘다
hoped [houpt]	과·분 동 기대된 과 동 바라다

Hoppy's	이름 호피스 – 드라마 속 음반 가게
hops [haps]	삼·단 동 깡충 뛰다
horizons [həráiznz]	복 명 지평선, 수평선
hormonal [hɔːrmóunl]	형 호르몬의 영향을 받은, 호르몬의
horns [hɔːrnz]	복 명 뿔, 뿔피리
horrible [hɔ́ːrəbl, hɔɔ́rəbl]	형 끔찍한, 무서운, 지독한
horror [hɔ́ːrər, hάrər]	명 공포, 무서움
horsing [hɔ́ːrsiŋ]	명 승마 현·분 형 야단법석 떠는
hoses [houzis]	복 명 긴 양말, 호스
hostage [hάstidʒ]	명 인질, 볼모
hostess [hóustis]	명 여주인, 접대부, 여성 사회자
hosts [houstz]	복 명 주인 삼·단 동 주최하다
hotdogs [hάtdɔ́ːgz]	복 명 핫도그
hotels [houtéls]	복 명 호텔, 여관
hotter [hatər]	비 형 더 더운

housewife [háuswàif]	똉 주부
howled [hauld]	꽈 똉 울부짖다, 고함치다
hubby [hʌbi]	똉 남편
Huge Grant	인명 휴 그랜트 – 영국의 영화 배우
hugging [hʌɡiŋ]	현·분 톙 껴안는, 포옹하는
hugs [hʌɡz]	복 똉 포옹 삼·단 똉 포옹하다
hulk [hʌlk]	똉 (노후선의) 선체, 거대한 사람
hulked [hʌlkd]	꽈·분 톙 거대해진 꽈 똉 거대한 모습으로 나타나다
humanly [hjúːmənli]	붐 인간답게, 인간적으로
humor [hjúːmər]	똉 유머, 해학
hunters [hʌntərs]	복 똉 사냥꾼
hurricanes [hə́ːrəkèinz]	복 똉 허리케인
hurting [hə́ːrtiŋ]	현·분 톙 상하게 하는, 해치는, 보기 흉한
hygiene [háidʒiːn]	똉 위생학, 건강법
hygienist [haidʒíːnist]	똉 위생학자, 위생사

hyperventilated [hàipərvéntəlèitid]	꽈·분 톙 과호흡 증상인 꽈 똉 과호흡하다
hypoallergenic [hàipouælərdʒénik]	톙 저자극성인
hysterical [histérikəl]	톙 히스테릭한, 광란의, 분별이 없어진
hysterically [histérikəli]	붐 병적으로 흥분하여, 반광란 상태로
Ian	인명 이안 – 남자 이름
icing [áisiŋ]	똉 당의, 착빙, 얼음에 의한 보존
ID	약 신분증 identification
idol [áidl]	똉 아이돌, 스타, 우상
ignore [ignɔ́ːr]	똉 무시하다, 간과하다
ignoring [ignɔ́ːriŋ]	현·분 톙 무시하는
imagined [imædʒind]	꽈·분 톙 추측된 꽈 똉 상상하다, 추측하다
imagining [imædʒiniŋ]	현·분 톙 상상하는
imbedded [imbédid]	꽈·분 톙 끼워 넣어진 꽈 똉 끼워 넣다
immunotherapy [ìmjunouθérəpi]	똉 면역 요법, 면역제 치료법
impact [ímpækt]	똉 영향, 충격, 효과

impatient [impéiʃənt]	(형) 참을성 없는, 서두르는, 초조한
improve [imprúːv]	(동) 개선하다, 향상하다, 증진시키다
inappropriate [inəpróupriət]	(형) 부적당한, 알맞지 않은
inch [intʃ]	(명) 인치(≒2.54cm), 키, 조금
incisions [insíʒənz]	(복) (명) 상처, 절개
increases [inkríːsiz]	(복) (명) 증가, 증대 (삼·단) (동) 늘리다, 늘다
increments [ínkrəmənts]	(복) (명) 증가, 이익
indeed [indíːd]	(부) 정말로, 사실은 (감) 저런
indoor [índɔ̀r]	(형) 실내의, 내부의
inevitably [inévitəbli]	(부) 불가피하게, 필연적으로
infant [ínfənt]	(명) 유아 (형) 유아의, 유년기의, 초기의
infinity [infínəti]	(명) 무한, 무한대
influences [ínfluənsis]	(복) (명) 영향, 세력 (삼·단) (동) 영향을 주다
inhale [inhéil]	(동) 흡입하다, 삼키다, 빨아들이다
inhaler [inhéilər]	(명) 흡입기, 흡입 마스크
inherent [inhíərənt]	(형) 내재된, 고유의, 필연적인
inhuman [inhjúːmən]	(형) 냉혹한, 비인간적인
initiate [iníʃièit]	(동) 시작하다, 추진하다
inner [ínər]	(형) 내부의, 내면의, 내적인
insanity [insǽnəti]	(명) 정신 이상, 광기, 미친 짓
insatiable [inséiʃəbl]	(형) 만족할 줄 모르는, 탐욕스러운
insides [insáidz]	(복) (명) 내부, 안쪽, 위장
insist [insíst]	(동) 주장하다, 고집하다, 요구하다
insisted [insístid]	(과·분) (형) 강요된, 주장된 (과) (동) 고집하다, 주장하다
inspire [inspáiər]	(동) 영감을 주다, 고무하다, 격려하다
inspiring [inspáiəriŋ]	(현·분) (형) 영감을 주는
instrument [ínstrəmənt]	(명) 악기, 도구, 기구
instrumental [ìnstrəméntl]	(형) 수단이 되는, 악기로 연주되는
insulted [insʌltid]	(과·분) (형) 모욕받은 (과) (동) 모욕하다
insurance [inʃúərəns]	(명) 보험, 보험금
intact [intǽkt]	(형) 손상되지 않은, 온전한

intake [íntèik]	똉 섭취, 흡입, 수용
integrating [íntəgrèitiŋ]	현·분 똉 통합하는, 포함하는
integrity [intégrəti]	똉 진실성, 도덕성, 고결함, 온전함
intelligent [intélədʒənt]	똉 지능이 있는, 지적인, 총명한
internal [intə́:rnl]	똉 내부의, 체내의, 국내의
international [intərnǽʃənəl]	똉 국제적인, 국제 간의
Internet [íntərnét]	똉 인터넷
interrupt [ìntərʌ́pt]	똉 방해하다, 중단하다, 끼어들다
intolerant [intálərənt]	똉 편협한, 옹졸한, 견딜 수 없는
intoxicating [intáksikèitiŋ]	현·분 똉 취하게 하는, 들뜨게 하는
intricacies [íntrikəsiz]	똉 똉 복잡한 사항
intubation [ìntjubéiʃən]	똉 삽관법
invaluable [invǽljuəbl]	똉 매우 귀중한
invasive [invéisiv]	똉 침입하는, 침략적인, 간섭하는
investment [invéstmənt]	똉 투자, 출자

invisible [invízəbl]	똉 눈에 보이지 않는, 투명한, 감출 수 있는
invitations [invitéiʃənz]	똉 똉 초청, 초대, 유혹, 초청장
involving [inválviŋ]	현·분 똉 관련된, 참여하는
Iowa [áiəwə]	지명 아이오와 – 미국 중부의 주
iPad	이름 아이패드
Irish [áiəriʃ]	똉 아일랜드인 똉 아일랜드의
ironed [áiərnd]	과·분 똉 다림질된 과 똉 다림질하다
ironic [airάnik]	똉 풍자적인, 모순적인, 반어적인
Isaiah [aizéiə]	인명 이사야 – 성경의 예언자
ISIS [áisis]	똉 이슬람 국가
issue [íʃuː]	똉 쟁점, 발행, 간행물 똉 발행하다
itinerary [aitínərèri]	똉 일정, 기행, 여행, 여정
Jack Nicholson	인명 잭 니콜슨 – 미국의 영화 배우
jacket [dʒǽkit]	똉 재킷, 상의, 덮개, 표지
jackpot [dʒǽkpàt]	똉 거액의 상금, 대성공
Jamaica [dʒəméikə]	똉 자메이카

jammed [dʒæmd]	과·분 형 빽빽한, 걸린, 고장난 과 동 밀어넣다, 움직이지 않다
Jane Fonda	인명 제인 폰다 – 미국의 영화 배우
Janet	인명 재닛 – 여자 이름
Janis Joplin	인명 제니스 조플린 – 미국의 가수
jazzy [dʒǽzi]	형 재즈의, 활발한, 요란한
jeez [dʒiːz]	감 어머나, 깜짝이야
Jennings	인명 제닝스 – 성(Sirname)
jerky [dʒə́ːrki]	명 덜커덕거리는 마차, 육포 형 발작적인
Jerusalem [dʒərúːsələm]	지명 예루살렘 – 이스라엘의 수도
Jewish [dʒúːiʃ]	형 유대인의, 유대교의
Jheri curl	이름 제리 컬 – 1980년대 미국 흑인들의 유행 머리 스타일
Joel	인명 조엘 – 남자 이름
jogging [dʒɑ́giŋ]	명 조깅, 느린 구보
joined [dʒɔind]	과·분 형 가입된, 결합된 과 동 가입하다, 참여하다

joins [dʒɔinz]	삼·단 동 결합하다, 합류하다, 참가하다
joint [dʒɔint]	명 합동, 접합 부분, 관절 형 공통의 동 잇다
Judah Maccabee	이름 유다 마카비 – 기원전 유대 지도자
judged [dʒʌdʒd]	과·분 형 판단받은 과 동 판단하다
judging [dʒʌdʒiŋ]	현·분 형 판단하는
judgmental [dʒʌdʒméntl]	형 재판의, 판단을 내린, 판결의
Junior Kimbrough	인명 주니어 킴브로 – 미국의 음악가
Julia Roberts	인명 줄리아 로버츠 – 미국의 영화 배우
Juliet	인명 줄리엣 – 여자 이름
Jungle [dʒʌ́ŋgl]	명 정글, 밀림
Jurassic [dʒuərǽsik]	명 쥐라기 형 쥐라기의
justice [dʒʌ́stis]	명 정의, 사법, 공정, 재판, 판사
kale [keil]	명 케일
karaoke [kɑ̀ːrəóuki]	명 노래방
Katie Couric	인명 케이티 쿠릭 – 미국의 앵커

Katy Perry	(인명) 케이티 페리 – 미국의 가수
Keith	(인명) 키이스 – 남자 이름
Kendal	(인명) 켄달 – 남자 이름
khakis [kǽkiz]	(명) 카키색, 카키색 천
kiddos [kídouz]	(복) (명) 어린이, 젊은이
kills [kilz]	(삼·단) (동) 죽이다, 없애다
kissed [kisd]	(과·분) (형) 키스받은 (과) (동) 키스하다
kisses [kisiz]	(복) (명) 키스, 입맞춤
kissing [kisiŋ]	(현·분) (형) 키스하는
knife [naif]	(명) 칼, 나이프, 부엌칼
knit [nit]	(명) 편물 (동) 뜨개질을 하다, 찌푸리다
knitted [nítid]	(과·분) (형) 뜬, 짠 (과) (동) 뜨개질을 하다
knitter [nítər]	(명) 편물 기계, 뜨는 사람
knocked [nakt]	(과·분) (형) 타격 받은 (과) (동) 두드리다, 때려 눕히다
knuckles [nʌklz]	(복) (명) 손가락 관절, 주먹
Labradors [lǽbrədɔ́:rz]	(복) (명) (이름) 래브라도 리트리버 – 개의 종류

lactose [lǽktous]	(명) 락토오스, 젖당, 유당
laid [leid]	(과·분) (형) 놓여진, 제기된, 눕혀진, 부과된 (과) (동) 눕다, 마련하다
lake [leik]	(명) 호수, 연못
lambs [læmz]	(복) (명) 새끼 양, 순진한 사람
landing [lǽndiŋ]	(명) 상륙, 착륙, 상륙장 (현·분) (형) 착륙하는
language [lǽŋgwidʒ]	(명) 언어, 말, 어학
lap [læp]	(명) 한 바퀴, 무릎, 쉴 곳 (동) 싸다, 감다, 앉다, 핥다
laps [læps]	(복) (명) 한 바퀴 (삼·단) (동) 싸다, 감다
large [la:rdʒ]	(형) 거대한, 대규모의, 많은
larger [la:rdʒər]	(비) (형) 더 큰
lasagna [ləzɑ́:njə]	(이름) 라쟈냐 – 이탈리아 요리
lasted [lǽstid]	(과·분) (형) 지속된, 이어진 (과) (동) 계속되다, 견디다
latest [léitist]	(형) 최근의, 새로운, 가장 늦은
launch [lɔ:ntʃ]	(명) 개시, 발매, 발표 (동) 내보내다, 시작하다, 발사하다

Laurel	(인명) 로렐 – 여자 이름		**lent** [lent]	(과·분) (형) 빌린 (과) (동) 빌려주다
Laurie	(인명) 로리 – 남자 이름, 여자 이름		**LeSabre** [ləseibər]	(이름) (뷰익) 르세이버 – 자동차 상표
Laverne [lévɜrn]	(지명) 라베른 – 미국 캘리포니아의 도시		**lets** [letz]	(삼·단) (동) ~하게 하다, 허락하다, 임대하다, 내보내다
lawn [lɔːn]	(명) 잔디		**liberty** [líbərti]	(명) 자유, 독립
layer [léiər]	(명) 층, 계층 (동) 층지게 하다, 층을 이루다		**library** [láibrèri]	(명) 도서관, 서재, 문고
lazy [léizi]	(형) 게으른, 나태한, 나른한		**lice** [lais]	(복) (명) 이, 진딧물(louse)
leader [líːdər]	(명) 지도자, 대표, 선도자		**license** [láisəns]	(명) 면허, 허가, 자격증
league [liːg]	(명) 연맹, 대회, 부류		**licking** [líkiŋ]	(현·분) (형) 핥는
leaks [liːks]	(복) (명) 새는 곳, 구멍, 누설 (삼·단) (동) 새다		**lies** [laiz]	(복) (명) 거짓말 (삼·단) (동) 거짓말하다, 눕다, 놓여 있다
lean [liːn]	(명) 기울기, 경사, 살코기 (동) 기울다, 기대다, 굽히다		**lifeguards** [láifgàːrdz]	(복) (명) 인명 구조원
leaning [líːniŋ]	(명) 기울기, 성향 (현·분) (형) 기대는		**lifetime** [laiftaim]	(명) 일생, 평생 (형) 평생의
leeway [líweì]	(명) 여유, 여지, 지연		**lighten** [láitn]	(동) 밝아지다, 번쩍 빛나다, 비추다, 가벼워지다, 경감하다
leftover [léftòuvər]	(명) 나머지, 잔여		**lightening** [láitniŋ]	(명) 번개 (현·분) (형) 가볍게 하는, 번쩍 빛나는
lemons [lémənz]	(복) (명) 레몬, 불량품		**lighter** [láitər]	(명) 거룻배, 점등기 (동) 거룻배로 나르다
Lenny Miles	(인명) 레니 마일즈			

lighting [láitiŋ]	몡 조명, 점화, 점등 현·분 몡 빛나는
lightning [láitniŋ]	몡 번개, 벼락 몡 번개 같은
lightweight [laítweìt]	몡 라이트급 선수 몡 경량의, 가벼운
liking [láikiŋ]	몡 좋아함, 기호 현·분 몡 좋아하는
limits [límitz]	복 몡 제한, 한계, 경계선 삼·단 동 한정하다
Lincoln [líŋkən]	인명 링컨 – 미국 16대 대통령 이름, 고급 승용차 상표
Linda Banks	인명 린다 뱅크스
liners [láinərz]	복 몡 정기선, ~파, 안감
lining [láiniŋ]	몡 안감, 선 긋기 현·분 몡 줄을 서는, 선을 긋는
Lipman	인명 립맨 – 성(sirname)
liquid [líkwid]	몡 액체 몡 액체의, 유동성의
litmus [lítməs]	몡 리트머스(산성도 시험용)
littered [lítərd]	과·분 몡 어지러진 과 동 어지르다
littering [lítəriŋ]	몡 쓰레기 현·분 몡 어지르는
livin' [lívin]	몡 생활, 생존 현·분 몡 살아 있는, 당대의, 활기찬

loan [loun]	몡 빚, 융자, 대출 동 빌려주다
Lobster Newberg	이름 랍스터 뉴버그 – 바닷가재 요리 종류
lobstermen [lάbstərmən]	복 몡 바닷가재 전문 어부
local [lóukəl]	몡 지역의, 지방의, 국내의, 현지의
loft [lɔ(:)ft]	몡 이층, 다락 동 공을 높이 쳐올리다
logging [lɔ́:giŋ]	몡 벌목 현·분 몡 접속하는
logic [lάdʒik]	몡 논리, 생각
loneliness [lóunlinis]	몡 외로움, 고독, 쓸쓸함
longest [lɔŋgəst]	최 몡 가장 긴, 가장 오랜
lookin' [lúkin]	현·분 몡 보이는, 찾고 있는
loose [lu:s]	몡 헐거운, 엉성한, 느슨한 동 늘어놓다, 풀다
losin' [lú:zin]	몡 패배, 실패 현·분 몡 잃은, 손해 보는, 지는
louder [laudər]	비 몡 더 큰, 더 요란한
lovebirds [lʌ́vbə:rdz]	복 몡 모란앵무, 잉꼬부부

lovemaking [lʌvméikiŋ]	몡 구애, 구혼, 성교
lower [lóuər]	몡 틀니, 의치 혱 하층의 동 낮추다, 내려가다
lukewarm [lúːkwɔ́ːrm]	혱 미지근한, 미온적인, 무관심한
lungs [lʌŋs]	복 몡 폐
lyrics [líriks]	복 몡 서정시, 가사
Macaulay Culkin	인명 맥컬리 컬킨 – 미국의 영화 배우
Maccabees [mǽkəbìːz]	인명 마카베 가 – 유대 지도자 가문
machines [məʃíːnz]	복 몡 기계, 기구
maddest [mǽdist]	최 혱 가장 비정상적인, 가장 화난
Madison	인명 지명 매디슨 – 미국 위스콘신주 남부 도시
Madonnas [mədɑ́nə]	복 몡 성모상
magazine [mæɡəzíːn]	몡 잡지, 탄창, 무기고
magnitude [mǽɡnətjùːd]	몡 규모, 정도, 중요성
mainly [méinli]	부 주로, 대부분은, 대개는
maintain [meintéin]	동 유지하다, 계속하다, 주장하다
major [méidʒər]	몡 소령, 전공, 장 혱 중요한, 전공의, 장조의 동 전공하다
makeup [méikəp]	몡 화장, 조립, 구조, 구성, 체재
malls [mɔːlz]	복 몡 산책길, 상점가
malnutrition [mæ̀lnutríʃən]	몡 영양실조, 영양 부족
management [mǽnidʒmənt]	몡 관리, 경영, 운영, 기획사
Mandy	인명 맨디 – 여자 이름
Manhattan [mænhǽt], [mənhǽtn]	지명 맨해튼 – 미국 뉴욕에 있는 섬
mankind [mǽnkàind]	몡 인류, 인간
marathon [mǽrəθɑ̀n]	몡 마라톤
march [maːrtʃ]	몡 행진, 3월 동 행진하다, 시위하다
Margarita [mɑ̀ːrɡəríːtə]	이름 마르가리타 – 칵테일의 종류
Marijuana [mærəhwɑ́ːnə, -hwɑ́ː-]	이름 마리화나(대마초)
Marilyn Monroe	인명 마릴린 먼로 – 미국의 영화 배우
marinara [mɑ̀ːrənɑ́ːrə]	이름 마리나라 – 소스의 종류
Mario Lopez	인명 마리오 로페즈 – 미국의 영화 배우

market [mά:rkit]	똉 시장, 상가
marshmallow [mά:rʃmèlou]	이름 마시멜로 – 과자의 종류
martial [mά:rʃəl]	똉 전쟁의, 호전적인
martinis [ma:rtíːnis]	복 똉 이름 마티니 – 칵테일의 종류
martyr [mά:rtər]	똉 순교자, 순국자, 의사, 열사
Mary Tyler Moore	인명 매리 타일러 무어 – 미국의 영화 배우
mashing [mæʃiŋ]	현·분 똉 으깨는, 짓이기는
mat [mæt]	똉 돗자리, 깔개 똉 광택이 없는 똉 돗자리를 깔다
Matt Lauer	인명 매트 라우어 – 미국의 방송인
mattered [mǽtərd]	과·분 똉 문제가 있는 과 똉 중요하다, 문제되다
Max	인명 맥스 – 남자 이름
maximum [mǽksəməm]	똉 최대, 최고, 극대
mayor [méiər]	똉 시장, 군수
mazes [meiziz]	복 똉 미로, 미궁, 혼란
McGee	인명 맥기 – 성(sirname)

meal [miːl]	똉 식사, 굵게 간 가루 똉 식사하다, 굵게 갈다
meanwhile [míːnwàil]	똉 그동안, 중간 시간 똉 그동안에, 그사이에
meatball [míːtbɔ́ːl]	똉 고기 완자
meats [miːts]	복 똉 고기
mechanic [məkǽnik]	똉 정비사
meditate [médətèit]	똉 명상하다, 숙고하다, 기도하다
medium [míːdiəm]	똉 중간, 중용, 서식 장소, 매개 똉 중간의
meltdown [méltdàun]	똉 용융, 용해, 몰락, 대폭락
Melvin	인명 멜빈 – 남자 이름
members [mémbərs]	복 똉 일원, 회원
memorialized [məmɔ́ːriəlàizd]	과·분 똉 기념된 과 똉 기념하다
memorize [méməràiz]	똉 암기하다, 기억하다, 학습하다
menorah [mənɔ́ːrə]	똉 가지 달린 촛대
mentally [méntəli]	똉 정신적으로, 지적으로, 마음으로
menu [ménjuː]	똉 요리, 식사, 품목

merge [mə:rdʒ]	⑧ 통합하다, 합병하다, 합쳐지다
mergers [mə́:rdʒərz]	⑧ ⑲ 합병, 합동
mermaids [mə́:rmèidz]	⑧ ⑲ 인어
merrier [mériər]	⑪ ⑱ 더 명랑한, 더 흥겨운
Meryl Streep	⑭ 메릴 스트립 – 미국의 영화 배우
messages [mésidʒis]	⑧ ⑲ 메시지, 전언, 교훈
messing [mesin]	⑩·⑭ ⑱ 엉망으로 만드는, 망치는
metal [métl]	⑲ 금속
metastasize [mətǽstəsàiz]	⑧ 전이하다, 퍼지다, 악성화하다
meter [míːtər]	⑲ 계량기 ⑧ 계량기로 재다
mid [mid]	⑱ 중앙의, 한가운데의
midnight [mídnàit]	⑲ 자정, 한밤중 ⑱ 한밤중의, 암흑의
midsection [mídsèkʃən]	⑲ 중앙부, 복부
Miggie	⑭ 미기 – 여자 이름
mild [maild]	⑱ 온화한, 가벼운, 순한, 부드러운

mildew [míldjù:]	⑲ 곰팡이, 백분병 ⑧ 백분병에 걸리다
millions [míljənz]	⑧ ⑲ 백만, 다수
mimics [mímiks]	⑭·⑭ ⑧ 흉내내다 ⑧ ⑲ 흉내쟁이
minded [máindid]	⑱ ~한 마음을 가진, 흥미가 있는
mindful [máindfəl]	⑱ 주의하는, 염두에 두는, 신경을 쓰는
minds [maindz]	⑧ ⑲ 마음, 지성, 사람, 이성 ⑭·⑭ ⑧ 주의하다, 꺼려하다
mineral [mínərəl]	⑲ 광물, 무기질 ⑱ 광물성의
mini [míni]	⑱ 작은, 소형의, 소규모의
miniature [míniətʃər]	⑲ 축소 모형, 세밀화
minibar [mínibà:r]	⑲ 주류 상비용 소형 냉장고
minor [máinər]	⑲ 미성년자, 부전공, 단조 ⑱ 소수의, 사소한, 단조의, 미성년의, 부전공의 ⑧ 부전공하다
minus [máinəs]	⑲ 빼기 부호 ⑳ ~을 뺀, 영하로 ⑱ 음의, 부정적인
mismatched [mismǽtʃt]	⑭·⑭ ⑱ 어울리지 않는, 잘 되지 않는 ⑭ ⑧ 부적당하게 짝지우다

mister [místər]	몡 ~씨, 선생(호칭)
mistletoe [mísltòu]	몡 겨우살이
mistress [místris]	몡 여자 주인, 정부, 연인
misunderstood [mìsʌndərstúd]	과·분 혱 오해된, 뜻을 잘못 새긴 과 동 오해하다
mix [miks]	몡 혼합체 동 혼합하다, 섞다, 어울리다
mockingbird [mákiŋbərd]	몡 흉내지빠귀
model [mάdl]	몡 모범, 모형, 방식, 모델 동 모형을 만들다, 모델로 일하다
modeling [mάdəliŋ]	몡 모형 제작, 모형화 현·분 혱 모델 일을 하는
momentum [mouméntəm]	몡 운동량, 탄력, 힘, 기세
monitoring [mάnitəriŋ]	몡 감시, 관찰 현·분 혱 감시하는
monitors [mάnətərs]	복 몡 모니터, 감시 장치 삼·단 동 감시하다
monologue [mάnəlɔ̀ːg]	몡 독백, 일방적인 이야기
monopoly [mənάpəli]	몡 독점, 전매
Monroe-style	이름 (마릴린) 먼로 스타일

moonlight [múnlàit]	몡 달빛 동 부업을 하다
mope [moup]	몡 의기소침, 우울 동 우울해하다, 의기소침하다
Moretti	인명 모레티 – 성(sirname)
mornin' [mɔ́ːrnin]	몡 아침, 새벽, 처음 감 안녕하세요
Morris Chestnut	인명 모리스 체스트넛 – 미국의 영화 배우
mosey [móuzi]	동 어슬렁거리다, 급히 떠나다, 도주하다
mothers [mʌðərs]	복 몡 어머니
mount [maunt]	몡 오르기, 산 동 오르다, 설치하다, 증가하다
mountain [máuntən]	몡 산, 거대한 것 혱 산 같은
mounting [máuntiŋ]	몡 승마, 등단, 설치 현·분 혱 증가하는
mouthing [mauθ-iŋ]	현·분 혱 입 모양으로 말하는, 떠드는
mowing [móuiŋ]	몡 풀 베기, 목초지 현·분 혱 수확하는
Muddy Waters	인명 머디 워터스 – 미국의 블루스 기타 연주자
muffin [mʌfin]	몡 머핀 – 작고 둥근 빵

Muhammad Ali	(인명) 무하마드 알리 – 미국의 복싱 선수
mule [mjuːl]	(명) 노새, 고집쟁이, 슬리퍼
multigrain [mʌltigreɪn]	(형) 잡곡이 든
mum [mʌm]	(명) 침묵, 엄마 (형) 무언의, 잠자코 있는
murder [méːrdər]	(명) 살인, 살해 (동) 죽이다
musing [mjúːziŋ]	(명) 묵상 (현·분) (형) 생각에 잠기는
mustaches [mʌstæʃ]	(복) (명) 코밑 수염
mutters [mʌtərz]	(복) (명) 중얼거림 (삼·단) (동) 중얼거리다, 투덜거리다
mysterious [mistíəriəs]	(형) 신비의, 불가사의한, 미지의
Nagasaki	(지명) 나가사키 – 일본의 도시
naive [naːíːv]	(형) 순진한, 고지식한
naked [néikid]	(형) 벌거벗은, 나체의, 적나라한, 무방비로
Namath	(인명) 나마스 – 성(sirname)
namesake [néimseìk]	(명) 이름이 같은 사람, 동명이인
Nancy	(인명) 낸시 – 여자 이름

napkin [nǽpkin]	(명) 냅킨, 작은 수건
napping [nǽpiŋ]	(명) 낮잠 (현·분) (형) 잠시 조는, 낮잠 자는
narcotics [naːrkátiks]	(복) (명) 마취제, 마약
narrow [nǽrou]	(명) 좁은 곳 (형) 좁은, 아슬아슬한 (동) 좁아지다, 좁히다
Nashville [nǽʃvil]	(지명) 내슈빌 – 미국의 도시
naughty [nɔ́ːti]	(형) 버릇없는, 장난꾸러기인, 행실이 나쁜, 말을 듣지 않는
navigation [nævəgéiʃən]	(명) 항법, 항해, 해운
navigator [nǽvəgèitər]	(명) 항해자, 조종자
nearby [nìərbái]	(형) 근처의, 인근의, 주변의, 이웃의
nearly [níərli]	(부) 거의, 가까이
necklace [néklis]	(명) 목걸이
needle [níːdl]	(명) 바늘, 주사, 침
neighborhoods [néibərhùdz]	(복) (명) 이웃 사람들
nephew [néfjuː]	(명) 남자 조카
nerve [nəːrv]	(명) 신경, 용기, 활력 (동) 격려하다

nervously [nə́:rvəsli]	(부) 신경질적으로, 초조하게
neutral [njú:trəl]	(명) 중립, 중성, 중간, 중도, 균형
New Yorkers	(복) (명) 뉴욕 시민
newlyweds [njú:liwèdz]	(복) (명) 신혼 부부
newsman [nu:zmǽn-mən]	(명) 기자
nicest [naisist]	(최) (형) 가장 멋진, 가장 훌륭한
nieces [ni:siz]	(복) (명) 여자 조카
nightcap [naitkæp]	(명) 취침 모자, 밤술
Nixon	(인명) (리처드) 닉슨 – 미국의 37대 대통령
noble [nóubl]	(형) 고귀한, 귀족의, 값비싼
nominee [nàməní:]	(명) 지명된 사람, 수취인, 수령 명의자
nonsense [nάnsens]	(명) 무의미한 말, 터무니없는 것 (형) 터무니없는
nonstop [nànstáp]	(명) 직행 운행 (형) 멈추지 않는 (부) 멈추지 않고
noodle [nú:dl]	(명) 국수, 면
Norman Rockwell	(인명) 노먼 록웰 – 미국의 화가

north [nɔ:rθ]	(명) 북쪽, 북부 (형) 북쪽의 (부) 북으로
nose [nouz]	(명) 코, 후각
nosh [naʃ]	(명) 간식, 음식 (동) 가볍게 먹다
note [nout]	(명) 메모, 통지, 어음, 특징, 음색, 기호 (동) 적다, 주의하다
noticing [nóutisiŋ]	(현·분) (형) 눈에 띄는
nowadays [náuədèiz]	(명) 요즈음, 현대 (부) 오늘날에는, 현재는
nudge [nʌdʒ]	(명) 살짝 밀기 (동) 살짝 찌르다, 가볍게 밀다
nun [nʌn]	(명) 수녀, 여승
nursery [nə́:rsəri]	(명) 탁아소, 사육장
nut [nʌt]	(명) 견과, 미치광이
nutmeg [nʌ́tmeg]	(명) 육두구
nutrients [njú:triənts]	(복) (명) 영양제
nutrition [nju:tríʃən]	(명) 영양, 식생활, 자양분

nutshell [nʌtʃèl]	몡 견과의 껍질 동 요약하다
Obama	인명 (버락) 오바마 – 미국의 44대 대통령
obituary [oubítʃuèri]	몡 사망 기사, 부고 혱 사망의
object [ɑ́bdʒikt, ɔ́b-]	몡 물건, 물체, 대상, 목적 동 반대하다
objects [ɑ́bdʒiktz ǀ ɔ́b-]	복 몡 물건, 물체 삼·단 동 반대하다
obscenities [əbsénətiz]	복 몡 외설스러운 것, 폭언
obsessed [əbsést]	과·분 혱 사로잡힌, 빠져 있는 과 동 사로잡다
obvious [ɑ́bviəs]	혱 분명한, 명백한, 확실한
occur [əkə́:r]	동 발생하다, 일어나다, 생기다
odd [ad]	몡 자투리 혱 이상한, 기묘한, 외딴, 홀수의, 이따금의
offended [əféndid]	과·분 혱 기분을 상하게 하는, 노한 과 동 기분이 상하다
offensive [əfénsiv]	혱 모욕적인, 불쾌한
offered [ɔ́:fərd]	과·분 혱 제공받은 과 동 제공하다
official [əfíʃəl]	몡 공무원, 담당자 혱 공무상의, 공인된
oftentimes [ɔ́(:)fəntàimz]	부 종종, 자주
Oliver	인명 올리버 – 남자 이름
operating [ɑ́pərèitiŋ]	몡 작동 현·분 혱 작용하는, 수술의, 경영상의
operation [àpəréiʃən]	몡 작용, 시행, 효력, 운영, 수술, 작전 행동
operative [ɑ́pərətiv]	몡 숙련공, 첩보원 혱 작용하는, 효력이 있는
options [ɑ́pʃənz]	복 몡 선택권
ordinance [ɔ́:rdənəns]	몡 법령, 조례, 규정
organized [ɔ́:rgənàizd]	과·분 혱 비품 등을 갖춘, 정리된, 정돈된 과 동 조직하다
organs [ɔ́:rgənz]	복 몡 오르간, 기관, 장기
originally [ərídʒənəli]	부 원래는, 처음에는
osteoporosis [àstiəpəróusis]	몡 골다공증
ought [ɔ:t]	몡 책임, 의무 조 ~해야 하다, ~임에 틀림없다
outfit [aútfit]	몡 옷, 의상, 복장, 차림, 준비

outfits [aútfìtz]	(복)(명) 옷, 의상
overcoming [oúvərkə̀m]	(명) 극복 (현·분)(형) 이겨 내는, 극복하는
overdid [oúvərdid]	(과·분)(형) 과장된 (과)(동) 지나치게 하다, 무리하다, 과장하다
overdoing [oúvərduiŋ]	(명) 과장 (현·분)(형) 무리하는, 과장하는
overeat [òuvərí:t]	(동) 과식하다
overreact [oúvərriækt]	(동) 과잉 반응하다
oversized [óuvərsàizd]	(형) 특대의, 너무 큰
overstayed [oúvərsteíd]	(과·분)(형) 너무 오래 머물게 된 (과)(동) 너무 오래 머무르다
overweight [oùvərweít]	(명) 과체중, 초과 중량 (형) 너무 무거운
owe [ou]	(동) 빚지다, 신세지다, 의무가 있다
owls [aulz]	(복)(명) 올빼미, 부엉이
owned [ound]	(과·분)(형) 소유인 (과)(동) 소유하다
owner [óunər]	(명) 주인, 소유자
oxtail [aksteil]	(명) 쇠꼬리
oysters [óistərz]	(복)(명) 굴

pace [peis]	(명) 걷는 속도, 걸음걸이 (동) 보조를 맞춰 걷다
pacifier [pǽsəfàiər]	(명) 조정자, 달래는 것, 고무 젖꼭지(유아용)
pacing [péisiŋ]	(명) 걸음으로 거리 측정법 (현·분)(형) 발 맞추어 나가는
packing [pǽkiŋ]	(명) 포장 (현·분)(형) 포장하는
packs [pæks]	(복)(명) 짐, 배낭, 떼 (삼·단)(동) 꾸리다, 싸다
pages [peidʒiz]	(복)(명) 페이지 (삼·단)(동) 페이지를 매기다
painkillers [péinkìlərz]	(복)(명) 진통제
painlessly [péinlisli]	(부) 고통 없이
palliative [pǽlièitiv]	(명) 완화제 (형) 경감하는, 일시적으로 가볍게 하는
Palmsprings [pa:msprinz]	(지명) 팜스프링스 – 미국 캘리포니아의 휴양지
pan [pæn]	(명) 팬, 프라이팬, 냄비
pancakes [pǽnkeìks]	(복)(명) 팬케이크
panel [pǽnl]	(명) 틀, 천장널, 판, 토론 출석자 (동) 판자를 대다
panicked [pǽnikt]	(과·분)(형) 공포에 사로잡힌 (과)(동) 두려워하다

papa [pάːpə]	몡 아빠
paperwork [péipərwə́ːrk]	몡 기록, 서류 정리, 사무
parade [pəréid]	몡 행진, 열병식, 과시 동 행진시키다, 과시하다
paralysis [pərǽləsis]	몡 마비, 중풍, 정체
paraphrasing [pǽrəfrèiziŋ]	현·분 형 바꾸어 말하는
Paris [pǽris]	지명 파리 – 프랑스의 도시
parked [paːrkd]	과·분 형 주차된 과 동 주차하다
partnered [pάːrtnərd]	과·분 형 제휴된 과 동 제휴하다
partners [pάːrtnərz]	복 몡 동료, 동반자, 공동 경영자, 동맹국
partnership [pάrtnərʃip]	몡 협력, 제휴, 조합 관계
passes [pǽsəz, -iz]	복 몡 통로 삼·단 동 지나가다, 통과시키다, 전하다
path [pǽθ]	몡 경로, 길
pathetic [pəθétik, -ikəl]	형 불쌍한, 한심한, 슬픈
patients [péiʃənts]	복 몡 환자
Patty	인명 패티 – 여자 이름
Paul Hornung	인명 폴 호너그 – 미국의 미식축구 선수
payment [péimənt]	몡 지불, 지급, 대금, 상환
pays [peiz]	복 몡 지불, 보수, 보답 삼·단 동 지불하다
PDFs	복 몡 이름 피디에프 – 컴퓨터 문서 양식 종류
peacefully [píːsfəli]	부 평화롭게, 조용히, 온건하게
peacock [píːkὰk]	몡 공작의 수컷 동 허세부리다
peak [piːk]	몡 꼭대기, 절정, 뾰족한 끝 형 절정기의 동 절정에 달하다
peanut [pínət]	몡 땅콩
peanuts [pínəts]	복 몡 땅콩
pectoral [péktərəl]	몡 가슴 근육, 흉근 형 가슴의
Pendergrass	인명 펜더그래스 – 성(sirname)
Pennsylvania [pènsəlvéiniə]	지명 펜실베이니아 – 미국의 도시
penny [péni]	몡 페니(화폐 단위), 푼돈
percent [pərsént]	몡 퍼센트
perception [pərsépʃən]	몡 인식, 지각, 직관

perfection [pərfékʃən]	몡 완벽, 완성
performed [pərfɔ́:rmd]	곽·분 혱 수행된, 실행된 곽 통 수행하다, 공연하다
performer [pərfɔ́:rmər]	몡 공연자, 연주자, 실행자
performs [pərfɔ́:rmz]	삼·단 통 공연하다, 수행하다
perishables [périʃəblz]	복 몡 썩기 쉬운 것
perks [pə:rks]	복 몡 특전 삼·단 통 뽐내다, 기운을 회복하다
permission [pərmíʃən]	몡 허가, 허락, 승인
personality [pə́:rsənǽləti]	몡 성격, 사람, 인성, 개성, 인격
petted [petid]	곽·분 혱 귀여움받은, 꼭 껴안은 곽 통 귀여워하다
pharmacy [fɑ́:rməsi]	몡 약학, 약국
Philly [fíli]	지명 필리 – 필라델피아의 애칭
phoenix [fí:niks]	몡 피닉스, 불사조
phrase [freiz]	몡 구, 문구, 관용구 통 표현하다
physical [fízikəl]	혱 신체의, 물리의, 육체의, 물질의
pianos [piǽnouz]	복 몡 피아노
pic [pik]	몡 영화, 사진
pickle [píkl]	몡 피클 통 피클을 만들다
picturing [píktʃəriŋ]	현·분 혱 그리는, 묘사하는
pies [paiz]	복 몡 파이
pilgrims [pílgrimz]	복 몡 순례자, 청교도
pillars [pílərz]	복 몡 기둥, 지주, 원칙
pillow [pílou]	몡 베개, 방석
pink [piŋk]	몡 분홍색, 핑크
pinnacle [pínəkl]	몡 뾰족한 산봉우리, 정점
pirate [páiərət]	몡 해적, 불법 복제자 통 약탈하다, 불법 복제하다
piss [pis]	몡 오줌 누기 통 오줌 누다
placed [pleist]	곽·분 혱 놓여진, 배치된, 제출된 곽 통 놓다
plagued [pleigd]	곽·분 혱 시달린, 괴로운 곽 통 성가시게 하다
planes [pleinz]	복 몡 비행기, 평면 삼·단 통 비행기로 가다, 대패로 밀다

planner [plǽnər]	똉 설계자, 입안자
plastic [plǽstik]	똉 플라스틱 똀 플라스틱의, 가소성의
platinum [plǽtənəm]	똉 백금 똀 백금의, 백만 장 이상 팔린
playboy [pleíbɔì]	똉 한량, 바람둥이
pledge [pledʒ]	똑 약속하다, 공약하다, 맹세하다
plump [plʌmp]	똀 포동포동한, 퉁명스러운 똑 살찌우다, 내던지다, 지지하다
plush [plʌʃ]	똉 플러시천 똀 플러시천의, 호화로운
ply [plai]	똉 가닥, 겹, 경향 똑 힘쓰다, 다루다, 정기적으로 왕복하다
poach [poutʃ]	똑 졸이다, 침입하다, 가로채다, 반숙하다
pocket [pɑ́kit]	똉 주머니, 소지품 똀 휴대용의 똑 주머니에 넣다
pod [pad]	똉 꼬투리, 작은 떼 똑 꼬투리가 생기다, 껍질을 벗기다
poetic [pouétik]	똀 시적인

poetry [póuitri]	똉 시, 운문
poets [póuitz]	똑 똉 시인
pointless [pɔ́intlis]	똀 무딘, 뾰족하지 않은, 적절치 못한
poke [pouk]	똑 찌르다, 내밀다, 참견하다, 쑤시다
policeman [pəlíːsmən]	똉 경찰관, 경관
polite [pəláit]	똀 예의 바른, 공손한, 정중한
politely [pəláitli]	똌 정중하게, 공손하게, 예의 바르게
Ponzi [pɑ́nzi]	이름 폰지 – 다단계 방식의 사기 수법
poodle [púːdl]	똉 푸들
popcorns [pɑ́pkɔ́ːrnz]	똑 똉 팝콘
popped [papt]	과·분 똀 튀어나온, 터진 과 똑 펑 하는 소리를 내다
popping [papiŋ]	현·분 똀 튀어나오는 똉 펑 소리 남, 불쑥 나타남
Pop-Tarts	이름 팝타르트 – 시리얼 브랜드
porch [pɔːrtʃ]	똉 현관, 문간
pork [pɔːrk]	똉 돼지고기

porn [pɔːrn, pɔ́ːrnou]	명 포르노 형 포르노의
positioning [pəzíʃəniŋ]	명 위치잡이 현·분 형 위치를 정하는
positivity [pàzətívəti]	명 확신, 확실, 적극성
possession [pəzéʃən]	명 소유, 재산, 영토
poster [póustər]	명 포스터 동 포스터를 붙이다
posterity [pastérəti]	명 후세, 후손
pot [pat]	명 냄비, 화분, 항아리, 단지
potential [pəténʃəl]	형 잠재적인, 가능성 있는
potluck [pátlə̀k]	명 각자 음식을 가져 와서 나눠 먹는 파티
pounding [páundiŋ]	명 치는 것, 큰 타격 현·분 형 세게 두들기는, 빻는
pouty [páuti]	형 입을 삐죽거리는, 뾰로통한
powdered [páudərd]	과·분 형 분말로 된, 분을 바른 과 동 제분하다
powerful [páuərfə]	형 강력한, 센, 유력한
prairie [préəril]	명 초원, 평원
precious [préʃəs]	형 소중한, 귀중한, 귀여운

precipitation [prisìpətéiʃən]	명 낙하, 투하, 재촉, 강수량
preference [préfərəns]	명 선호, 좋아하기, 우선권, 특혜
prejudiced [prédʒudist]	과·분 형 편견을 가진, 불공평한 과 동 속단하다
prepared [pripɛ́ərd]	과·분 형 준비된, 대비된, 각오된 과 동 준비하다
preparing [pripɛ̀əriŋ]	현·분 형 준비하는
prepped [prept]	과·분 형 준비된 과 동 예비 학습을 받다
prepping [prepiŋ]	명 준비 현·분 형 준비하는
presence [prézns]	명 존재, 출석, 태도, 풍채
preshow [priʃou]	명 프리쇼 – 본 공연 전에 소개 형식으로 열리는 쇼
pressed [prest]	과·분 형 절박하여, 평평해진 과 동 누르다
pressuring [préʃəriŋ]	현·분 형 압력을 가하는
pretends [priténdz]	삼·단 동 가장하다, 흉내내다, 속이다
pretentious [priténʃəs]	형 우쭐하는, 자만하는, 거만한
price [prais]	명 가격, 시세, 현상 동 가격을 매기다

priest [pri:st]	(명) 성직자, 사제, 목사
primary [práimeri]	(형) 초등학교의, 주요한, 기본적인
prime [praim]	(명) 전성기, 초기 (형) 중요한, 제1급의, 초기의 (동) 준비하다
prison [prízn]	(명) 감옥, 교도소
procedure [prəsí:dʒər]	(명) 절차, 과정, 방법
proceed [prəsí:d]	(동) 진행하다, 추진하다, 나아가다
processing [prɑ́sesiŋ]	(명) 가공, 처리 (현·분) (형) 가공하는, 처리하는
producers [prədjú:sərz]	(복) (명) 생산자, 프로듀서, 제작자
product [prɑ́dʌkt]	(명) 제품, 상품, 생산물
professional [prəféʃənl]	(형) 전문의, 프로의, 직업의
profile [próufail]	(명) 측면, 외형, 인물 소개, 개요 (동) 개요를 작성하다
profits [prɑ́fitz]	(복) (명) 이익, 이자 (삼·단) (동) 이익을 얻다
prognosis [pragnóusis]	(명) 예후, 예측
programs [próugræmz]	(복) (명) 계획, 일정, 진행표 (삼·단) (동) 계획을 세우다
projective [prədʒéktiv]	(형) 투영의, 투영법의
projector [prədʒéktər]	(명) 투영기, 프로젝터, 투사기
promises [prɑ́misis]	(복) (명) 약속, 계약, 조짐 (삼·단) (동) 약속하다, 유망하다
promising [prɑ́misiŋ]	(형) 유망한, 촉망되는, 가능성이 높은
promoted [prəmóutəd]	(과·분) (형) 촉진된, 승격된, (과) (동) 승진시키다, 촉진하다
protein [próuti:n]	(명) 단백질
prove [pru:v]	(동) 증명하다, 입증하다, 드러나다
provide [prəváid]	(동) 제공하다, 공급하다, 준비하다
province [prɑ́vins]	(명) 주, 지방, 분야
psst [pst]	(감) 잠깐, 여보세요
psyched [saikt]	(과·분) (형) 흥분된, 혼란스러운 (과) (동) 불안하게 하다
public [pʌ́blik]	(명) 대중 (형) 공공의, 공립의, 공공연한
publicity [pʌblísəti]	(명) 홍보, 광고, 선전
pubs [pʌbz]	(명) 선술집, 대중적 술집
pudding [púdiŋ]	(명) 푸딩

puffs [pʌfs]	(복)(명) 한 번 불기, 한 모금, 부풀기, 분첩 (삼·단)(동) 숨을 내뿜다, 씩씩거리다
pulls [pulz]	(삼·단)(동) 당기다, 뽑다, 당겨지다
punish [pʌniʃ]	(동) 처벌하다, 응징하다, 혼내다
punk [pʌŋk]	(명) 펑크록, 펑그록 애호가, 불량배
Punky Brewster	(이름) 펑키 브루스터 – 미국 NBC에서 방영된 시트콤
purpose [pə́ːrpəs]	(명) 목적, 목표, 용도, 의도
purring [pɜːrin]	(현·분)(형) (고양이가) 가르랑거리는
pursuing [pərsúːiŋ]	(현·분)(형) 추구하는, 추진하는
pushed [puʃt]	(과·분)(형) 눌린, 밀린 (과)(동) 누르다
quarrel [kwɔ́ːrəl]	(동) 다투다, 언쟁하다
quart [kwɔːrt]	(명) 쿼트(≒0.94리터, 액체 단위)
quarters [kwɔ́ːrtərz]	(복)(명) 분기, 구역, 숙소
Q-tips	(이름) 큐팁 – 면봉 상표
Queens [kwiːnz]	(지명) 퀸즈 – 미국 뉴욕의 동네
quintuplets [kwintʌplits]	(복)(명) 다섯 쌍둥이
quitting [kwitiŋ]	(현·분)(형) 그만두는, 포기하는
rabbit [rǽbit]	(명) 토끼
race [reis]	(명) 경주, 경기, 인종
racer [réisər]	(명) 경주자, 선수, 주자
racist [réisist]	(명) 인종 차별주의자
rack [ræk]	(명) 걸이, 선반, 톱니바퀴 (동) 괴롭히다, 무리하게 쓰다
racking [rǽkiŋ]	(명) 심한 괴롭힘 (현·분)(형) 고문하는, 심한
radar [réidaːr]	(명) 전파 탐지기, 레이더
rage [reidʒ]	(명) 분노, 격노, 폭력 사태 (동) 격분하다
ragged [rǽgid]	(과·분)(형) 누더기의, 들쑥날쑥한 (과)(동) 해어지다
railroad [réilroùd]	(명) 철도
rainbow [réinbou]	(명) 무지개
raining [reiniŋ]	(현·분)(형) 비가 오는
ram [ræm]	(명) 숫양, 사기꾼의 한패 (동) 들이받다, 밀어넣다

ramp [ræmp]	몡 경사로, 사기, 편취 됭 덤비려고 하다, 속여 빼앗다
range [reindʒ]	몡 범위, 한계, 계층, 산맥 됭 정렬시키다, 변동하다, 돌아다니다, 펼쳐지다
raps [ræps]	뵥 몡 톡톡 두드리기, 랩 음악 삼·단 됭 톡톡 두드리다, 랩을 하다
rarely [réərli]	븟 드물게, 좀처럼 ~않다, 멋지게, 매우
rash [ræʃ]	몡 발진 혱 무분별한, 성급한
raspberry [ræzbèri]	몡 나무딸기, 혀를 내밀며 내는 야유 소리
ratchet [rætʃit]	몡 미늘 톱니바퀴 됭 단계적으로 증가시키다
rate [reit]	몡 비율, 요금. 정도 됭 평가하다, 간주하다, 평가되다
rated [réitəd]	곽·분 혱 지정된, 평가된 곽 됭 평가하다
rating [réitiŋ]	몡 등급, 평가, 시청률, 질책 현·분 혱 평가하는
ratings [réitiŋz]	뵥 몡 시청률
rationing [ræʃəniŋ]	몡 배급 제도, 배급 현·분 혱 배급하는
rattling [rætliŋ]	현·분 혱 달그닥거리는

ratty [ræti]	혱 쥐가 많은, 쥐의, 비참한
razor [réizər]	몡 면도기, 면도날 됭 면도날로 밀다
reaches [ri:tʃiz]	뵥 몡 면적, 구역 삼·단 됭 도착하다, 손에 넣다, 연락하다
reads [ri:dz]	삼·단 됭 읽다, 독서하다
reality [riæləti]	몡 현실, 진실, 사실, 실체
rear [riər]	몡 뒤, 후방 혱 배후의, 후방의 됭 사육하다, 뒷발로 서다
recap [ríkæp]	몡 재생 타이어 됭 개요를 말하다, (타이어를) 재생시키다, 다시 덮다
recaps [ríkæps]	뵥 몡 재생 타이어 삼·단 됭 개요를 말하다, (타이어를) 재생시키다
recaptured [rikæptʃərd]	곽·분 혱 되찾은 곽 됭 되찾다
recasting [rikæstiŋ]	현·분 혱 고쳐 만드는, 배역을 바꾸는
received [risí:vd]	곽·분 혱 인정되는 곽 됭 접수하다, 받다
receiver [risí:vər]	몡 수신기, 수신자, 수화기
recently [rí:sntli]	븟 요즘에, 최근에

reception [risépʃən]	(명) 수용, 환영회, 접수, 로비, 수신
recital [risáitl]	(명) 독주회, 암송
recognized [rékəgnàizd]	(과·분) (형) 인정받은, 인식된 (과) (동) 인식하다
recollection [rèkəlékʃən]	(명) 기억, 회상
recommendation [rèkəməndéiʃən]	(명) 추천, 권고, 천거
reconnected [ri:kə́nektid]	(과·분) (형) 다시 연결된 (과) (동) 다시 연결하다
recorded [rikɔ́:rdid]	(과·분) (형) 녹음된 (과) (동) 녹음하다, 기록하다
recording [rikɔ́:rdiŋ]	(명) 기록, 녹음, 녹화 (현·분) (형) 녹음하는
recovered [rikʌ́vərd]	(과·분) (형) 회복된 (과) (동) 회복하다
recovering [rikʌ́vəriŋ]	(명) 재생 (현·분) (형) 회복하는
redemption [ridémpʃən]	(명) 구원, 상환, 속죄, 회수
redesign [rì:dizáin]	(동) 다시 디자인하다
redeye [rédài]	(명) 눈이 빨간 물고기, 미국 살무사, 야간 항공편
reference [réfərəns]	(명) 참고, 기준, 표준, 자료
referring [rifə́:riŋ]	(현·분) (형) 조회하는, 지시하는
refilled [ri:fíld]	(과·분) (형) 다시 채워진 (과) (동) 다시 채우다
reflect [riflékt]	(동) 반영하다, 나타내다, 반사하다
refresh [rifréʃ]	(동) 상쾌하게 하다, 새롭게 하다
regards [rigɑ́:rdz]	(복) (명) 존경, 호의 (삼·단) (동) 간주하다, 주목하다
regimen [rédʒəmən]	(명) 섭생, 요양법
regiment [rédʒəmənt]	(명) 연대(군대)
regretted [rigrétid]	(과·분) (형) 후회되는 (과) (동) 후회하다
rehearsals [rihə́:rsəlz]	(복) (명) 예행 연습
rehearse [rihə́:rs]	(동) 연습하다, 시연하다, 자세히 말하다
reign [rein]	(동) 통치하다, 재임하다, 군림하다, 지배하다
rein [rein]	(명) 고삐, 구속, 통제력 (동) 제어하다
reincarnated [rì:inkɑ́:rneitid]	(과·분) (형) 다시 태어난, 환생한 (과) (동) 환생시키다
reindeer [réindìər]	(명) 순록
reject [ridʒékt]	(동) 거부하다, 거절하다, 기각하다

rejoice [ridʒɔ́is]	동 기뻐하다, 환호하다
relapse [rilǽps]	명 재발, 악화 동 안 좋은 상태로 돌아가다
relationships [rileíʃənʃips]	복 명 관계
relatives [rélətivz]	복 명 친척
relaxation [rìːlækséiʃən]	명 휴식, 완화, 기분 전환
relieve [rilíːv]	동 완화시키다, 덜어 주다, 구제하다
remake [riːméik]	명 개작판 동 다시 만들다, 수정하다
rematerialized [rimatiariaizd]	과·분 형 다시 실현된 과 동 다시 실현하다
reminded [rímaindəd]	과·분 형 생각난 과 동 생각나게 하다
reminder [rimáindər]	명 상기시키는 것, 독촉장
reminds [rimáindz]	삼·단 동 생각나게 하다, 상기시키다
reminiscing [rèmənísiŋ]	현·분 형 추억하는
remodel [rimádəl]	동 고쳐 만들다, 개축하다, 형태를 바꾸다
remotely [rimóutli]	부 멀리서, 조금도
rental [réntl]	명 임대료, 임대
repay [ripéi]	동 갚다, 상환하다, 보답하다

repeating [ripíːtiŋ]	명 반복, 연발 현·분 현 반복하는, 연발하는
reply [riplái]	명 답장, 대응 동 대답하다, 회신하다, 응하다
reports [ripɔ́ːrtz]	복 명 보도, 보고서 삼·단 동 보도하다
repressed [riprést]	과·분 형 억제된, 억압된 과 동 억압하다
reputation [rèpjutéiʃən]	명 명성, 평판, 신망
request [rikwést]	명 요청, 요구, 신청, 청구, 의뢰
rescind [risínd]	동 취소하다, 폐지하다, 철폐하다
researcher [risə́ːrtʃər]	명 연구원, 연구하는 사람
resemble [rizémbl]	동 닮다, 유사하다
resent [rizént]	동 분개하다, 싫어하다, 원망하다
resenting [rizéntiŋ]	현·분 형 분개하는
reserve [rizə́ːrv]	명 비축, 보호 구역, 신중함 동 예약하다, 따로 남겨 두다, 유보하다
reset [risét]	동 다시 맞추다, 다시 고정시키다
respectful [rispéktfəl]	형 존경하는, 예의바른

respecting [rispéktiŋ]	(현·분)(형) 존경하는 (전) ~에 관하여
responsibilities [rispànsəbílətiz]	(복)(명) 책임, 책무
responsibly [rispɑ́nsəbli]	(부) 책임감 있게, 확실히
restaurants [réstərəntz]	(복)(명) 식당, 레스토랑
restrictions [ristríkʃənz]	(복)(명) 제한, 규제
restroom [restru:m;-rum]	(명) 화장실, 세면실
resume [rizú:m]	(명) 요약, 개요, 이력서 (동) 재개하다, 다시 시작하다
resuscitation [risʌsətéiʃən]	(명) 소생, 의식의 회복, 부활
retching [retʃiŋ]	(명) 구역질 (현·분)(형) 구역질나는
returns [ritə́:rnz]	(복)(명) 수익 (삼·단)(동) 돌아오다, 돌려주다
reveal [rivíːl]	(동) 보여 주다, 드러내다, 밝히다
reverse [rivə́:rs]	(명) 반대 (형) 반대의 (동) 뒤바꾸다, 뒤집다
review [rivjú:]	(명) 평가, 재검토, 비평, 복습
reward [riwɔ́:rd]	(명) 보상, 대가 (동) 보상하다, 보답하다
rewind [rì:wáind]	(명) 되감기 (동) 되감다

rib [rib]	(명) 갈비(뼈), 놀림, 풍자 (동) 늑재로 두르다, 놀리다
ribs [ribs]	(복)(명) 갈비(뼈)
Rick Volk	(인명) 릭 볼크 - 미국의 미식축구 선수
riddle [rídl]	(명) 수수께끼 (동) 수수께끼를 내다, 구멍을 숭숭 뚫다, 채우다
riddled [rídld]	(과·분)(형) (나쁜 것으로) 가득 찬 (과)(동) 수수께끼를 내다, 채우다
riding [ráidiŋ]	(명) 승마 (현·분)(형) 승마의, 승마용의
rights [raits]	(복)(명) 권리, 인권, 저작권
rinse [rins]	(명) 헹구기, 린스제 (동) 헹구다, 씻어내다
ripping [rípiŋ]	(현·분)(형) 잡아 뜯는
risers [ráizərs]	(복)(명) 일어나는 사람
rises [raizis]	(복)(명) 상승 (삼·단)(동) 떠오르다, 일어서다, 생기다
rising [ráiziŋ]	(현·분)(형) 떠오르는, 상승하는
risks [risks]	(복)(명) 위험, 위협
risotto [risɔ́:tou]	(이름) 리소토 - 이탈리아식 볶음밥

ritual [rítʃuəl]	몡 의식, 의례, 절차 톙 의식상의
Ritz-Carlton	이름 리츠 칼튼 – 호텔 이름
river [rívər]	몡 강, 하천
robbed [rabd]	과·분 톙 속은, 강탈당한 과 동 강탈하다
robots [róubətz]	복 몡 로봇
roller [róulər]	몡 롤러, 굴림대
rolls [roulz]	복 몡 통, 두루마리 현·분 동 구르다, 굴리다, 돌리다
Ron Van Clief	인명 론 반 클리프 – 미국 영화 배우, 무술인
roof [ru:f]	몡 지붕, 옥상, 천장
rooms [ru:mz]	복 몡 방 삼·단 동 묵다, 하숙하다, 묵게 하다
roots [ru:tz]	복 몡 뿌리, 기원, 원인 삼·단 동 뿌리를 내리다
rope [roup]	몡 줄 동 밧줄로 묶다
roquefort [róukfərt]	이름 로크포르 – 치즈 종류
roses [rouziz]	복 몡 장미
rub [rʌb]	몡 문지르기, 비비기 동 문지르다, 쓰다듬다

rubik's [rú:bik(s)]	이름 루빅 큐브 – 정육면체 퍼즐
ruining [rú:iniŋ]	현·분 톙 망치는, 파산시키는
ruled [ru:ld]	과·분 톙 줄 쳐진, 지배된 과 동 지배하다
runs [rʌnz]	삼·단 동 달리다, 뛰다
rushed [rʌʃt]	과·분 톙 몰려든, 달려든, 급하게 해결된 과 동 돌진하다
rushing [rʌʃiŋ]	현·분 톙 돌진하는, 격한, 활발한
Ryan Gosling	인명 라이언 고슬링 – 미국의 영화 배우
Ryan Phillippe	인명 라이언 필립 – 미국의 영화 배우
Ryan Reynolds	인명 라이언 레이놀즈 – 미국의 영화 배우
sabotages [sǽbətà:ʒiz]	삼·단 동 방해 행위를 하다
sabotaging [sǽbətà:ʒiŋ]	현·분 톙 방해 행위를 하는
safety [séifti]	몡 안전, 안정성, 보안
sailed [seild]	과·분 톙 출항된, 조종된 과 동 출항하다
sailors [séilərz]	복 몡 선원, 수병
salary [sǽləri]	몡 월급, 연봉, 급여, 보수

salesman [seílzmən]	(명) 판매원, 외판원
salon [səlán]	(명) 객실, (프랑스 파리의) 현대 미술 전람회, 미용실
Salt Flats [sɔːlt flætz]	(지명) 솔트 플랫 – 미국 유타주의 소금 평지
sambuca [sæmbjúːkə]	(이름) 삼부카 – 소형 하프
Sandra Bullock	(인명) 산드라 블록 – 미국의 영화 배우
sane [sein]	(형) 제정신의, 온전한, 건전한
sang [sæŋ]	(과) (동) 노래하다
sappy [sǽpi]	(형) 수액이 많은, 감상적인, 활기찬
Sarah	(인명) 사라 – 여자 이름
Sasha	(인명) 사샤 – 오바마 대통령 딸
satchel [sǽtʃəl]	(명) 작은 가방, 책가방, 손가방
Saturdays [sǽtərdiz, -dèiz]	(부) 토요일마다
sausage [sɔ́ːsidʒ]	(명) 소시지
Savannah Guthrie	(인명) 사바나 거스리 – 미국의 앵커
saved [seivd]	(과·분) (형) 구조된, 저축된 (과) (동) 구하다
savings [séiviŋz]	(복) (명) 저축

saxophone [sǽksəfòun]	(명) 색소폰
scarves [skaːrvz]	(복) (명) 스카프, 목도리
scenes [siːnz]	(복) (명) 장면, 현장, 무대, 풍경, 사건
schnauzer [ʃnáuzər]	(명) 슈나우저 – 개의 종류
scissors [sízərz]	(명) 가위
scorcher [skɔ́ːrtʃər]	(명) 몹시 더운 날, 혹평, 매우 빠른 직선 타구
scored [skɔːrd]	(과·분) (형) 채점된, 기록된 (과) (동) 기록하다
scoring [skɔ́ːriŋ]	(명) 경기 기록 (현·분) (형) 채점하는, 기록하는, 입수하는
scout [skaut]	(명) 스카우트, 정찰대 (동) 정찰하다, 스카우트하다
scrap [skræp]	(명) 조각, 조금, 남은 음식, 폐품 (동) 폐기하다, 싸우다
scraped [skreipt]	(과·분) (형) 폐기된 (과) (동) 폐기하다
scratch [skrætʃ]	(명) 긁기, 생채기 (형) 낙서용의, 급조한 (동) 할퀴다, 휘갈기다
scratching [skrætʃiŋ]	(현·분) (형) 긁는, 할퀴는
screech [skriːtʃ]	(명) 새된 소리, 싸구려 위스키 (동) 새된 소리를 지르다

screeching [skri:tʃiŋ]	(현·분) (형) 새된 소리를 지르는
screen [skri:n]	(명) 화면, 영화, 가리개 (동) 가리다, 보호하다, 가려내다
screenwriter [skrí:nràitər]	(명) 시나리오 작가, 영화 각본가
screwing [skru:iŋ]	(현·분) (형) 나사로 죄는, 비틀어 돌리는
scrub [skrʌb]	(동) 문지르다, 닦다, 제거하다
scrunchie [skrʌntʃi]	(명) 머리끈
sealed [si:ld]	(과·분) (형) 밀봉된, 봉인을 한, 포장된 (과) (동) 밀봉하다
Sean Patrick	(인명) 숀 패트릭 – 미국의 영화 배우
searching [sə́:rtʃiŋ]	(명) 수사, 검사, 탐색 (현·분) (형) 수사하는, 면밀한
seasick [sísìk]	(형) 뱃멀미가 난
seatbelts [si:tbeltz]	(복) (명) 안전 벨트, 안전띠
Sebastian [sibǽstʃən]	(인명) 세바스찬 – 남자 이름
secretary [sékrətèri]	(명) 비서, 서기, 사무관, (미국) 장관
secrets [sí:krits]	(복) (명) 비밀, 신비
sector [séktər]	(명) 부문, 분야, 업종, 영역
secure [sikjúər]	(형) 안전한, 안정된, 확고한 (동) 안전하게 하다, 확보하다
seducing [sidjú:siŋ]	(현·분) (형) 유혹하는, 부추기는
seed [si:d]	(명) 씨앗, 종자, 원인 (동) 씨를 뿌리다, 씨를 빼다
seeds [si:dz]	(복) (명) 씨앗 (삼·단) (동) 씨를 뿌리다
seeing [sí:iŋ]	(명) 보는 것, 시각 (현·분) (형) 보는, 만나는, 사귀는
seek [si:k]	(동) 추구하다, 모색하다, 구하다
segregated [ségrigèitid]	(과·분) (형) 차별적인, 배타적인, 특정 인종용의 (과) (동) 차별하다, 분리하다
selfish [sélfiʃ]	(형) 이기적인, 자기 중심적인
selfless [sélflis]	(형) 사심 없는, 이기심이 없는
selves [selvz]	(복) (명) 본모습, 자아, 자신
semisweet [sèmiswí:t]	(형) 단맛을 줄인, 약간 달게 만든
sensibly [sénsəbli]	(부) 현저히, 분별 있게, 현명하게
sentence [séntəns]	(명) 문장, 선고, 형벌 (동) 선고하다

separate [sépərèit]	형 분리된, 별개의 동 분리하다, 갈라지다
sequel [síːkwəl]	명 속편, 후속, 후일담
serial [síəriəl]	명 연재물, 정기 간행물 형 연재인, 정기 간행의
serve [səːrv]	동 제공하다, 근무하다, 봉사하다
served [səːrvd]	과·분 형 제공된 과 동 제공하다
services [səːrvis]	복 명 시설, (설치, 유지, 수리 등) 서비스 삼·단 동 서비스를 하다
serving [səːrviŋ]	명 음식 시중, 1인분 현·분 형 서비스하는
Seth Green	인명 세스 그린 - 미국의 영화 배우
Seth Meyers	인명 세스 마이어스 - 미국의 영화 배우
settle [sétl]	동 해결하다, 정착하다, 진정시키다, 결정하다
settled [sétld]	과·분 형 안정된, 정착한, 고정된 과 동 해결하다, 고정하다
seventy [sévənti]	수 칠십 명 칠십 대 형 70개의
sexier [séksiər]	비 형 더 섹시한
sexiest [séksist]	최 형 가장 섹시한

sexual [sékʃuəl]	형 성적인, 성행위의, 생식의
sexuality [sèkʃuǽləti]	명 성, 성적 특징
shacked [ʃǽkid]	과·분 형 동거 생활하는 과 동 동거하다, 숙박하다
shades [ʃeidz]	복 명 차양, 땅거미, 뉘앙스 삼·단 동 그늘지게 하다
shallow [ʃǽlou]	명 모래톱, 물이 얕은 곳 형 얕은, 피상적인, 천박한
shaman [ʃɑ́ːmən]	명 무당, 무속인, 주술사
shaping [ʃéipiŋ]	현·분 형 형성하는, 실현하는
Sharon	인명 샤론 - 여자 이름
sharpest [ʃɑ́ːrpəst]	최 형 가장 가파른, 가장 선명한, 가장 예민한
shatters [ʃǽtərz]	복 명 파편 삼·단 동 산산이 부수다, 박살나다
shaven [ʃéivən]	과·분 형 짧게 깎은, 면도한
she'd [ʃid;, ʃiːd]	단 she had, she would의 단축형
sheets [ʃiːtz]	복 명 (침대) 시트, 판, 장
shelf [ʃelf]	명 선반, 매장, 선반 모양의 지층(대륙붕)
shelves [ʃelvz]	복 명 선반, 매장, 선반 모양의 지층(대륙붕)

shepherds [ʃépərdz]	(복) (명) 양치기, 셰퍼드
shine [ʃain]	(명) 윤기, 광택 (동) 빛나다, 비치다
ship [ʃip]	(명) 선박, 배 (동) 운반하다, 보내다
Shirley	(인명) 셜리 – 여자 이름
shirts [ʃəːrts]	(복) (명) 셔츠
shooting [ʃúːtiŋ]	(명) 사격, 총 사냥, 촬영 (현·분) (형) 발사하는, 던지는
shoots [ʃúːts]	(복) (명) 사격, 새싹 (삼·단) (동) 쏘다, 발사하다
shove [ʃʌv]	(동) 밀다, 밀어넣다, 밀어내다
showered [ʃáuərd]	(과·분) (형) 퍼부어진, 쏟아진 (과) (동) 퍼붓다
showtime [ʃóutàim]	(명) 쇼가 시작되는 시간, 개시 시간
shrieking [ʃríːkiŋ]	(명) 새된 비명 (현·분) (형) 새되게 외치는
shrimp [ʃrimp]	(명) 새우 (형) 작은 새우로 만든 (동) 작은 새우를 잡다
shuts [ʃʌts]	(삼·단) (동) 닫다, 감다, 덮다
shutting [ʃʌtiŋ]	(현·분) (형) 닫히는
shy [ʃai]	(형) 수줍은, 부끄러운, 내성적인 (동) 뒷걸음질 치다

siblings [síbliŋz]	(복) (명) 형제, 자매
sickness [síknis]	(명) 질병, 병
sidekicks [sáidkìks]	(복) (명) 친구, 한패
sideways [sáidwèiz]	(부) 옆으로, 옆에 (형) 옆으로 향한, 우회적인
sigh [sai]	(명) 한숨 (동) 한숨을 쉬다
signed [saínd]	(과·분) (형) 서명된, 계약된, 부호를 지닌 (과) (동) 서명하다
signing [sáiniŋ]	(명) 서명, 계약 (현·분) (형) 서명하는
Silas	(인명) 사일러스 – 남자 이름
silent [sáilənt]	(형) 침묵의, 조용한, 고요한
silhouette [sìluét]	(명) 실루엣, 윤곽 (동) 실루엣으로 나타내다
silhouettes [sìluéts]	(복) (명) 실루엣, 윤곽 (삼·단) (동) 실루엣으로 나타내다
silk [silk]	(명) 실크, 비단
simply [símpli]	(부) 단순히, 간단히
singsongy [síŋsɔ́(ː)ŋzi]	(부) 단조롭게
sink [siŋk]	(동) 가라앉다, 침몰시키다

sinned [sind]	과·분 형 죄를 범한 과 동 죄를 짓다
sins [sínz]	복 명 죄 삼·단 동 죄를 짓다
Sisqo	인명 시스코 – 미국의 가수
sitter [sítər]	명 모델, 착석자, 간호인
skeptical [sképtikəl]	형 회의적인, 의심하는
skewer [skjúːər]	명 꼬챙이, 꼬치 동 꼬챙이에 꿰다
skewers [skjúːərz]	복 명 꼬챙이, 꼬치 삼·단 동 꼬챙이에 꿰다
ski [skiː]	명 스키 동 스키를 타다
skill [skil]	명 기술, 실력, 기능, 솜씨
skills [skilz]	복 명 기술
skip [skip]	명 생략 동 거르다, 생략하다, 건너뛰다
skipped [skipt]	과·분 형 생략된, 걸러진 과 동 거르다, 생략하다
skipping [skípiŋ]	명 건너뜀, 월반 현·분 형 건너뛰는
sky [skai]	명 하늘, 상공, 천체
slack [slæk]	명 느슨함 형 느슨한, 꾸물거리는 부 느슨하게 동 해이해지다
slam [slæm]	명 쾅 닫기, 쾅 소리 동 쾅 닫다, 강타하다

slams [slæmz]	삼·단 동 쾅 닫다
slapped [slæpt]	과·분 형 맞은, 부과된 과 동 때리다
sleepover [slíːpòuvər]	명 밤샘 파티, 외박, 외박하는 사람
sleepovers [slíːpòuvərz]	복 명 외박, 외박하는 사람
sleeves [sliːvz]	복 명 소매
slice [slais]	명 한 조각, 몫 동 자르다, 썰다
slices [slaisis]	복 명 한 조각 삼·단 동 자르다
sliding [sláidiŋ]	명 미끄럼, 활강 현·분 형 미끄러지는
slight [slait]	명 모욕, 무시 형 약간의, 사소한, 가냘픈 동 무시하다
slinking [sliŋkiŋ]	현·분 형 살금살금 걷는
slip [slip]	명 미끄러지기, 실수, 조각 동 미끄러지다, 빠지다, 하락하다
slippery [slípəri]	형 미끈거리는
slipping [slipiŋ]	현·분 형 미끄러지는
slope [sloup]	명 경사면, 기울기, 스키장 동 경사지다, 경사지게 하다
sloppy [slápi]	형 질척질척한, 대충 하는, 헐렁한

slot [slat]	몡 자리, 가늘고 긴 홈, 발자취, 슬롯 머신 / 동 구멍에 끼우다

slows [slouz]	삼·단 동 더디게 하다, 감속하다

slugs [slʌgz]	복 명 민달팽이, 게으름뱅이 / 삼·단 동 강타하다, 빈둥거리며 보내다

slurps [sləːrps]	삼·단 동 시끄럽게 먹다

smacking [smǽkiŋ]	현·분 쩝쩝거리는, 철썩 치는, 센

smaller [smɔ́lər]	비 형 더 작은

smarter [smaːrtər]	비 형 더 똑똑한

smelled [smeld]	과·분 형 냄새가 난 / 과 동 냄새가 나다, 냄새를 맡다

smelling [sméliŋ]	현·분 형 냄새가 나는

smells [smels]	삼·단 동 냄새가 나다, 냄새를 맡다

smiles [smailz]	복 명 미소 / 삼·단 동 미소를 짓다

smoked [smoukt]	과·분 형 훈제의, 그을린 / 과 동 연기를 뿜다

smokes [smóuks]	삼·단 동 연기를 뿜다, 담배 피우다

smoking [smóukiŋ]	명 흡연 현·분 형 담배를 피우는, 연기 나는

smooches [smuːʧz]	삼·단 동 키스하다

smoothie [smúːði]	명 스무디, 세련된 남자

snake [sneik]	명 뱀 동 굽이치며 가다

snaps [snæps]	복 명 스냅 사진, 버클 / 삼·단 동 딱 부러뜨리다, 덤벼들다, 사진 찍다

snarky [snáːrki]	형 짜증내는, 냉소적인

sneezed [sniːzd]	과·분 형 재채기 나오는 / 과 동 재채기하다

snores [snɔːrz]	복 명 코 고는 소리 / 삼·단 동 코를 골다

snotting [snɔtiŋ]	형 콧물이 나는

snuck [snʌk]	과 동 몰래 하다, 살금살금 걷다 과·분 형 몰래 된

sober [sóubər]	형 술 안 마신, 진지한 / 동 정신이 들게 하다, 침착해지다

sobs [sabz]	삼·단 동 흐느껴 울다 / 복 명 흐느낌

socked [sakt]	과·분 형 강타당한 / 과 동 강타하다, 돈을 모으다

sodas [sóudəz]	복 명 소다수, 탄산음료

sofa [sóufə]	명 소파, 긴 의자

soften [sɔ́:fən]	동 완화시키다, 부드러워지다, 누그러지다
soldiers [sóuldʒərz]	복 명 군인, 병사
sole [soul]	명 발바닥, 신바닥 형 유일한, 독점적인
solution [səlú:ʃən]	명 해결책, 방안, 용액
solve [salv]	동 풀다, 해소하다, 해결하다
somber [sɑ́mbər]	형 수수한, 어두컴컴한, 침울한
someplace [sə̀mpleìs]	부 어딘가에, 언젠가, 대략
somewhat [sʌmhwʌt]	명 다소의 것, 약간의 것 부 다소, 어느 정도
songs [sɔ́:ŋz]	복 명 노래, 곡
songy [sɔ́:ndʒi]	형 노래의
sons [sʌnz]	복 명 아들, 자손
sore [sɔ:r]	명 상처, 종기 형 염증을 일으킨, 가슴 아픈
sorrow [sɑ́rou]	명 슬픔, 애도, 비통
souls [soulz]	복 명 영혼, 마음
Soulville [sóulvìl]	지명 소울빌 – 미국 뉴욕의 흑인 거주 지역
sounded [saundid]	과 동 소리를 내다 과·분 형 알려진

soup [su:p]	명 수프, 죽
sour [sauər]	명 신 것, 싫은 것 형 신, 언짢은 동 시게 하다
source [sɔ:rs]	명 소스. 정보원, 원천, 공급자
soy [sɔi]	명 간장, 콩
spaghetti [spəgéti]	명 스파게티, 절연 튜브
sparkle [spɑ́:rkl]	명 불꽃, 광택, 활기 동 반짝이다, 불꽃을 튀기다
specialist [spéʃəlist]	명 전문가 형 전문의
species [spí:ʃi:z]	명 종, 종류
specifics [spisífiks]	명 세부 사항
specify [spésəfài]	동 명기하다, 구체화하다
specifying [spésəfàiŋ]	현·분 형 구체화하는
speech [spi:tʃ]	명 언어 능력, 말하기, 연설
spill [spil]	명 엎지름, 유출, 파편 동 엎지르다, 쏟다, 엎질러지다
spilled [spild]	과·분 형 엎질러진 과 동 엎지르다
spilling [spiliŋ]	현·분 형 엎지르는

spinnin' [spiniŋ]	(명) 빙빙 돌기, 방적 (현·분)(형) 도는, 방적의
spinster [spínstər]	(명) 미혼 여성, 노처녀
splash [splæʃ]	(명) 튀기기, 튀긴 자국, 얼룩 (부) 텀벙하고 (동) 튀기다, 튀다
splashes [splæʃz]	(복)(명) 얼룩, 방울 (삼·단)(동) 튀기다
splitting [splítiŋ]	(명) 쪼개기, 파편, 분열 (현·분)(형) 쪼개지는
spoonfuls [spúːnfùlz]	(복)(명) 한 숟가락 가득
sportsmanship [spɔ́rtsmənʃìp]	(명) 스포츠맨 정신, 스포츠 정신
spot [spat]	(명) 장소, 점 (형) 즉석의, 현금의 (동) 발견하다, 더럽히다
spotlight [spátlàit]	(명) 스포트라이트, 주목 (동) 스포트라이트로 비추다
spotty [spáti]	(형) 얼룩덜룩한, 고르지 않은
spring [spriŋ]	(명) 튀기, 샘, 용수철, 봄 (동) 튀다, 도약하다
sprints [sprints]	(복)(명) 단거리 경주 (삼·단) (동) 전속력으로 달리다
sprouts [sprauts]	(복)(명) 싹 (삼·단)(동) 싹트다, 싹트게 하다
spun [spʌn]	(과·분)(형) 돌려진 (과)(동) 회전시키다, 뽑다
sputters [spʌtərz]	(삼·단)(동) 탁탁 소리를 내다, 다급하게 말하다
spy [spai]	(명) 스파이, 간첩 (동) 감시하다, 염탐하다
square [skwɛər]	(명) 광장, 사각형, 평방, 제곱 (형) 정사각형의, 공명정대한 (부) 네모로 (동) 정사각형으로 하다, 제곱하다
squash [skwaʃ]	(명) 짓눌림, 스쿼시 테니스 (동) 짓누르다, 밀어넣다
squint [skwint]	(명) 사시 (형) 사시의 (동) 사시가 되다, 곁눈질로 보다, 경향이 있다
squirt [skwəːrt]	(명) 분출, 물총 (동) 뿜어나오다, 분출시키다
stabilize [stéibəlàiz]	(동) 안정시키다, 안정되다
stable [stéibl]	(명) 마구간, 외양간 (형) 안정된 (동) 마구간에 넣다
Stacy Klein	(인명) 스테이시 클레인
stages [steidʒz]	(복)(명) 단계, 무대 (삼·단)(동) 상연하다, 꾀하다
stalked [stɔːkt]	(과)(동) 몰래 다가가다 (과·분)(형) 스토킹당한
stapled [stéipld]	(과·분)(형) 스테이플러로 고정된 (과)(동) 스테이플러로 고정하다
stapler [stéiplər]	(명) 스테이플러

Star Wars	이름 스타워즈 – 미국 영화
stare [stɛər]	동 쳐다보다, 바라보다, 응시하다
stared [stɛərd]	과 동 응시하다 과·분 형 응시된
stares [stɛərz]	삼·단 동 응시하다
starred [sta:rd]	과·분 형 별을 뿌린 듯한, 출연한 과 동 별처럼 흩뿌리다, 출연시키다, 반짝이다
starring [sta:riŋ]	현·분 형 별을 흩뿌리는, 반짝이는
stashed [stæʃt]	과·분 형 숨겨진 과 동 숨겨 두다, 치워 두다
stat. [stæt]	약 즉시 – 의학 용어, 라틴어
statement [stéitmənt]	명 진술, 성명서, 명세서, 발표
stations [stéiʃənz]	복 명 정거장, 기지, 계급, 방송국
statue [stǽtʃu:]	명 동상, 조각상, 상
steady [stédi]	부 든든히 형 지속적인, 안정된, 고정된 동 고정시키다, 견실해지다
steal [sti:l]	명 도둑질, 도루 동 훔치다, 도용하다
stellar [stélər]	형 별의, 별 같은, 인기 배우의, 주요한
stepdad [stépdæd]	명 의붓아버지, 양아버지
Stephanie	인명 스테파니 – 여자 이름
Stephen King	인명 스티븐 킹 – 미국의 작가
stereo [stériòu]	명 입체 음향, 스테레오 형 입체 음향의
Steve Guttenberg	인명 스티브 구텐베르그 – 미국의 영화 배우
sticking [stíkiŋ]	현·분 형 끈적끈적한, 달라붙는
sticks [stiks]	복 명 막대기, 매질 삼·단 동 찌르다, 붙이다, 달라붙다
stifling [stáifliŋ]	현·분 형 숨막히는 듯한, 답답한
stillborn [stílbɔ́:rn]	명 사산아 형 사산의, 무익한
stillness [stílnis]	명 부동, 정적, 정지
stilted [stíltid]	형 과장된, 거드름 피우는, 으스대는
stink [stiŋk]	명 악취, 악평 동 악취가 나다
stocks [staks]	복 명 저장품, 주식, 줄기 삼·단 동 갖추다, 비축하다
stoned [stound]	과·분 형 마비된 과 동 돌을 던지다, 핵을 빼내다
stones [stounz]	복 명 돌, 바위 삼·단 동 돌을 던지다

stool [stu:l]	명 걸상, 발판 동 새 눈이 돋다
stopping [stɑ́piŋ]	명 중지, 차단벽 현·분 형 그만두는, 멈추는
storyline [stɔ́:rilain]	명 줄거리, 구상
stove [stouv]	명 난로, 스토브, 가스레인지
strain [strein]	명 변형, 종류, 계통, 긴장 동 긴장시키다, 변형시키다
strapped [stræpt]	과·분 형 끈으로 묶인 과 동 끈으로 묶다
strategies [strǽtədʒis]	복 명 전략, 전술, 계획
straw [strɔ:]	명 짚, 빨대, 지푸라기 형 밀짚의, 하찮은, 모조의
stress-induced [stres-indjú:st]	형 스트레스 유발의
stressed [strest]	과·분 형 스트레스 받은 과 동 강조하다, 압박하다
stretching [strétʃiŋ]	명 신축, 스트레칭 현·분 형 뻗는, 기지개를 켜는
strikes [straiks]	복 명 치기, 파업 삼·단 동 치다, 공격하다, 파업하다
striving [stráiviŋ]	현·분 형 노력하는, 애쓰는, 겨루는
stroke [strouk]	명 타격, 발작, 뇌졸중, 한 번 움직임 동 선을 긋다, 쓰다듬다

strollers [stróulərz]	복 명 어슬렁거리는 사람, 방랑자, 유모차
stronger [strɔ:ŋər]	비 형 더 강한
strongly [strɔ́:ŋli]	부 강력히, 적극적으로, 단호히
structure [strʌ́ktʃər]	명 구조, 건물, 조직 동 구성하다
struggled [strʌ́gld]	과·분 형 밀쳐진, 애써진 과 동 분투하다, 애쓰다
struggling [strʌ́gliŋ]	명 고군분투 현·분 형 분투하는
strumming [strʌ́miŋ]	현·분 형 퉁기는
strut [strʌt]	명 버팀대, 활보 동 뽐내며 걷다, 팽창하다, 과시하다
stud [stʌd]	명 장식용 금속 단추, 종마
studied [stʌ́did]	과·분 형 연구된 과 동 공부하다, 연구하다
studio [stjú:diòu]	명 작업장, 연습장, 화실
stuffed [stʌft]	과·분 형 속을 채운, 막힌 과 동 채우다, 막다
stuffing [stʌ́fiŋ]	명 채운 것, 속, 내장 현·분 형 속을 채운
stunning [stʌ́niŋ]	현·분 형 놀라게 하는

sturgeon [stə́:rdʒən]	몡 철갑상어
sub [sʌb]	몡 길쭉한 빵으로 만든 샌드위치
subject [sʌ́bdʒikt]	몡 과목, 주제, 대상, 주어 혱 종속하는 동 복종시키다
subtle [sʌ́tl]	혱 미묘한, 섬세한, 민감한
subway [sʌ́bwèi]	몡 지하철
succeed [səksí:d]	동 성공하다, 뒤를 잇다, 계속되다
successfully [səksésfəli]	閉 성공적으로
sucking [sʌ́kiŋ]	현·분 혱 빠는, 젖내 나는
Suehee Xiong	인명 수희 숑
sugars [ʃúgərz]	복 몡 설탕 한 숟가락 삼·단 동 설탕을 넣다
suggested [səgdʒéstid]	과·분 혱 제안받은 과 동 제안하다
suggesting [səgdʒéstiŋ]	현·분 혱 제안하는
suite [swi:t]	몡 한 벌, 스위트 룸, 모음곡
suits [su:ts]	복 몡 정장, 옷, 소송 삼·단 동 마음에 들다, 어울리다
summon [sʌ́mən]	동 소환하다, 불러내다, 요구하다

sunburn [sʌ́nbərn]	몡 햇볕에 탐 동 볕에 태우다
Sundays [sʌ́ndiz, -dèiz]	閉 일요일마다
sung [sʌŋ]	과·분 혱 노래 불려진
sunglasses [sʌ́nglæsiz]	몡 선글라스
sunset [sʌ́nsèt]	몡 해 질 녘, 말기 혱 노을빛의, 말기의
supermodels [súpərmàdəlz]	복 몡 슈퍼모델
supervisor [sú:pərvàizər]	몡 관리자, 감독자, 감독
supporting [səpɔ́:rtiŋ]	현·분 혱 받치는, 돕는, 조연하는
surely [ʃúərli]	閉 분명히, 확실히, 물론, 정말로, 틀림없이
surgeries	복 몡 수술
surgically [sə́:rdʒikəli]	閉 외과적으로, 외과 수술에 의해
surprisingly [sərpráiziŋli]	閉 놀랍게도, 예상외로
surrounded [səráundid]	과·분 혱 둘러싸인 과 동 포위하다, 둘러싸다
suspenders [səspéndərz]	복 몡 멜빵
swam [swæm]	과 동 헤엄치다, 수영하다
swap [swap]	몡 교환 동 교환하다
sweating [swétiŋ]	몡 발한, 고문 현·분 혱 땀 흘리는

sweats [swɛts]	(삼·단) (동) 땀 흘리다
sweetie [swíːti]	(명) 사탕, 연인
sweetness [swíːtnis]	(명) 다정함, 달콤함, 단맛
swimming [swímiŋ]	(명) 수영 (현·분) (형) 수영하는
swimsuits [swímsùts]	(복) (명) 수영복
swirling [swə́ːrliŋ]	(명) 소용돌이 (현·분) (형) 소용돌이치는, 어질어질한
switches [swítʃz]	(복) (명) 회초리, 스위치, 변경 (삼·단) (동) 매질하다, 바꾸다
switching [swítʃiŋ]	(명) 전환, 켬 (현·분) (형) 전환하는, 스위치를 넣는
swollen [swoúlən]	(형) 부은, 팽창한, 부푼
sympathetic [sìmpəθétik]	(형) 공감하는, 동정적인, 호의적인
sync [siŋk]	(명) 동기화, 동조
tackling [tǽkliŋ]	(명) 방해, 도르래 (현·분) (형) 다루는, 착수하는, 따지는, 태클하는
tailgate [téilgèit]	(명) (트럭의) 뒷문 (동) 바짝 붙어 따라가다
takeoff [téikɔ́(ː)f]	(명) 도약, 이륙, 제거, 결점
tampon [tǽmpan]	(명) 탐폰 생리대, 지혈용 솜뭉치
tangled [tǽŋgld]	(과·분) (형) 엉킨, 얽힌, 헝클어진 (과) (동) 얽히게 하다
tannenbaum [tǽnənbàum]	(명) 크리스마스 트리(전나무)
tanner [tǽnə(r)]	(명) 무두장이
Tanya	(인명) 타냐 – 여자 이름, Tatiana의 별칭
taps [tǽps]	(복) (명) 수도꼭지, 마개 (삼·단) (동) 가볍게 두드리다
task [tǽsk]	(명) 과제, 업무 (동) 과제를 주다
tasted [teistid]	(과·분) (형) 맛보는 (과) (동) 맛이 나다
taunting [tɔ́ːntiŋ]	(현·분) (형) 비웃는, 조롱하는
tavern [tǽvərn]	(명) 술집, 여관
taxi [tǽksi]	(명) 택시
teachers [tíːtʃərz]	(복) (명) 선생, 교사
teams [tiːmz]	(복) (명) 팀, 단체 (삼·단) (동) 팀을 짜다
tear [tiər]	(명) 눈물, 찢기 (동) 찢다, 뜯다
teething [tíːðiŋ]	(명) 젖니가 남, 이가 나기
temp [temp]	(명) 임시 직원 (동) 임시직으로 일하다 (약) 온도 temperature

tempo [témpou]	명 박자, 템포, 속도
temptations [temptéiʃənz]	복 명 유혹
tend [tend]	동 경향이 있다, 나아가다, 지키다, 돌보다
tended [tendid]	과·분 형 의도된 과 동 경향이 있다, 나아가다, 돌보다
tenor [ténər]	명 취지, 테너 형 테너의
tens [ténz]	복 명 십의 자리 형 수많은
tense [tens]	명 시제 형 팽팽한, 긴박한 동 긴장시키다
tentatively [téntətivli]	부 시험적으로, 임시로, 시험삼아
term [tə:rm]	명 용어, 어구, 기간, 기한, 조건, 관계 동 칭하다
terribly [térəbli]	부 매우, 심각하게, 지독하게, 무섭게
terrifying [térəfàiŋ]	현·분 형 무섭게 만드는
Terry	인명 테리 - 남녀 공용 이름
Tesla [téslə]	이름 테슬라 - 미국 자동차 상표
Tessa	인명 테사 - 여자 이름
testicle [téstikl]	명 고환, 정소
testify [téstəfài]	동 증언하다, 입증하다, 선언하다

texture [tékstʃər]	명 직물, 감촉, 조직, 본질, 질감 동 짜서 만들다
Thailand [táilænd]	명 태국 형 태국의
Thanksgivings [θæŋksgíviŋz]	명 추수감사절
that'd [ðæˈtɪdt]	약 that would의 약어
theme [θiːm]	명 주제, 테마, 제목
therapist [θérəpist]	명 치료사, 치료 전문가
thereabout [ðɛərəbáut]	부 그 주변에, 그 무렵
thermal [θə́ːrməl]	형 열의, 뜨거운, 온천의
thorough [θə́ːrou]	형 철저한, 빈틈없는
thread [θred]	명 실, 맥락 동 (실을) 꿰다, 빠져나가다
threads [θredz]	복 명 실 삼·단 동 (실을) 꿰다, 빠져나가다
threaten [θrétn]	동 위협하다
threes [θriːz]	복 명 셋, 삼
thrilled [θrild]	과·분 형 황홀한, 신이 난 과 동 열광시키다
throes [θrouz]	복 명 극심한 고통
throne [θroun]	명 왕위, 왕좌, 즉위
thrown [θroun]	과·분 형 버려진, 던져진, 사용된, 떨어진

thunder [θʌndər]	몡 천둥, 우레, 위협 동 천둥 치다, 굉음을 내다
Thursdays [θə́ːrzdiz]	튀 목요일마다
tick [tik]	몡 체크 표시, 째깍 소리, 진드기 동 째깍거리다
ticket [tíkit]	몡 표, 입장권, 승차권, 딱지 동 표를 발행하다
ticking [tíkiŋ]	몡 째깍거림, 이불잇 현·분 몡 째깍거리는
tide [taid]	몡 조수, 흐름, 풍조 동 흐르다, 극복하다
ties [taiz]	복 몡 넥타이, 끈, 인연 삼·단 동 묶다, 매다
timeline [táimlàin]	몡 행사 스케줄
timer [táimər]	몡 타이머, 시간급 노동자
tin [tin]	몡 주석, 통조림, 양철 동 주석을 입히다
tiny [táini]	혱 아주 작은, 조그마한
tip [tip]	몡 끝, 조언, 경사, 툭 치기 동 기울이다, 뒤엎다, 툭 치다, 팁을 주다
tire [taiər]	몡 타이어 동 피곤하게 하다, 지치다, 싫증나다
toasty [tóusti]	혱 토스트 특유의, 따끈따끈한, 훈훈한
Toby Damon	인명 토비 데이먼

toe [tou]	몡 발가락, 발끝
tolerates [tɑ́lərèits]	삼·단 동 허용하다, 견디다, 내성이 있다
tolerating [tɑ́lərèitiŋ]	현·분 혱 참는, 견디는
tool [tuːl]	몡 연장, 도구, 수단
topic [tɑ́pik]	몡 주제, 화제, 의제
tore [tɔːr]	과 동 찢다, 뜯다
torpedoed [tɔːrpíːdoud]	과·분 혱 망쳐진 과 동 어뢰로 공격하다, 그르치다
touched [tʌʧt]	과·분 혱 감동된 과 동 만지다, 감동하다
touching [tʌʧiŋ]	현·분 혱 감동적인
toy [tɔi]	몡 장난감 혱 모형의, 장난감용의
trace [treis]	몡 자취, 미량 동 추적하다, 기술하다
tracked [trækt]	과·분 혱 추적당한, 무한 궤도의 과 동 뒤쫓다
tradable [treidəbəl]	혱 시장성이 높은
trades [treidz]	복 몡 거래, 무역 삼·단 동 거래하다, 사업하다
trading [treidiŋ]	몡 거래, 무역 현·분 혱 거래하는

trail [treil]	몡 오솔길, 자국, 꼬리 동 뒤를 밟다, 끌고 가다, 끌리다
training [tréiniŋ]	몡 훈련, 교육 현·분 혱 훈련하는
trait [treit]	몡 특징, 특색
traits [treits]	복 몡 특징, 특색
transformed [trænsfɔ́rmd]	과·분 혱 변형된 과 몡 변형시키다
transport [trænspɔ́:rt]	몡 수송, 교통 동 운송하다
trapped [træpt]	과·분 혱 갇힌 과 동 덫으로 잡다, 가두다
trashing [træʃiŋ]	현·분 혱 손상시키는
trauma [tráumə]	몡 정신적 충격
traumatized [tráumətàizd]	과·분 혱 심적 외상을 입은 과 동 정신적 충격을 주다
traveled [trǽvəld]	과·분 혱 여행자가 많은 과 동 여행하다
travelling [trǽvəliŋ]	몡 이동, 여행 현·분 혱 이동하는, 여행하는
tray [trei]	몡 쟁반, 상자
tremble [trémbl]	몡 떨림, 전율 동 떨다, 진동하다, 흔들리다
tremors [trémərz]	복 몡 떨림, 몸서리
Trenton [tréntn]	지명 트렌턴 – 미국 뉴저지주의 도시
trigger [trígər]	몡 계기, 방아 동 촉발하다, 일으키다
triggers [trígərz]	복 몡 계기 삼·단 동 촉발하다, 일으키다
triumph [tráiəmf]	몡 승리, 성공, 업적 동 승리하다, 성공하다
troupe [tru:p]	몡 공연단, 극단
trump [trʌmp]	몡 으뜸패 동 으뜸패를 내다
trumpet [trʌmpit]	몡 트럼펫, 나팔 동 트럼펫을 불다
trusted [trʌstid]	과·분 혱 신뢰받고 있는 과 동 신뢰하다
truthful [trú:θfəl]	혱 정직한, 진실인, 진실한
tube [tju:b]	몡 관, 튜브, 터널, 빨대
Tuesdays [tjú:zdiz, -deiz]	부 화요일마다
tune [tju:n]	몡 곡, 선율, 조화 동 조율하다, 주파수를 맞추다
tunes [tju:ns]	복 몡 레코드, 음반 삼·단 동 조율하다
tunnel [tʌnl]	몡 터널, 지하도, 굴 동 터널을 파다
turbulence [tə́:rbjuləns]	몡 난기류, 동요, 격동

turnout [tə́rnaùt]	(명) 출석자, 참가자 수, 투표율
tutor [tjú:tər]	(명) 가정교사, 강사 (동) 개인교습을 하다
twinned [twind]	(과·분)(형) 쌍둥이의 (과)(동) 쌍둥이를 낳다
twist [twist]	(명) 꼬기, 비틀림 (동) 꼬다, 왜곡하다, 비틀다
twists [twists]	(복)(명) 꼬임, 비틀림 (삼·단)(동) 꼬다, 왜곡하다
Twitter [twítər]	(이름) 트위터 - SNS 사이트 (동) 지저귀다, 떨다
typed-out [táiptàut]	(과·분)(형) 타이프된 (과)(동) 타이프하다
types [taips]	(복)(명) 유형, 종류, 활자 (삼·단)(동) 타이프하다
typewriters [táipràitərz]	(복)(명) 타자기
UC Santa Cruz	(이름) 캘리포니아 대학교 산타 크루즈 캠퍼스
ulcers [ʌ́lsərz]	(복)(명) 궤양, 부패, 폐해
umbilical [ʌmbílikəl]	(형) 배꼽의, 탯줄로 이어진
unable [ʌnéibl]	(형) ~할 수 없는, 무능한
unchained [ʌntʃéind]	(과·분)(형) 풀려난, 해방된 (과)(동) 풀어 주다, 해방하다
understands [ʌndərstǽndz]	(삼·단)(동) 이해하다
unexpectedly [ə̀nikspéktidli]	(부) 뜻밖에, 예상외로
unfunny [ʌnfʌ́ni]	(형) 재미없는, 전혀 즐겁지 않은
unheard [ə́nhə́rd]	(형) 들어 주지 않는, 들리지 않는
uniforms [jú:nəfɔ́:rmz]	(복)(명) 제복, 유니폼
unload [ə́nloúd]	(동) (짐을) 내리다, 처분하다, 빼내다
unnecessary [ə́nnésəsèri]	(형) 불필요한, 쓸데없는
unstained [ʌnstéind]	(형) 오점 없는, 흠 없는
unstoppable [ə́nstápəbəl]	(형) 막을 수 없는, 방지할 수 없는
untrue [ə́ntrú]	(형) 허위의, 충실하지 않은, 공정하지 않은
unwanted [ʌnwántid, -wɔ́:nt-]	(형) 원치 않은, 반갑지 않은
upbeat [ʌ́pbì:t]	(형) 긍정적인, 낙관적인, 경쾌한
update [əpdeít]	(명) 최신 정보 (동) 갱신하다
upgraded [əpgreídid]	(과·분)(형) 업그레이드된 (과)(동) 등급을 올리다
uproot [əprút]	(동) 뿌리째 뽑다, 근절되다
uprooted [əprútid]	(과·분)(형) 뽑힌 (과)(동) 뿌리째 뽑다, 근절되다

upstate [ʌ́psteìt]	몡 중심에서 떨어진 지방 뷔 주의 북부로 몡 주 북부의(도시에서 떨어진)
urban [ə́:rbən]	혱 도시의, 도심의
USA	얙 미국 United States of America
usual [júːʒuəl, -ʒwəl]	혱 평소의, 일반적인, 보통의
Utah [júːtɔ:, -ta:]	지몡 유타 – 미국의 주
vacant [véikənt]	혱 비어 있는, 사람이 없는
vacuum [vǽkjuəm]	몡 진공, 공백 동 진공청소기로 청소하다
vaginas [vədʒáinəz]	복 몡 질, 음부
valedictorian [vælədiktɔ́:riən]	몡 졸업생 대표
value [vǽljuː]	몡 가치, 가치관, 동 평가하다, 중시하다
vanity [vǽnəti]	몡 자만심, 허영심, 무의미, 화장대
vapid [vǽpid]	혱 흥미롭지 못한, 지루한, 활기 없는
vegetable [védʒətəbl]	몡 채소, 식물
veins [veinz]	복 몡 정맥, 혈관, 맥락
vendor [véndər]	몡 노점, 행상인
vent [vent]	몡 배출구, 배기구, 관 동 발산하다, 표출하다

venting [véntiŋ]	현·분 혱 발산하는
venue [vénjuː]	몡 (사건의) 현장, 장소
versions [və́:rʒənz]	복 몡 판, 형태
vertigo [və́:rtigòu]	몡 현기증, 어지러움
vests [vests]	복 몡 조끼
vices [vaisis]	복 몡 범죄, 악덕
Vickie, Vicky	인몡 비키 – 여자 이름, Victoria의 애칭
Victor	인몡 빅터 – 남자 이름
Vietnam [vîètnáːm, -nǽm, vjét-]	몡 베트남
view [vjuː]	몡 견해, 관점, 전망 동 관찰하다, 고찰하다
vigilant [vídʒələnt]	혱 방심하지 않는, 경계하는
violently [váiələntli]	뷔 폭력적으로, 격렬히
vitals [váitlz]	복 몡 생명 유지에 필수적인 장기
vitamins [váitəminz]	복 몡 비타민
vivid [vívid]	혱 생생한, 발랄한, 극명한
Vixen	인몡 빅센 – 남자 이름
vocalist [vóukəlist]	몡 가수, 보컬리스트

vocalizing [vóukəlàiziŋ]	(현·분) (형) 목소리를 내는
voicemail [vɔ́ismeil]	(명) 음성 메시지, 녹음 장치
voicemails [vɔ́ismeilz]	(복) (명) 음성 메시지
void [vɔid]	(형) 빈, 공허한, 쓸모 없는
volume [válju:m]	(명) 양, 권, 부피, 볼륨
voted [voutid]	(과·분) (형) 투표로 선발된 (과) (동) 투표하다
voters [vóutərz]	(복) (명) 투표자, 유권자
vulnerable [vʌ́lnərəbl]	(형) 취약한, 연약한, 민감한
waffle [wáfl]	(명) 와플, 쓸데없는 말 (동) 쓸데없는 말을 하다
wailing [wéiliŋ]	(형) 훌륭한, 최고의 (현·분) (형) 울부짖는
wails [weils]	(삼·단) (동) 울부짖다
waistband [wéistbænd]	(명) 허리띠, 허리끈
waiter [wéitər]	(명) 웨이터, 종업원
waiters [wéitərz]	(복) (명) 웨이터, 종업원
wallet [wálit]	(명) 지갑
walling [wɔ́:liŋ]	(명) 벽의 재료, 담 쌓기

walls [wɔ:lz]	(복) (명) 벽, 담
walnut [wɔ́:lnʌt, -nət]	(명) 호두, 호두나무
waltzes [wɔ:ltsəz]	(복) (명) 왈츠 (삼·단) (동) 왈츠를 추다
wander [wándər]	(명) 산책, 어슬렁거리기 (동) 돌아다니다, 배회하다, 길을 잃다
Wang Chung	(이름) 왕청 – 영국의 밴드
wardrobe [wɔ́:rdroub]	(명) 의상, 옷장
warming [wɔ́:rmiŋ]	(명) 따뜻해짐, 덥히기 (현·분) (형) 따뜻하게 하는, 따뜻해진
warrior [wɔ́:riər]	(명) 전사, 병사
washed [waʃt, wɔ:ʃt]	(과·분) (형) 씻겨진 (과) (동) 씻다
waste [weist]	(명) 낭비, 황무지, 쓰레기 (동) 낭비하다, 소모되다, 쇠약하다
wasting [wéistiŋ]	(현·분) (형) 낭비하는, 소모되는
waterslide [wɔ́:tərslaid, wátər-]	(명) 물 미끄럼틀
waterworks [wɔ́tərwərks]	(복) (명) 상수도, 급수장, 눈물
waved [weivd]	(과·분) (형) 흔들린 (과) (동) (손을) 흔들다, 굽이 치게 하다
Waze	(이름) 웨이즈 – 길 안내 서비스 앱

weakly [wíːkli]	형 병약한, 허약한 부 나약하게
weakness [wíːknis]	명 약점, 약함
wears [wɛərz]	삼·단 동 입고 있다, 닳게 하다
weary [wíəri]	형 지친, 싫증 난, 지루한 동 지치게 만들다, 싫증 나다
weatherman [wéðərmæn]	명 기상 캐스터
weekends [wíkèndz]	부 주말마다, 주말에
weighed [weid]	과·분 형 무게 잰, 검토된 과 동 무게를 달다, 짓누르다, 검토하다
weirdo [wíərdou]	명 이상한 사람, 괴짜
Wesley	인명 웨슬리 (스나입스) – 미국의 영화 배우
Westworld	이름 웨스트월드 – 미국 영화
wet [wet]	명 습기 형 젖은, 습한 동 적시다, 축축해지다
whack [wæk]	명 구타, 강타, 몫 동 후려치다
wheels [hwiːlz]	복 명 바퀴, 자전거 삼·단 동 돌리다, 바꾸다, 순조롭게 나아가다

whereas [hwɛərǽz]	접속 ~인 반면, ~이므로, ~이지만
whilst [wailst]	접속 ~동안에, ~에 반하여, ~까지
whim [hwim]	명 변덕, 일시적 기분
whinnies [hwíniz]	복 명 울음소리 삼·단 동 히힝 울다
whipped [wipt]	과·분 형 매맞은, 거품이 인 과 동 채찍질하다, 거품을 일게 하다
whipping [hwípiŋ]	명 채찍질, 거품 내기 현·분 형 채찍질하는
whisper [hwíspər]	명 속삭임, 소문 동 속삭이다
whispered [hwíspərd]	과·분 형 속삭여진 과 동 속삭이다
whistles [hwíslz]	복 명 휘파람 삼·단 동 휘파람을 불다
whistling [wísliŋ]	명 휘파람 소리 현·분 형 휘파람을 부는
whiter [hwaitər]	비 형 더 흰
whitest [hwaitist]	최 형 가장 흰
who'd [huːd]	약 who would, who had

whoever [huːévər]	때 누구나
Whole Foods	이름 홀 푸드 – 미국의 유기농 식품 매장
whom [huːm]	때 누구를
whoosh [hwuːʃ]	명 쉭 하는 소리 동 쉭 하고 지나가다
whooshes [hwuːʃiz]	삼·단 동 쉭 하고 날리다
whooshing [hwuːʃiŋ]	명 쉭쉭 소리 현·분 형 쉭쉭하는
whore [hɔːr]	명 매춘부
whores [hɔːrz]	복 명 매춘부
why'd [hwaid]	약 why would, why did
wildcats [waíldkæts]	복 명 들고양이
wildness [wáildnis]	명 야생, 황폐, 난폭, 황야
willed [wild]	형 의지를 가진
willin' [wílin]	형 기꺼이 하는, 할 의사가 있는
wills [wilz]	복 명 유언

windmill [wíndmil]	명 풍차, 바람개비 동 풍차처럼 회전하다
wing [wiŋ]	명 날개, 부서, 지느러미 동 날개를 달다
wings [wiŋz]	복 명 날개, 진영, 지느러미 삼·단 동 날개를 달다
wink [wiŋk]	명 윙크, 깜박임 동 눈을 깜박이다
winked [wiŋkt]	과·분 형 깜박여진 과 동 깜박이다
wins [winz]	복 명 승리, 상금 삼·단 동 이기다, 얻다
winter [wíntər]	명 겨울, 동계
wisdom [wízdəm]	명 지혜, 교훈, 학문
wisely [wáizli]	부 현명하게, 사려 깊게
wispy [wíspi]	형 성긴, 숱이 적은, 호리호리한
witch [witʃ]	명 마녀
wives [waivz]	복 명 아내, 주부
woken [wóukən]	과·분 형 깨어난

womanly [wúmənli]	혱 여자다운 閉 여자답게
wood [wud]	몡 나무, 목재 혱 나무의
workshopping [wə́rkʃàpiŋ]	현·분 혱 워크샵을 하는
workshops [wə́rkʃàps]	복 몡 작업장, 연구회
worrying [wə́ːriiŋ]	현·분 혱 걱정하는
wound [waind]	과·분 혱 감겨진 과 동 구부러지다, 휘감기다, 감다
writes [raits]	삼·단 동 쓰다, 집필하다
wry [rai]	혱 뒤틀린, 찡그린, 비꼬는
yam [jæm]	몡 얌, 참마, 고구마, 감자
yams [jæmz]	복 몡 얌, 참마, 고구마, 감자
yard [jaːrd]	몡 야드(≒91cm, 길이 단위), 마당, 운동장
yards [jaːrdz]	복 몡 야드
yell [jel]	몡 고함, 비명 동 소리지르다, 고함치다
yikes [jaiks]	캄 이크, 으악

Yoko Ono	인명 요코 오노 – 예술가, 존 레논의 부인
yourselves [jɔːrsélvz]	복 대 당신 스스로
YouTube	이름 유튜브 – 인터넷 동영상 사이트
yuck [jʌk]	캄 웩, 흥
zapped [zæpt]	과·분 혱 지친, 공격받은 과 동 쏘다, 공격하다, 휙 움직이다
zeros [zíərouz]	복 몡 제로, 영 삼·단 동 제로에 맞추다
Zillow	이름 질로 – 미국의 부동산 사이트
zip [zip]	몡 활기, 속도, 쌩(하는 소리) 동 지퍼를 잠그다, 빨리 나가다, 비밀로 하다
zipper [zípər]	몡 지퍼
zonked [zaŋkt]	과·분 혱 마비된, 쓰러진, 취해 있는 과 동 정신을 잃게 하다
Zoom Airlines	이름 줌 에어라인 – 캐나다의 저가 항공사
zoomed [zuːmd]	과·분 혱 갑자기 움직인, 확대된 과 동 질주하다, 확대하다

미드보기 : 3단계

취향대로
보는 미드

#How to get away with murder #Burn Notice #Glitch

취향대로 미드 보기

This is Us까지 다 보셨나요? 그렇다면 이제 취향대로 마음껏 미드를 볼 차례예요. 어려운 미드, 쉬운 미드 할 것 없이 골고루 취향에 따라 분류했으니 그냥 선택해서 보시면 돼요.

#1 추리와 반전의 짜릿함을 즐긴다면?
#2 가벼운 마음으로 웃으며 보고 싶다면?
#3 삶과 인간에 대해 깊이 탐구하고 싶다면?

이렇게 세 가지로 분류했는데, 어떤 한 분야의 미드를 계속 보다 보면 반복되어 익숙하게 들리는 말들이 점점 늘어날 거예요. 그리고 그게 점차 자기 영어 실력이 되는 걸 느낄 수 있어요.

단, 추리하는 걸 좋아한다고 추리물만 쭉 본다거나 재미있는 것만 보고 싶다고 재미있는 것만 쭉 본다거나 하지 말고 가끔은 섞어서 보는 걸 추천해요. 기분 전환이 될 거예요.

#1

추리와 반전의 짜릿함을 즐긴다면?

How to get away with murder

능력 있는 변호사이자 로스쿨 교수 애널리스가 인턴으로 뽑은
다섯 명의 학생들과 여러 살인 사건에 휘말리면서 일어나는 이야기

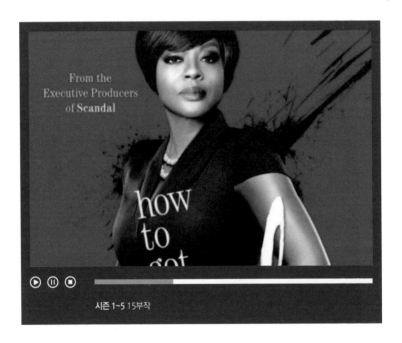

시즌 1~5 15부작

How to get away with murder는 몰입해서 재미있게 볼 수 있는
드라마예요.

드라마의 주인공 애널리스 키팅 역을 맡은 비올라 데이비스는 연기
를 정말 잘해서 에미 여우주연상을 비롯해서 여러 상들을 받기도 했어

요. 특히 에미 여우주연상은 흑인 여자로서 처음 받았던 것이라 많은 화제가 되었지요. 똑똑하고 카리스마 넘치는 우울한 변호사 역할을 정말 잘 연기했어요. 특히 법정에서 변론하는 장면은 감탄하며 볼 수밖에 없어요.

법정 드라마다 보니 매회 새로운 사건과 의뢰인들이 등장을 해서 흥미진진한 이야기들이 펼쳐져요. 그리고 로스쿨 교수이기도 한 주인공 애널리스와 그녀의 학생들도 실제로 살인 사건에 얽히게 되면서 함부로 예측할 수 없는 전개가 펼쳐져요.

따로 범인이 등장하는 게 아니라 법을 공부하는 전도 유망한 학생들이 살인 사건에 휘말리면서 일어나는 일이라 스토리 진행이 볼수록 궁금해져요.

살인자가 되면 안 되는 사람들이 살인에 엮이면서 겪는 피를 말리는 심리 게임도 심장 쫄깃하게 묘사했어요.

누구에게나 재미있을 드라마예요. 반전을 만나는 짜릿함도 빼놓을 수 없어요. 반전에 반전을 거듭해서 스릴도 넘치고 생각할 거리도 많기 때문에 보고 나면 진이 좀 빠진다는 느낌이 들기는 해요. 하지만 본 시간이 정말 아깝지 않은 드라마예요.

Ascension

1960년대에 거주할 수 있는 다른 행성을 찾기 위해
떠난 우주선 속에서 일어나는 이야기

시즌1 6부작

〈트루먼쇼〉라는 영화를 기억하는 사람이 많을 거예요. 워낙 유명한
영화였으니까요. 시간이 오래 지났는데도 그 충격이 아직 가시지 않은
느낌인 거 보면 대단한 영화였다 싶어요.

Ascension은 짐 캐리 같은 독보적인 배우가 등장을 하는 건 아니지만 〈트루먼쇼〉를 능가하는 어마어마한 스케일을 자랑하는 살짝 〈트루먼쇼〉와 비슷한 사이언스 픽션 드라마예요.

저는 과학 쪽과는 상관이 없는 사람이라서 따지지 않고 즐겁게 봤지만 과학을 잘 아는 분들은 잔소리 좀 하면서 보겠다 싶은 드라마예요. 그렇지만 개연성만 살짝 접고 보면 시간 가는 줄 모르고 볼 수 있어요.

1963년에 발사되어 50년 동안 평화롭게 항해하던 어센션 호에서 살인 사건이 일어나면서 점차 어마어마한 비밀이 모습을 드러내는 이야기예요. 어센션 호 승객들은 우주선 안에서 독립된 사회를 이루고 질서 있게 잘 살아오다가 점차 자신들의 임무에 대해 의심을 품기 시작하지요.

6부작이라 마음만 먹으면 앉은 자리에서 한 번에 다 볼 수 있어요. 재미는 확실히 있어요. 그리고 60년대 분위기의 우주선 속 모습도 저는 독특하고 좋더라고요. 우주선이라는 고립된 환경에서 오랜 기간 지낸 상황 속에서 일어나는 다양한 인간 군상들의 이야기도 흥미로워요.

호불호가 좀 갈릴 수도 있겠다 싶지만 영어 공부 차원에서는 나쁘지 않은 드라마예요.

Bloodline

플로리다의 단란한 가족 레이번 가에 장남 대니가 돌아오면서
점차 가족의 어두운 비밀이 드러나는 이야기

미국에 살면서 플로리다의 데스틴이라는 곳을 알고 나서는 휴가를
다른 곳으로 가기가 힘들어요. 다른 곳을 가니 그곳과 너무 비교가 되
어서 휴가가 시시해지더라고요. 그래서 정말 그곳만 주구장창 가고 있
어요.

그래도 이제 정말 새로운 곳을 개척하자고 결심을 했을 때 그 결심을 허무하게 무너뜨린 Bloodline이라는 드라마를 만났어요.

거짓과 진실 사이의 경계, 선과 악의 경계, 좋은 사람과 나쁜 사람의 경계에 대해서 진지하게 생각해 보게 만들었던 이 드라마는 플로리다를 배경으로 진행이 돼요.

드라마 자체의 이야기나 배우들의 연기도 훌륭하지만 촬영을 어찌나 잘했는지 보는 내내 눈이 다 시원했어요. 보기만 해도 좋은 아름다운 플로리다 바다는 물론이고요, 그 주위의 풍경들도 너무 아름답게 찍었어요. 내용과 상관없이 드라마 속 풍경만 구경해도 좋겠다는 느낌이 들 정도였어요.

차남 존 역할을 연기한 카일 챈들러는 에미 남우주연상도 수상을 했던 배우라 연기력에 대해선 말할 것도 없고요. 장남 대니 역할의 벤 멘델존의 연기도 아주 기가 막혔어요. 선과 악이 분명하지 않은 애매모호한 상황을 정말 훌륭하게 연기했어요.

가족 드라마인데 장르가 스릴러예요. 가족이 운영하는 화목해 보이는 호텔을 배경으로 어두운 과거사가 수면 위로 등장을 하면서 갈등이 고조돼요. 드라마를 보았다기보다는 한 편의 훌륭한 소설을 읽은 것 같을 거예요. 이 수작 드라마에는 좋은 문장들도 많이 나와서 새겨 둘만 하답니다.

Sense 8

인종, 국가, 성별이 다른 8명의 사람들이 서로 정신적으로
연결되었음을 알게 되면서 그들을 쫓는 조직 BPO에 맞서는 이야기

시즌1 12부작 | 시즌2 11부작 | **피날레** 1부작

Sense 8은 미드지만 배두나를 비롯 윤여정, 차인표, 이경영 등의 한
국 배우들이 많이 나와서 반가울 거예요. 한국을 비롯, 미국, 영국, 인
도, 멕시코 등등 8개의 나라에 사는 8명의 사람들이 텔레파시로 서로
교감을 하면서 일어나는 이야기예요.

이 사람들을 센세이트라고 부르는데 몸은 떨어져 있지만 서로 느낌과 생각은 통해요. 정신적으로만 통하는 게 아니라 실제로 만날 수도 있어요. 서로 상대방을 만날 때 상대방은 주변 사람들 눈에는 보이지 않아요. 주변 사람들이 보기에는 혼자 연극하는 것처럼 보일 수 있지요.

센세이트들이 점차 서로의 존재를 깨닫게 되는 와중에 센세이트가 인류에 해가 된다고 여겨 없애려는 조직 BPO가 등장해요. 그러면서 센세이트들이 서로의 능력을 합쳐서 위기를 극복해 가는 과정이 흥미진진하게 펼쳐져요. 배두나를 비롯 각각의 센세이트들이 가진 인생의 사연들도 어찌나 기구한지 전개가 계속 궁금해져요.

자칫 황당하게만 느껴질 수 있는 기발한 소재이지만 충분히 긴장감 있게 이야기가 진행이 돼요. 다만 온갖 종류(?)의 사랑이 등장해서 이성애에만 익숙한 사람들은 좀 꺼려질 수도 있어요.

여러 나라 사람들이 나와서 영어로 이야기하다 보니 문장들이 대체로 무난해요. 이해하기 어렵지 않아서 영어 공부하기에 좋아요.

Stranger Things

미국 인디애나주의 작은 마을에서 한 소년이 실종되고
마을에 이상한 일들이 일어나는 이야기

시즌1 8부작 | 시즌2~3 9부작

Stranger Things는 뭔지 모르게 〈E.T〉의 분위기를 닮은 드라마예
요. 외계인이 나오는 얘기는 아닌데 왜 〈E.T〉가 생각이 났을까 생각해
보니 아이들이 자전거를 타고 다녀서 그런가 봐요.

귀여운 꼬마들이 잔뜩 나오는데다가 배경이 1980년대 인디애나의

한 시골 마을이라 정겹기까지 해요.

드라마 장르는 다르지만 분위기는 우리나라 〈응답하라〉 시리즈와 비슷해요. 80년대의 향수를 불러일으켜서 미국에서 큰 인기를 끌었지만 우리나라 사람이 보기에는 공감이 안 되는 부분이 있을 수 있어요. 그래도 80년대 미국 시골 모습이 저랬겠구나 하고 보면 재미있어요.

그리고 위노나 라이더가 나와요. 젊은 시절에는 요정 같았던 위노나 라이더가 세월과 삶에 찌든 모성애 강한 엄마 조나스 역할로 맹활약을 한답니다.

조나스의 아들 윌이 어느 날 밤 어디론가로 사라지면서 이야기가 진행이 돼요. 친구들과 가족들, 마을 보안관 등이 윌의 행방을 좇으면서 미스터리한 실체에 다가가게 되는 그런 이야기예요. 보다 보면 윌이 사라진 곳이 어디인지 궁금해서 계속 정신 없이 보게 되지요.

이야기 구조가 촘촘하다거나 사건이 쉴 새 없이 일어난다거나 하지 않지만 뭔가 엄청난 비밀이 나올 것 같은 신비로운 분위기에 빠져들 수밖에 없어요.

4명의 소년들이 주인공으로 활약하는데 아역들의 연기도 무척 뛰어나요. 평도 좋고 인기가 많아서 볼 만한 가치가 충분히 있는 드라마예요.

Travelers

미래 사람들의 정신이 현재 죽은 사람들의 몸속에 들어가
미래에서 받은 임무를 실행하면서 벌어지는 이야기

시즌1~2 12부작 | 시즌3 10부작

시간 여행에 관한 드라마나 영화는 사실 너무 많이 나왔어요. 너무
익숙해서 보다 보면 나도 과거나 미래로 여행할 수 있을 것만 같다는
생각이 가끔씩 들기도 해요.

이제 그만 됐다, 질렸다 싶으면서도 나도 모르게 쳐다보고 있게 되

는 것이 시간 여행 이야기의 매력인 것 같아요. 마음속으로 항상 과거도 바꾸고 싶고 미래도 궁금해서 그런가 봐요.

소재는 이미 식상하지만 Travelers는 재미난 시간 여행 드라마예요. 미래 사람의 의식이 현재로 와서 암울한 미래를 바꾸려는 이야기예요.

미래에서 사람이 육체를 가지고 오는 것이 아니라 정신(의식)만 온다는 설정이 나름 신선해요.

죽음을 맞이할 사람의 몸속에 미래 사람의 정신이 들어가는 거예요. 그래서 그 사람인 척 현재를 살아가면서 미래에서 임무를 받아 수행해요. 리더, 역사가, 기술자, 의사, 전술가가 각각 FBI요원, 마약 중독자, 십대 청소년, 언어 장애인, 아기 엄마의 몸에 들어가서 한 팀을 이루어 활동하는 이야기예요.

시간 여행은 식상한 소재이고 미래를 위해 현재를 바꾼다는 것도 별반 새로울 것이 없지만 이야기를 재미있게 풀어나가요. 적당한 긴장감도 훌륭하고요. 계속 몰입하게 하는 이야기 전개에도 점수를 주고 싶어요. 시간 여행을 하는 사람들을 칭하는 표현이 제목이 되었어요.

Longmire

미국 남부의 시골 지방을 배경으로 보안관 월터가
부보안관들과 함께 사건을 해결하는 이야기

시즌1 10부작 | 시즌2 13부작 | 시즌3~6 10부작

이 드라마는 현대판 서부극인데 와이오밍주 가상의 지역 아브사로
카 카운티에서 일하는 보안관 월터 롱마이어의 이야기예요.

아내와 사별한 보안관 월터가 부보안관들 – 빅토리아, 브랜치, 퍼거
슨 등과 함께 사건들을 풀어 나가는데 현란한 수사 기법과 액션 장면

이 나오기보다는 인물들 사이의 관계에 더 초점을 맞추었기 때문에 자칫 지루하게 느껴질 수도 있어요.

드라마가 전개되면서 월터의 아내에 얽힌 이야기, 주변 인디언 보호구역에 사는 인디언들과의 마찰 등등의 내용이 함께 펼쳐지지만 그다지 극적인 반전이라든지 비밀은 없고 전반적으로 분위기는 잔잔하게 흘러가요.

월터와 부보안관 빅토리아의 사이가 과연 연인 관계인지에 대한 궁금증이 들긴 하는데 이것도 명확하게 나오진 않아요. 표면상으로는 마음이 잘 통하는 동료로만 표현되어 상상력을 자극해요.

이야기 자체보다도 미국 남부 지방을 배경으로 서부극에 딱 맞는 분위기와 풍경에 더 마음이 끌리게 되는 드라마예요. 미국 시골 풍경이 정말 인상적이에요. 특히나 월터가 사는 집은 제가 본 집들 중에서 가장 아름다운 집이었어요. 정확히 말하면 가장 아름다운 풍경을 볼 수 있는 집이었어요.

#8

Happy Valley

딸이 죽은 뒤 손자를 키우며 사건을
해결하는 영국 경찰 캐서린의 이야기

시즌1~2 6부작

영국 드라마는 많은 경우 고구마 같아요. 딱히 답답하다기보다는 이야기 자체를 무겁고 깊게 다루는 경우가 많다 보니 시청을 하는 자체가 고역일 때가 많아요. 같은 한 시간을 시청해도 미국 드라마보다 영국 드라마가 에너지를 더 요구해요.

Happy Valley도 보면 진이 빠지는 느낌이 들 거예요. 주인공 캐서린은 경찰이에요. 강간을 당하고 자살을 한 딸이 임신을 해서 낳은 손자 라이언을 키우며 그녀의 여동생과 살고 있어요.

이혼을 한 남편과 성인이 된 아들이 라이언과 엮이고 싶어 하질 않는 상황에서 캐서린 역시 인간이기에 고뇌하면서 손자를 키우고 있어요. 그 상태에서 강간범이 출소를 하고 또 다른 범죄를 계획하면서 경찰인 그녀와 대치를 하게 돼요.

사실 통쾌하게 범인을 잡고 복수를 하는 모습은 나오지 않아요. 뛰어난 촉도 없고 잘 싸우지도 못하는 나이 든 경찰 캐서린이 우직하고 성실하게 수사하는 모습이 잘 표현될 뿐이에요.

캐서린의 상황에 감정이입하면서 이 드라마는 보는 내내 정말 힘들었어요. 이런 류의 드라마는 정신적인 소모가 정말 커요. 그렇지만 보고 나면 한 뼘 더 성장했을지도 모른다는 뿌듯함이 있어요. 세상을 좀 더 배울 수 있고 드라마긴 해도 용감하고 지혜롭고 따뜻한 사람들을 만나서 마음 한구석이 채워지는 느낌도 들어요.

고구마라고 표현을 하긴 했지만 주제가 좀 무거워서 그렇지, 재미있어요. 지루하지 않게 잘 만들어진 드라마예요.

Blacklist

거물급 범죄자 레이먼드가 FBI와 협력하여
다른 범죄자들을 잡는 이야기

One criminal mastermind.
One rookie agent.

He chose her for a reason.

THE BLACKLIST

시즌1~2 22부작 | 시즌3 23부작 | 시즌4~6 22부작

    살짝 몽환적인 분위기를 풍기는 배우 제임스 스페이더가 주인공 레이먼드를 맡은 드라마 Blacklist예요. 저는 잔인하고 폭력적인 걸 싫어하지만 이 드라마에서는 눈을 뗄 수가 없었어요.

    거물 범죄자 레이먼드가 FBI를 도와 범죄자 명단인 블랙리스트를

만들고 범죄자들을 잡는 내용이 큰 틀이에요.

레이먼드는 FBI에 협력하겠다고 하면서 신입 프로파일러 엘리자베스를 같이 일할 사람으로 지목해요. 레이먼드가 엘리자베스를 대하는 모습을 보면 엘리자베스가 레이먼드의 딸이라는 뻔한 반전이 나올 거라 짐작하게 돼요. 하지만 뻔하지 않게 전개되지요. 엘리자베스가 과연 레이먼드의 딸이 맞는 건지 알 듯 말 듯하게 진행되거든요. 결론은 드라마를 다 봐야 알 수 있어요.

미드에서 중요한 건 무엇보다 재미예요. 그래야 정신없이 보면서 많은 시간 영어에 노출될 수 있으니까요. 그런 면에서 이 드라마는 이상적인 드라마예요. 정신없이 볼 수 있어요.

특히 제임스 스페이더의 연기는 거의 신의 경지에 이른 것 같아요. 비밀을 한가득 가지고 본인도 불법을 팍팍 저질러 가면서 더 나쁜 놈들을 잡는 고뇌에 찬 모습을 어찌나 고급스럽게 연기하는지 보는 내내 박수를 치고 싶은 심정이었어요.

제임스 스페이더가 잔인한 장면에서 무표정하게 내뱉는 문학적인 대사들도 인상적이에요. 드라마 보는 재미를 한층 더해 주지요.

Top of the Lake

뉴질랜드의 한 마을에서 12살 소녀 투이가 임신한 채
실종된 사건을 외지인 형사 로빈이 추적하는 이야기

시즌1 7부작 | 시즌2 6부작

Top of the Lake는 호주 드라마예요. 사실 내용은 좀 우울하지만 풍경이 그렇게 좋을 수가 없어요. 대부분의 장면이 다 아름다운 엽서 같거든요.

뉴질랜드의 퀸스타운의 글레노키라는 마을에서 촬영을 했다고 하는

데 드라마 분위기에 상관없이 이 드라마를 보고 나면 뉴질랜드에 한번 가 보고 싶어질 거예요.

이 드라마는 뉴질랜드의 서던레이크 마을에서 12살 먹은 투이라는 어린 소녀가 임신을 하는 내용으로 시작해요. 호주에서 건너온 형사 로빈이 이 사건을 맡게 되지요. 그런데 호수에 들어가려던 투이는 구출된 뒤에 실종돼 버려요. 로빈은 어린 시절에 자신이 당했던 성폭행 사건에 대한 괴로움을 떠올리면서 투이 사건에 매달리게 돼요.

그러는 과정에서 마을 사람들이 무언가를 감추고 있다는 사실을 알게 되고 결국 어두운 비밀과 마주해요. 드라마 내내 의심받던 사람이 진짜 범인이긴 하지만 훨씬 충격적인 반전이 있는 그런 결말이었어요.

특히 인상적인 점은 파라다이스 캠프라는 좀 특별한 공동체도 등장한다는 거예요. 상처받은 여인들이 호숫가 트레일러에 모여 산다는 설정인데 아카데미 여우주연상을 받은 배우 홀리 헌터가 캠프의 정신적 지도자 GJ로 등장해요. GJ는 약간 사이비 같은 면이 있지만 우울하기만 한 분위기에 쉼표 같은 역할이에요.

이 드라마는 연출도 훌륭해요. 감독은 제인 캠피온인데 〈피아노〉라는 영화에서도 느낄 수 있듯이 음울한 분위기를 매력적으로 연출하는 감독이라고 생각해요.

1 **12 Monkeys** 치명적인 바이러스의 근원을 없애는 임무를 받고 2043년과 과거를 오가는 시간 여행자의 이야기

2 **American Odyssey** 특수부대 여성 대원, 변호사, 정치 운동가가 국제적인 군사 음모에 휘말리며 펼쳐지는 전쟁 액션 스릴러 드라마

3 **Black Mirror** 시청자의 선택에 따라 진행과 결말이 달라지는 인터랙티브 형식으로 게임 프로그래머인 스테판이 '밴더스내치'라는 게임을 만들면서 벌어지는 이야기를 담은 SF 드라마

4 **Bones** 법의학자 템퍼런스와 연구원들이 피해자의 뼈를 연구해 FBI와 살인 사건을 해결하는 법의학 수사 드라마

5 **Castle** 유명 추리 소설가 리처드가 자신의 소설 내용을 모방한 범죄를 해결하기 위해 뉴욕 경찰에 합류하면서 자문 역할을 하게 되는 수사 드라마

6 **Chicago P.D** 시카고의 강력반을 배경으로 경찰들의 실감 나는 사건 해결 과정을 보여 주는 수사 드라마

7 **Cold Case** 여형사 릴리를 중심으로 과거의 미해결 사건을 담당하는 필라델피아 경찰의 이야기를 담은 수사 드라마

8 **Continuum** 테러범을 잡기 위해 2076년에서 2012년으로 타임슬립한 미래 경찰 조직의 프로텍터 키에라의 이야기를 담은 SF 드라마

9 **Criminal Minds** 프로파일링 기법으로 연쇄살인범, 잔혹한 범죄자들을 잡는 FBI 행동분석팀의 이야기를 담은 심리 수사 드라마

10 **CSI** 라스베이거스를 배경으로 철저한 과학적 증거 분석을 통해 사건을 해결하는 과학 수사대의 활약을 그린 수사 드라마

11 **Damages** 신참 변호사 엘렌이 유능하지만 냉혹한 상사 패티 밑에서 일을 하며 겪는 사건을 다룬 스릴러 법정 드라마

12 **Desperate Housewives** 교외 중산층 마을의 주부들에게 감춰진 비밀들이 서로 얽히면서 일어나는 일들을 담은 드라마

13 **Dexter** 법의학자로 일하며 법의 심판을 받지 않는 연쇄살인마들을 골라 죽이는 사이코패스 덱스터의 이야기를 담은 드라마

14 **Doctor Who** 외계 종족인 '닥터'가 타임머신 타디스를 타고 시간 여행을 다니며 우주와 지구를 위협하는 여러 사건을 해결하는 SF 드라마

15 **Elementary** 미국판 〈Sherlock〉으로 현대 뉴욕에서 활약하는 탐정 셜록 홈스와 여조수 조안 왓슨 박사의 활약을 담은 수사 드라마

16 **Frequency** 영화 〈프리퀀시〉의 리메이크로 현재의 경찰관 딸과 과거의 경찰관 아버지가 무전기로 소통하며 함께 사건을 해결해 나가는 수사 드라마

17 **Ghost Whisperer** 죽은 사람의 영혼과 대화할 수 있는 영매사 멜린다가 영혼들의 한을 풀어 주어 이승을 떠나게 도와주는 이야기를 담은 드라마

18 **Gotham** 영화 〈배트맨〉 시리즈의 프리퀄로 고담 시에서 젊은 경감 고든이 활약하는 내용의 드라마

19 **Grimm** 괴물들을 알아볼 수 있는 그림의 후손 형사 닉이 능력을 활용해 사건을 해결하는 판타지 수사 드라마

20 **Hawaii Five-O** 하와이의 풍경을 배경으로 범죄 조직을 추적하여 소탕하는 정예 수사팀의 이야기를 담은 수사 드라마

21 **Homeland** 이라크 전쟁 중 포로가 되었던 해병 니콜라스가 8년 만에 고국에 돌아오면서 테러 용의자로 의심받게 되는 이야기를 그린 국제 첩보 드라마

22 **Hostages** 가족들이 인질로 잡혀서 대통령을 암살할 것을 강요받는 외과의사의 이야기를 담은 액션 드라마

23 **Law & Order** 20년 동안 이어진 시리즈로 범죄 사건을 파헤치는 경찰과 법정에서 기소하는 검사들의 이야기를 다룬 수사 드라마

24 **Lie to me** 범죄 심리 전문가 라이트만 박사가 사람들의 거짓말을 분석하며 사건을 해결하는 내용의 수사 드라마

25 **Lost Room** 비밀의 방인 로스트 룸으로 통하는 열쇠를 얻게 된 조가 로스트 룸에서 잃어버린 딸을 찾기 위해 분투하는 내용의 미스터리 판타지 드라마

26 **Lucifer** 지옥의 왕 루시퍼가 인간 세상으로 와서 형사 클로이를 도와 사건을 해결하는 판타지 수사 드라마

27 **Medium** 영매 알리슨이 꿈을 통해 사건을 예견하며 검사 마누엘과 함께 범죄를 해결하는 내용의 수사 드라마

28 **Monk** 결벽증, 고소공포증, 강박증 등을 갖고 있는 예민한 전직 경찰 몽크가 경찰의 자문 탐정으로 활약하며 사건을 해결하는 수사 드라마

29 **NCIS** 미국 해군과 해병대에 관련된 범죄를 해결하는 해군 범죄 수사국 특수요원 팀의 이야기를 다룬 수사 드라마

30 **Orphan Black** 서로 다른 환경 속에서 성장한 복제 인간들이 서로의 존재를 알게 되면서 자신들에 얽힌 비밀을 찾아가는 내용의 SF 스릴러 드라마

31 **Person of Interest** 전 국민을 감시하는 대테러 프로그램을 개발한 개발자가 전직 CIA 요원과 함께 테러 외에 강력 범죄를 예방하기 위해 나서는 액션 스릴러 드라마

32 **Prime Suspect** 뉴욕 경찰서 강력계 형사 제인이 성차별을 극복하고 오직 실력으로 사건을 해결하는 수사 드라마

33 **Prison Break** 누명을 쓴 형을 구하기 위해 탈옥 계획을 세우고 일부러 감옥에 들어간 동생의 고군분투를 그린 스릴러 드라마

34 **Corpion** 실존 인물인 천재 해커 월터 오브라이언을 모델로 월터를 중심으로 여러 천재들이 모여 사건을 해결한다는 내용의 드라마

35 **Sherlock**　21세기 영국을 배경으로 셜록 홈스와 왓슨 박사가 사건들을 해결하며 숙적 모리아티 교수와 대결하는 내용의 추리 드라마

36 **Supernatural**　인간 세상에 들어온 악마들을 물리치는 형과 동생의 이야기를 담은 판타지 공포 드라마

37 **The Closer**　범인에게서 자백을 끌어내 사건을 끝내는 데 재능을 가진 LA 경찰 부서장 브렌다와 동료들의 이야기를 담은 수사 드라마

38 **The Mentalist**　사기꾼 영매사 패트릭이 연쇄살인범 레드존에게 부인과 딸을 잃은 뒤 수사팀을 도와 여러 사건을 해결하며 레드존을 추적하는 내용의 수사 드라마

39 **The shield**　LA의 비리 경찰 맥키가 자신만의 폭력적인 방식으로 사건을 해결하는 내용의 수사 드라마

40 **The X-Files**　FBI 요원 멀더와 스컬리가 사건 파일 넘버 X로 시작하는 불가사의한 사건들을 파헤치는 내용의 미스터리 수사 드라마

#2

가벼운 마음으로 웃으며 보고 싶다면?

Burn Notice

해고 통지를 받은 스파이 마이클이 복직하기 위해 고군분투하며
한편으로는 생계를 위해 프리랜서 스파이로 활동하는 이야기

Burn Notice는 2007년에 시즌1이 방영을 시작해서 2013년에 시
즌7로 끝난, 오랜 기간 사랑받은 드라마예요. 방영된 지 오래되었지만
추천하는 이유는 정말 재미있기 때문이에요.

스파이가 주인공인 만큼 액션 장면이 많이 나오지만 기본적으로 코

믹한 드라마예요. 등장 인물들은 말을 많이 하지 않고도, 얼굴 근육이나 몸을 과장되게 움직이지 않고도 웃겨요. 진정한 배우들인 것 같아요.

이 드라마가 대놓고 웃긴다기보다는 은근히 웃기는데 사람마다 각각 취향은 다르겠지만 제 취향에는 딱 맞아요. 이 드라마를 생각만 해도 웃음이 나요. 세련된 대사로 웃기는 드라마를 원한다면 이 드라마를 강력 추천해요.

보통 스파이나 첩보원을 해고하거나 퇴출시킬 때 'Burn Notice'라고 한다고 해요. 어느 날 Burn Notice를 받은 주인공 마이클이 무일푼으로 마이애미로 오면서 이야기가 시작돼요.

마이클은 스파이 경력을 살려 친구인 샘이 의뢰받은 사건들을 해결하면서 생활비를 버는 동시에 자신이 퇴출된 이유를 파헤치기 위해 애써요.

이게 또 나쁜 놈들과 싸우는 얘기라 폭력이 없을 수가 없는데요. 그래도 그렇게 잔인하거나 사람 진을 빼는 스타일은 아니에요. 스파이었다가 퇴출을 당한 주인공은 싸움도 잘하지만 주변의 도구를 이용해 도청기, 위치추적기 같은 것을 막 만들어 내고 각종 변장에도 능숙해요. 능청맞고 유머가 넘치는 건 물론이고요. 주인공 마이클 역을 맡은 제프리 도노반의 연기가 일품이에요. 매번 감탄하며 볼 수밖에 없어요.

마이애미가 배경이라 관광지의 풍경을 보는 것도 큰 즐거움이지요. 휴가 가고 싶은 마음도 막 용솟음 치게 만드는 드라마예요.

How I met your mother

주인공 테드가 2030년에 자신의 자식들에게
엄마를 만난 과정에 대해 들려주면서 이야기가 펼쳐지는 시트콤

시즌1~2 22부작 | 시즌3 20부작 | 시즌4~9 24부작

How I met your mother는 2005년부터 2014년까지 꽤 오래 인
기가 있던 시트콤이에요.

아버지가 된 테드가 2030년에 자식들에게 엄마를 어떻게 만났는지
에 대한 이야기를 해 주면서 누가 엄마냐를 궁금하게 하는 줄거리예요.

매 화 2030년 미래에서 이야기를 시작하고 테드의 과거인 현재에서 본격적인 이야기가 전개돼요. 테드의 연애 역사가 쭉 펼쳐지는 가운데 젊은이들의 사랑과 우정, 성장 스토리가 흥미진진해요.

시트콤이라 딱히 줄거리가 드라마틱하고 복잡하지는 않아요. 은근 대사들이 자유분방해서 부모 자식 간에 한자리에서 보기엔 불편하지만 자극적이거나 정신적으로 보기 고단한 드라마는 절대 아니에요.

시트콤의 특성상 방청객들의 웃음소리가 나오는데 우리는 따라 웃을 수 없는 경우가 많아요. 미국 문화의 정서를 이해하고 있어야 웃을 수 있는 부분들이거든요. 그래도 가볍게 볼 수 있어요.

나오는 배우들이 다 자기 역할에 충실하게 연기를 했지만 테드의 친구 바니 역할인 닐 패트릭 해리스의 연기가 워낙 현란해요. 어느 여자한테도 정착하지 못하는 바람둥이였다가 점점 변하는 역할을 정말 감칠맛 나게 연기한답니다.

배우들의 발음이 명확해서 대사도 잘 들리는 편이에요. 수많은 미드를 봐야 하지만 그 가운데서도 꼭 봤으면 하는 드라마예요.

Young and Hungry

요리사인 개비가 IT업계 창업자인 조쉬의
개인 요리사로 취직하면서 펼쳐지는 둘의 사랑 이야기

시즌1_10부작 | 시즌2 20부작 | 시즌3~4 10부작 | 시즌5 20부작

미드를 정신없이 보다 보면 갑자기 세상이 어두워지고 모르는 사람들이 무서워질 때가 있어요. 인기 있거나 평이 좋은 미드는 대부분 암울한 쪽으로 드라마틱한 경우가 많기 때문에 재미있기는 하지만 정신 건강에 해롭겠구나 싶어요.

그런데 그런 드라마들을 또 그렇게 열심히 보다 보면 극복의 순간이

오기도 해요. 예를 들어 좀비 드라마를 열심히 보고 나면 시간이 지나가면서 나도 좀비를 잡을 수 있겠다 하는 자신감도 생기고요. 수사 드라마를 한참 보다 보면 처음엔 온 세상 사람들이 연쇄살인범같아 보이기도 하지만 나중엔 침착하게 사건을 해결할 수 있을 것만 같기도 하답니다.

그렇지만 미드가 전부 다 그렇게 어둡기만 한 건 절대 아니에요.

알콩달콩하는 Young and Hungry를 보고 있으면 입에 한가득 솜사탕을 물고 있는 느낌이에요. 세상이 환해져요.

요리사 개비는 성공한 젊은 사업가인 조쉬의 프로포즈를 위해 요리를 준비해요. 그런데 조쉬의 약혼녀가 약속을 어기는 바람에 조쉬와 개비가 함께 술을 마시고 취한 채 하룻밤을 보내게 되면서 이야기가 시작해요.

그 뒤 조쉬와 개비는 본인들은 모르지만 서로 썸(?)을 타게 되고 이 과정을 보는 내내 미소가 떠나질 않아요. 물론 둘의 사랑이 엇갈리면서 이야기가 진행되기 때문에 안타까운 면도 있지만요. 배우들의 코믹 연기가 볼 만해요. 특히 게이 역할의 한국계 배우인 렉스 리의 살짝 오글거리는 코미디도 질리지 않아요.

소소한 일상 속에서 엇갈리는 러브 라인만으로 재미있기가 그리 쉽지는 않은데 이건 충분히 재미있어요.

The IT Crowd

대기업 IT 부서에 컴맹 여직원 젠이 매니저로 부임해서
부서원 로이, 모이스와 함께 좌충우돌하는 이야기

시즌1~5 6부작

The IT Crowd는 슬랩스틱 코미디를 즐겁게 볼 수 있다면 적극 추천하고 싶은 시트콤이에요. 영국 시트콤인데 진짜 웃겨요.

컴퓨터에 대해서는 전혀 모르는 여자 주인공 젠이 대기업 IT 부서의 매니저로 부임하면서 이야기가 시작되는데요. 부서원이라고는 딱 봐도 괴짜 같은 로이와 모리스 두 명뿐이에요. 로이와 모리스는 하드가 뭔지도 모르는 젠을 놀리기도 하지만 곧 셋이 나름 사이좋게 어울리지요.

이들은 IT 부서라지만 전문적으로 돋보이는 일은 하지 않아요. 로이는 컴퓨터 수리를 의뢰하는 전화를 받을 때 대사가 정해져 있어요. Have you tried turning it off and on again?(컴퓨터 껐다가 켜 봤어요?)라는 대사예요. 그만큼 하는 일은 없고 빈둥거리거나 모리스와 잡담하면서 근무 시간을 보내요. 모리스는 컴퓨터 천재로 나오지만 인간관계에는 정말 서툰 인물로 나오지요.

황당한 상황들과 개성 강한 등장 인물들을 보면서 아무 생각 없이 크게 웃을 수 있어요. 사실 스토리는 별로 중요하지 않아요. 배우들의 연기와 개인기가 돋보이는 드라마예요. 상영 시간도 30분 정도로 짧아서 부담 없어요.

익숙하지 않은 영국 영어로 코미디를 본다는 게 한층 어려울 수 있겠지만 보다 보면 그 매력에 빠지게 될 거예요. 특히 로이가 쓰는 영어는 아일랜드 억양이라 영국 억양과는 또 달라요. 그 차이도 한번 느껴 보세요.

피곤한 하루를 마치고 스트레스를 풀고 싶은 날, 맥주 한 잔과 함께 편안하게 그러나 확실히 웃고 싶다면 꼭 한번 시도해 보세요.

Archer

ISIS 정보국 요원 아처와 주변 사람들의
이야기를 담은 성인 애니메이션

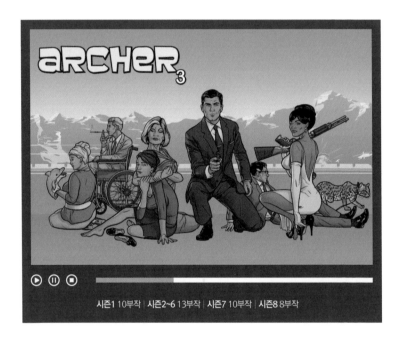

시즌1 10부작 | 시즌2~6 13부작 | 시즌7 10부작 | 시즌8 8부작

애니메이션에도 재미있는 드라마가 정말 많아요. 그중에서도
Archer는 뭐라고 설명을 할 수 없이 황당하고 어이없고 정신없어요.
큰 틀은 〈007 시리즈〉와 비슷한 느낌인 스파이 스타일이에요.

냉전 시대를 배경으로 KGB와 대립하는 가상의 정보기관 ISIS 요원들의 이야기인데 그렇다고 배경이 60, 70년대라고 명확하게 나오지는 않아요. 현대적인 발명품들도 막 나오거든요.

스파이 드라마에서 나올 수 있는 온갖 것들 - 술, 마약, 무기, 좋은 차, 액션, 선정적 장면 등이 거침없이 나오는 19금 애니메이션이에요.

대사와 상황들이 황당하고 어이없는데다 등장 인물들이 워낙 막장으로 행동하다 보니 처음에 볼 때는 어이없지만 익숙해지면 은근히 재미있어요.

주인공 아처는 〈007 시리즈〉의 제임스 본드와 같은 역할이지만 절대 제임스 본드처럼 멋있게 나오지 않아요. 도덕적인 면은 눈을 씻고 봐도 없고 제멋대로 행동하는 캐릭터예요. 거기다 다른 주변 인물들도 다 자기 마음대로 행동하다 보니 말도 안 되는 상황들의 연속이에요.

저는 특히 주인공 아처의 목소리를 연기하는 존 벤자민을 굉장히 좋아해요. 목소리 연기가 매력이 철철 넘쳐서 빠져들 수밖에 없답니다. 발음도 비교적 명확해 쏙쏙 들려요.

미국식 유머와 풍자가 가득해 호불호가 갈릴 것이 분명하긴 하지만 이런 스타일을 좋아한다면 일생일대의 명작이 될 거예요.

Raising Hope

23살에 갑자기 미혼부가 된 지미가 젊은 부모님,
증조할머니와 함께 딸 호프를 키우며 벌어지는 이야기

시즌1~4 22부작

유쾌한 시트콤 Raising Hope에는 좀 색다른 구성원의 가족이 등장

해요. 가난하지만 긍정적이고 엉뚱한 아빠 버트와 엄마 버지니아, 치매

에 걸린 버지니아의 할머니 바버라, 따뜻한 성품을 가진 아들 지미, 그

아들의 갓난아이 딸 호프. 이렇게 등장을 해서 매회 신나게 웃긴답니

다. 보고 나면 마음이 따뜻해지는 시트콤이에요.

지미는 어느 날 우연히 어떤 여자를 구해 주고 같이 하룻밤을 보내게 되는데 그 여자가 하필 남자 친구를 연달아 죽인 연쇄살인마였어요. 결국 체포된 여자는 감옥에서 지미의 딸을 낳고 사형당하고 지미는 딸을 데려와 키우게 돼요.

지미는 원래 좀 무능하고 게으른 청년이었는데 딸이 생긴 이후로 열심히 살려는 모습을 보여 주죠. 마트에서 같이 일하는 사브리나를 좋아하며 관계를 발전시키는 내용도 재미있어요.

지미의 부모님, 버트와 버지니아 역시 어린 나이에 지미를 낳았기 때문에 할아버지, 할머니라고 불리기에는 너무 젊어요. 부부 사이가 너무 좋아서 둘이 알콩달콩하는 모습에 아들 지미가 진저리치는 게 웃음 포인트예요.

모든 배우들이 연기를 잘하는데 지미의 엄마 역을 맡은 마샤 플림튼은 이 시트콤으로 에미상에 노미네이트되기도 했어요. 매일 손녀 부부에게 나가라고 소리치는 치매 걸린 할머니 역을 맡은 클로리스 리치먼도 정말 온몸을 불살라 가며 연기를 했답니다.

유쾌함, 따뜻함, 엉뚱함, 그리고 살짝 황당한 상황이 잘 어우러진 이 시트콤에는 호프라는 귀여운 아기가 점점 커 가는 모습을 보는 재미도 쏠쏠해요.

Shameless

알코올 중독자인 프랭크와 6명의 자녀들이
시카고 빈민가에서 살아가며 벌어지는 이야기

시즌1~8 12부작 | 시즌9 14부작

　Shameless는 한 가족의 이야기인데 원래는 영국 드라마였지만 미
국 드라마로 리메이크됐어요.

　부끄러움, 수치라는 뜻을 가진 shame에 부정의 뜻을 가진 접미사
−less가 붙어서 만들어진 shameless를 제목으로 가진 이 드라마는

정말 막장 중의 막장, 말이 필요 없는 막장 드라마예요. 보다 보면 그냥 할 말을 잃게 돼요.

아빠 프랭크와 6명의 자녀들의 이야기인데 빈민가를 배경으로 하고 있어요. 일단 아빠 프랭크는 알코올 중독자로 자녀들에 대한 책임감이라고는 전혀 없이 사고만 치고 다니는 인물이에요. 장녀 피오나는 아버지를 대신해 동생들을 챙기려는 모습을 많이 보여 주긴 하지만 남자 문제를 많이 일으켜요. 동생 필립은 공부를 잘해서 동네에서 나름 천재 소리를 듣지만 아빠를 닮아 알코올 중독이에요. 그 밑의 동생들, 이안은 게이이고, 데비는 사춘기에 임신을 하고, 칼은 동물들을 죽이는 게 취미지요. 제일 얌전한 사람은 아직 꼬마인 막내 리암밖에 없어요.

등장 인물들에게 도덕적인 개념이라고는 정말 조금도 찾을 수 없어요. 등장 인물들이 너나 할 것 없이 사기, 절도, 폭력, 마약 등 범죄를 아무렇지도 않게 저지르고 선정적인 장면도 많이 나와요.

그래서 판단이나 생각을 하면서 보면 정말 곤란해요. 그냥 그러려니 하고 흘러가는 대로 보지 않으면 안 된답니다. 생각을 하고 보면 골치가 아파요. 근데 그런 드라마를 왜 보느냐고요? 사실 재미있거든요. 별 생각 없이 계속 보고 있게 되는 드라마예요.

Once upon a time

동화 속 주인공들이 사악한 왕비의 저주로
기억을 잃고 스토리브룩에서 지내는 이야기

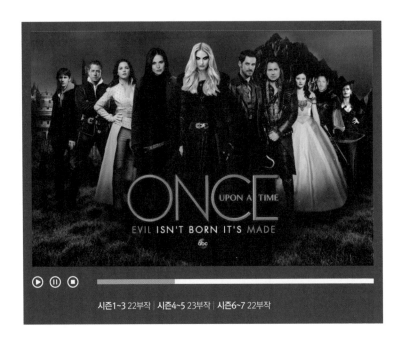

시즌1~3 22부작 | 시즌4~5 23부작 | 시즌6~7 22부작

　　동화가 현실이 될 수 있을까요? 여기 동화를 현실로 만든 기발한 드
라마가 있어요.

　　우리나라 옛날이야기가 '옛날 옛적에~~'로 시작을 한다면 미국 옛
날이야기는 'Once upon a time~~'으로 시작을 해요. 옛날이야기를

시작하는 문구를 제목으로 가진 이 드라마에는 백설공주, 신데렐라, 빨간 모자, 〈미녀와 야수〉의 미녀 등 익숙한 동화의 주인공들이 다 등장을 해요.

백설공주의 이야기가 기본 틀인데 백설공주의 새엄마인 사악한 왕비 레지나가 왕국에 저주를 걸어 사람들을 스토리브룩이라는 시간이 멈춘 마을에 가둬요. 스토리브룩 사람들은 자신들이 동화 속 인물들이라는 사실을 모른 채 살아가요.

그런데 저주에 걸리기 전, 갓난아기였던 백설공주의 딸 엠마가 현실 세계로 보내져 고아로 성장해요. 엠마는 감옥에서 아들 헨리를 낳고 입양 보냈었는데 엠마가 28살 때 헨리가 찾아오면서 이야기가 시작돼요.

전혀 연관이 없을 듯한 동화들을 잘 엮었는데 예를 들면 후크 선장이 엠마를 좋아하게 되고, 빨간 모자가 백설공주의 친구이며, 피터팬이 헨리를 네버랜드로 납치한다는 등의 내용이 나와요.

등장 인물들의 족보가 워낙 복잡해서 한마디로 설명할 수 없어요. 하지만 보다 보면 저 인물을 이렇게 엮다니 하면서 감탄하게 돼요.

〈겨울왕국〉의 엘사와 안나가 나오는 에피소드도 있답니다.

궁금하신 분들은 때가 되면 꼭 보세요. 기발해요. 상상력의 최고봉을 구경할 수 있어요.

A Series of Unfortunate Events

화재로 부모님을 잃게 된 보들레어 가의 삼남매가
부모님의 유산을 차지하려는 올라프 백작과 대결하며 펼쳐지는 이야기

시즌1 8부작 | 시즌2 10부작 | 시즌3 7부작

A Series of Unfortunate Events는 원작 책이 있고 영화로도 만
들어진 이야기예요. 우리나라에는 〈레모니 스니켓의 위험한 대결〉이라
는 제목으로 나왔어요.

동화인 원작을 따라 드라마 자체가 동화 같은 독특한 분위기예요.

전반적으로 흐르는 환상적인 색감에 눈을 뗄 수가 없어요.

보들레어 가 삼남매가 울라프 백작의 위협 속에서 위기를 극복해 가는 과정이 흥미로워요. 그런데 이 드라마에 나오는 어른들은 좀 생각 없이 나온답니다. 누가 봐도 울라프 백작인데 변장술에 너무 쉽게 속아 넘어가고 위험을 호소하는 아이들의 말을 믿지 않고 아무튼 답답하게 행동해요.

아이들은 정말 똑똑하게 나와요. 장녀인 14살 바이올렛은 발명을 뚝딱뚝딱 해내고 동생 12살 클라우스는 책을 읽기만 하면 외우는 능력자이고 막내인 1살 써니는 돌도 씹을 수 있는 단단한 이를 가지고 있어요.

삼남매는 힘을 합쳐 위기를 탈출하면서 부모님의 죽음에 관한 비밀에도 한 발 한 발 다가서게 돼요. 근데 그 과정이 좀 암울해서 진이 빠질 수도 있어요. 계속 더 안 좋은 일들이 벌어지니까요.

삼남매의 돈을 뺏으려고 혈안이 된 울라프 백작 역할은 닐 패트릭 해리스가 정말 감탄이 나오도록 연기한답니다. 참고로 영화에서는 짐 캐리가 울라프 백작 역을 맡았어요.

사실 웃으며 볼 수 있는 드라마는 아니에요. 아이들이 겪는 고난을 보다 보면 절로 마음이 무거워지거든요. 하지만 동화 같은 분위기가 그 우울함을 어느 정도 상쇄시켜 줘요.

Santa Clarita Diet

좀비가 돼 버린 쉴라 때문에
남편과 가족들이 겪는 엽기적인 사건들

시즌1~3 10부작

Santa Clarita Diet를 보는 동안에는 아무리 늦은 밤이라도 눈이 감긴 적이 없었어요. 주인공 셰일라 역을 맡은 드류 베리모어와 셰일라의 남편 조엘 역을 맡은 티모시 올리펀트의 연기가 너무 훌륭했거든요. 드라마가 끝나는 게 아쉬울 정도라 두 눈을 부릅뜨고 한 장면 한 장면 놓

212

치지 않기 위해서 정신을 바짝 차렸답니다.

Santa Clarita는 LA에 있는 도시 이름이고요. Diet는 식사라는 뜻으로 보면 돼요.

부동산 중개인 셰일라가 어느 날 갑자기 알 수 없는 이유로 좀비가 돼요. 그런데 다른 드라마에 나오는 좀비 설정과는 좀 달라요. 겉모습은 전혀 변화가 없고 충동적이고 열정이 넘치는 모습이 돼요. 문제가 있다면 사람을 잡아먹어야 한다는 것뿐(?)이에요.

식욕을 주체할 수 없는 셰일라는 죽여도 될 만한 악인들을 찾아 다니고 셰일라를 너무 사랑하는 남편인 조엘이 적극 협력하게 되는 내용이에요. 좀비가 된 상황을 코믹하게 풀어냈어요.

좀비 드라마를 많이 봐서 이제는 어떤 좀비가 나와도 다 견딜 수 있을 거라고 생각했는데 사실 이거 보고 완전 무너졌어요. 무서워서가 아니라 비위가 상하는 내용이 좀 견디기 힘들 수 있어요. 하지만 1회만 좀 참고 보면 익숙해져요. 참고 볼 가치가 있는 재미있는 드라마예요.

두 사람의 연기가 정말 훌륭해요. 더 이상 능수능란할 수 없이 완전히 꽉 찬 연기라고 말씀드리고 싶어요. 엽기적인 상황 속에서 나오는 두 배우의 능청스러운 표정이 하루에도 몇 번씩 떠올라서 실실 웃게 돼요.

1 **30 ROCK**   미국의 NBC 방송국을 배경으로 코미디 쇼를 만드는 작가와 방송국 사람들의 이야기를 그린 시트콤

2 **3rd Rock from the Sun**   4명의 외계인들이 지구를 정찰하기 위해 인간 가족으로 위장해 살아가는 모습을 담은 시트콤

3 **Ally McBeal**   보스턴의 로펌을 배경으로 변호사 앨리의 일과 사랑 이야기를 그린 로맨틱 법정 드라마

4 **Arrested Development**   어디로 튈지 모르는 가족들을 챙기며 부르스 컴퍼니라는 가업을 지키려고 고군분투하는 마이클의 이야기를 다룬 시트콤

5 **The Big Bang Theory**   캘리포니아 공과대학 괴짜 대학원생 4명과 이웃인 금발 미녀 페니가 얽히면서 펼쳐지는 해프닝을 그린 시트콤

6 **Black-ish**   흑인 가장 안드레가 백인 이웃들 속에서 네 명의 아이들을 키우면서 벌어지는 일을 그리는 시트콤

7 **Bob's Burgers**   밥스버거 햄버거 가게를 운영하는 밥과 그의 아내 린다, 아이들의 일상을 다룬 애니메이션

8 **Bored to Death**   작가였던 주인공이 친구 2명과 함께 무면허 탐정 사무소를 열면서 과정은 어설프지만 사건은 잘 해결한다는 코미디 드라마

9 **Broad City**   뉴욕에서 살아가는 두 20대 여성의 연애, 우정, 일에 대한 고민을 코믹하게 풀어 가는 시트콤

10 **Brooklyn Nine-Nine**   뉴욕의 브룩클린 99지구 경찰서 경찰들의 생활상을 코믹하게 그린 시트콤

11 **Crazy Ex-Girlfriend**   잘나가는 변호사였던 레베카가 모든 것을 포기하고 고등학교 때 남자친구의 사랑을 얻기 위해 캘리포니아의 작은 마을로 떠나는 뮤지컬 코미디 드라마

12 **Dead Like Me**   어느 날 갑자기 죽음을 맞이한 소녀가 사신이 되어 다른 사신들과 함께 겪는 해프닝을 그린 블랙코미디 드라마

13 **Drop Dead Diva**   예쁘지만 지식이 얕팍한 모델 뎁이 자동차 사고로 죽은 뒤 뚱뚱하고 똑똑한 변호사 제인의 몸에 들어가면서 일어나는 일들을 그린 코미디 드라마

14 **Fresh off the Boat**   1990년대 올랜도의 교외에 사는 중국계 이민자 가족의 미국 생활 정착기를 그린 시트콤

15 **Friends**   뉴욕 맨해튼을 배경으로 6명 친구들의 삶과 우정을 다루며 전세계적으로 인기를 누린 시트콤

16 **Fuller House**   남편 없이 혼자 아들 셋을 키우는 디제이가 동생 스테파니, 친구 키미와 함께 살면서 벌어지는 일들을 훈훈하게 그린 코미디 드라마

17 **Gilmore Girls**   16살에 미혼모가 된 로렐라이가 십 대가 된 딸 로리와 함께 꿈을 향해 성장하는 모습을 훈훈하게 그린 코미디 드라마

18 Girlfriend's guide to Divorce 성공한 작가인 애비가 남편과 별거에 들어가게 되면서 겪는 이야기를 담은 코미디 드라마

19 Glee 오하이오의 고등학교를 배경으로 음악 클럽 글리에 모인 학생들의 이야기를 담은 하이틴 뮤지컬 드라마

20 Jane the Virgin 순결을 지키던 제인이 검진을 받던 중 의사의 실수로 인공수정을 받고 임신을 하면서 벌어지는 소동을 그린 코미디 드라마

21 Last Man Standing 아웃도어 용품 회사의 마케팅 책임자인 마이크가 부인과 세 딸과 함께 살아가는 이야기를 다룬 시트콤

22 Malcome in the middle 둘째 아들인 말콤을 중심으로 3명의 아들을 둔 가족의 코믹한 일상을 그린 시트콤

23 Master of None 배우 지망생인 인도계 이민 2세 데브가 뉴욕에서 살아가며 겪는 일상을 그린 코미디 드라마

24 Modern Family LA에 사는 세 가정을 통해 현대 미국 가정의 일상을 보여 주는 시트콤

25 Mom 알코올 중독을 극복한 싱글맘 크리스티가 두 아이와 엄마 보니와 함께 생활하면서 일어나는 일들을 그린 시트콤

26 New Girl 실연당한 제시가 남자 셋이 집주인인 집에 룸메이트로 들어가면서 벌어지는 일들을 그린 시트콤

27 One Day at a time 미국에 정착한 쿠바계 이민자 가정에서 외할머니, 엄마, 남매 등 삼 대가 함께 살며 일어나는 일들을 그린 시트콤

28 Parks and Recreation 가상의 도시 퍼니를 배경으로 공원과 여가 부서에서 일하는 공무원들의 이야기를 그린 오피스 코미디

29 Schitts Creek 갑부였던 로스 가족이 자산 관리인에게 사기를 당해 망하고 시골로 이사하면서 겪는 일들을 그린 시트콤

30 Speechless 지체 장애와 언어 장애가 있는 JJ와 그 가족들의 이야기를 유쾌하게 그린 시트콤

31 SpongeBob 해저 도시 비키니 시티에 사는 해면동물 스폰지밥과 친구들의 일상을 담은 애니메이션

32 Terriers 전직 경찰인 행크가 친구 브릿과 함께 무허가 사설 탐정 사무소를 열며 일어나는 이야기를 담은 코미디 드라마

33 The Good Place 죽은 뒤 착오로 Good Place에 보내진 엘레노어가 그곳에 소속되기 위해 개과천선하려고 노력하는 내용의 드라마

34 The Mindy Project 산부인과 의사 민디의 엉뚱한 일상을 그린 시트콤

35 The Mysteries of Laura 쌍둥이 형제를 키우는 뉴욕 강력반 형사 로라의 일상을 그린 코미디 수사 드라마

36 **The Simpsons** 미국 방송 역사상 가장 오래 방영되고 있는 작품으로 심슨 가족의 일상을 그린 애니메이션

37 **Ugly Betty** 뉴욕의 패션 잡지사에서 일하는 못생겼지만 영리하고 열정적인 베티와 개성 있는 주변 사람들의 이야기를 담은 코미니 느라마

38 **Unbreakable Kimmy Schmidt** 사이비 종교 단체의 벙커에서 15년 만에 구출된 키미가 뉴욕에서 새로운 삶을 시작하는 내용의 코미디 드라마

39 **Wings** 미국의 난터켓 섬에서 작은 항공사를 운영하는 조와 브라이언 형제를 중심으로 일어나는 일들을 담은 시트콤

40 **Workaholics** 대학 시절 룸메이트였던 세 친구의 엉뚱한 회사 생활을 담은 시트콤

#3

삶과 인간에 대해 깊이 탐구하고 싶다면?

Glitch

죽은 마을 사람들 7명이 어느 날 한꺼번에
공동묘지에서 살아 돌아오면서 펼쳐지는 미스터리

시즌1~2 6부작

Glitch는 호주 드라마라서 미국 드라마에 익숙한 분들은 살짝 낯설
게 느낄지도 몰라요. 그런데 그 낯섦만 극복하면 호주 드라마도 나쁘지
않아요. 분명 미국 드라마와 느낌이 다르지만 재미있고 잘 만든 드라마
가 많아요.

Glitch는 무덤에서 살아 돌아온 사람들의 이야기예요. 그렇다고 해서 호러는 절대 아니에요. 잔인함이나 으스스한 분위기에 초점을 맞춘 드라마가 아니에요.

죽었다가 돌아온 사람들과 그 사람들을 잊고 살아왔던 주변 사람들의 사연들이 펼쳐져요. 돌아온 사람들은 자신의 이름도 자신이 어떻게 죽었는지도 전혀 기억하지 못해요. 그래서 마을을 돌아다니며 자신의 과거를 찾기 위해 애쓰지요.

그러다가 죽었던 사람들이 마을 밖으로 나가면 재로 변해 사라진다는 사실이 밝혀져요. 그리고 각자 죽음에 관한 비밀이 알려지면서 점점 상황이 꼬여 가지요. 게다가 이 사람들이 죽음에서 돌아온 이유에 관한 미스터리도 함께 전개되면서 궁금증을 유발시켜요.

자극적이거나 긴박감 넘치는 얘기는 아니지만 충분히 몰입해서 볼 수 있어요. 정말 재미있는 드라마랍니다.

Wentworth

폭력을 휘두르던 남편을 죽이려 했으나 실패해서 살인 미수로
감옥에 갇힌 베아 스미스가 죄수들과 엮이면서 일어나는 사건을 다룬 드라마

시즌1 10부작 | 시즌2~6 12부작

이 드라마도 호주 드라마예요. 웬트워스라는 여자 감옥에서 벌어지는 이야기인데 코믹 스파이물 Burn Notice에 나왔던 가브리엘 앤워가 여기서는 감옥에 갇히는 엄마 베아 스미스 역으로 등장합니다.

베아는 남편의 폭력을 견디다 못해 남편을 죽이려고 했지만 딸 때문

에 실패해요. 감옥에 오게 된 베아는 죄수들의 우두머리가 되려는 프랭키와 잭스의 권력 다툼에 휘말리게 돼요.

프랭키와 잭스가 치열하게 부딪치면서 폭동까지 일어나고, 잭스는 프랭키의 편에 선 베아를 눈엣가시처럼 여겨요.

잭스는 해코지하기 위해 아들을 베아의 딸에게 접근시키는데 감옥에 있는 베아는 결국 아무것도 할 수 없었지요.

죄수들이 저마다 감옥에 오게 된 사연이 있고, 교도소 소장과 간수들의 이야기들도 비중 있게 나오다 보니 매회 흥미진진해요.

배경이 감옥이어서 극한의 상황이 자주 전개되고 배우들도 자연스럽게 최고의 연기를 뿜어내는 것 같아요. 감옥이 등장을 하는 드라마는 각각 죄수들의 사연을 통해 죄와 벌에 대해서 진지하게 생각해 볼 수 있는 계기를 만들지요.

특히 이 드라마는 재능이 있고 노력도 하는 사람들이 좋은 환경에서 잘 만들었다는 생각이 들어요. 수작이라는 이름을 주고 싶은 드라마예요. 선과 악을 오가는 인간 군상들의 얘기를 정말 훌륭하게 풀어냈어요.

Doctor Foster

의사인 젬마는 남편의 불륜을 알게 되지만 남편과 주변 사람들은
계속 젬마에게 불륜을 숨기려고 하면서 전개되는 이야기

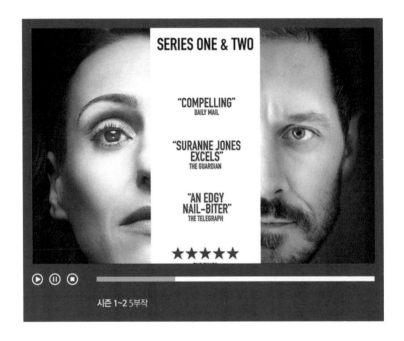

분명 식상한 소재인데, 더 만들어 낼 얘기가 과연 있을까 싶은데 꾸
준히 좋은 드라마들이 나오는 거 보면 세상에는 대단한 사람들이 정말
많다 싶어요.

배우자가 바람이 나서 갈등이 생기는 얘기가 더 이상 새로울 수 있

을까요? 하지만 Doctor Foster는 새로워요. 절대 새로울 수 없는 소재를 가지고, 인기가 마구 넘치는 초특급 배우를 쓴 것도 아닌데 만족스럽게 볼 수 있는 드라마예요.

주인공 엠마와 아들만 빼고 주변 사람들은 모두 남편의 불륜을 알고 있는 설정이에요. 모두 합심해서 엠마를 속이는 가운데 임신한 내연녀는 의사인 엠마에게 진료를 받으러 와요. 이런 막장 이야기지만 드라마는 자극적이지 않고 전체적으로 잔잔하게 흘러가요.

등장 인물들, 특히 배우자의 배신을 겪는 여주인공의 심리 묘사가 볼 만해요. 새로울 것 없는 이야기인데 몰입해서 볼 수 있도록 만드는 연출가의 힘이 놀라워요.

그렇게 긴장감 있진 않지만 젬마와 남편, 불륜녀가 대립하는 사건이 계속 일어나요. 살짝 지루하다 싶기도 하지만 보고 나면 시간 잘 갔다라는 느낌이 드는 드라마예요. 시즌당 5부작밖에 안 되서 금방 볼 수 있어요. 당연히 영국 드라마의 특유의 진지함도 느낄 수 있지요.

Making a Murderer

살인미수범으로 18년을 복역하다 풀려났으나
살인 혐의로 다시 수감된 스티븐의 이야기를 담은 다큐멘터리

드라마보다 더 드라마 같은 일이 세상에는 얼마나 많이 일어나고 있
는지 현실이 드라마보다 더 드라마틱하다고 여겨질 때가 정말 많아요.

억울한 누명을 쓰고 18년간 감옥살이를 하다가 DNA 검사 기술이
발달한 덕분에 풀려난 스티븐이라는 실존 인물의 이야기를 다큐멘터

리 형식으로 풀어낸 Making a Murderer를 소개해요.

스티븐이 강간 폭행 혐의로 복역한 첫 번째 사건에서는 경찰이 스티븐을 범인으로 만들기 위해 증거를 조작했다는 것이 확실히 밝혀져요. 스티븐은 무죄로 풀려 나와 경찰을 상대로 손해배상 소송을 시작하려는데 이번에는 살인 혐의로 잡혀 들어가게 돼요.

그런데 경찰이 여러 증거를 제시했지만 직접적인 증거는 없는데다 모든 정황이 무죄를 향하고 있어서 논란이 되고 있어요. 물론 스티븐의 관점에서 이야기를 풀어 나가는 다큐이기 때문에 그것도 감안을 하고 봐야 해요.

1985년 처음으로 체포가 된 후부터 근 30년 동안의 스토리를 여러 각도에서 조명하는데 미국의 경찰 시스템, 재판 과정 그리고 나아가서 형벌 제도에 대해서 심각하게 생각을 하게 하는 다큐예요. 저는 개인적으로 평생을 자식 옥바라지를 해야 하는 그 어머니의 심정에 감정이입이 되면서 너무 안타까운 마음이 들더라고요.

재판은 아직도 진행 중이라고 하니 그 결과가 어찌 나올지 무척 궁금해진답니다.

The Tudors

영국 튜더 왕조의 헨리 8세가 왕비를 6번 바꾸며
일으킨 여러 스캔들을 다룬 시대극

시즌1~2 10부작 | 시즌3 8부작 | 시즌4 10부작

The Tudors는 인현왕후와 장희빈 사이를 왔다 갔다 하면서 사랑
한번 요란하게 한 숙종과 비슷하다고 보면 좋을 영국의 헨리 8세 이야
기를 그린 드라마예요.

수많은 여자들과 스캔들을 일으키며 피바람을 일으키는 헨리 8세의

이야기는 우리나라의 장희빈 이야기만큼이나 많은 드라마나 영화의 소재가 되었어요.

헨리 8세 하면 앤 불린과의 사랑이 특히 유명해요. 헨리 8세가 첫 번째 왕비 캐서린과 이혼을 허락받지 못하자 로마 교황청과 결별을 선언하고 영국국교회를 만든 일은 영국 역사에 큰 변혁을 몰고 왔어요.

앤 불린도 범상치 않은 여자인데 캐서린 왕비의 시녀였다가 스스로의 힘으로 왕비의 자리에 올라요. 하지만 왕비의 자리에 그리 오래 있지는 못해서 '천 일의 앤'이라고 불리기도 하지요. 딸만 낳고 아들은 낳지 못하자 결국 헨리 8세의 총애를 잃고 불륜죄로 참수당하는 비극적인 결말을 맞아요. 앤의 딸이 바로 그 유명한 엘리자베스 1세예요.

The Tudors에서는 헨리 8세를 유혹하는 야심만만한 앤의 모습이 잘 그려졌어요. 인물들의 나이라든지 등장 순서라든지 실제 역사와 좀 다른 면이 있긴 하지만 The Tudors는 나름 실제 역사에 충실하게 이야기가 진행돼요. 보다 보면 궁금해져서 배경이 된 역사를 검색하게 될 거예요.

시대극이면서 궁정에서 일어나는 얘기라 눈이 호강을 하는 드라마예요. 화려한 의상과 소품, 장신구 등을 보면 눈이 즐거워요.

Versailles

프랑스의 루이 14세가 왕권 강화를 위해 베르사유 궁전을
짓는 와중에 펼쳐지는 여러 가지 음모를 그린 시대극

시즌1~3 10부작

Versailles는 영국, 프랑스, 캐나다의 합작 드라마라고 해요. 프랑스
의 루이 14세 얘기지만 배우들은 영국 사람들이랍니다. 드라마도 영어
로 진행이 돼요.

저는 특히 이 드라마에 나오는 의상들을 보느라 정말 정신이 없었어

요. 어릴 적 수도 없이 따라 그렸던 만화 〈베르사이유의 장미〉가 딱 이 즈음의 얘기였거든요. 만화로 익숙했던 의상들을 실물로 보니 그 화려함에 빠져들 수밖에 없어요.

태양왕이라고 불리는 루이 14세의 얘기도 흥미진진해요. "짐이 곧 국가다"라고 말했을 만큼 절대 왕권을 추구했던 루이 14세이지만 이 드라마에서는 젊은 시절을 다루기 때문에 권위가 그리 세지 않아요. 왕권에 순순히 복종하지 않는 귀족들과의 갈등이 그려지지요.

제목이 베르사유인 만큼 주된 줄거리는 반역 음모 속에서 귀족들의 근거지 파리를 떠나 베르사유에 궁전을 지으려는 루이 14세의 이야기예요.

시즌1에서는 베르사유 궁전을 짓는 과정이 주로 나오는데 보다 보면 실제로 베르사유 궁전에 가 보고 싶어져요.

루이 14세가 또 난봉꾼이라 왕비를 비롯해 여러 여인들과의 사랑 이야기도 39금 급으로 진행이 돼요. 이 드라마는 하도 야해서 프랑스 정치가들까지 너무 선정적이라고 불평을 했다고 해요.

아이들과 함께 보는 건 피해야겠지만 당시 왕실과 귀족들의 생활상을 화려하게 그려 내 볼거리는 정말 차고 넘치는 훌륭한 드라마예요.

The Walking Dead

좀비들이 창궐하는 세상에서 살아남은 생존자 그룹들이
서로 협력하기도 하고 전쟁을 벌이기도 하면서 고군분투하는 이야기

시즌1 6부작 | 시즌2 13부작 | 시즌3~10 16부작

저는 미드를 다양하게 보려고 하는 편이에요. 그래도 아주 잔인한 건
힘들어서 좀비물은 피했었는데 The Walking Dead가 하도 인기라
정말 백 번도 넘게 마음을 다지고 또 다지고 시작을 했었어요.

이 참에 담력을 좀 길러 보자 싶은 마음도 컸어요. 무엇보다 제 자신

의 한계를 좀 넓혀 보고 싶은 생각이 있었지요. 아무튼 그렇게 굳게 결심을 하고 보다 보니 좀비를 극복할 수 있었어요.

시즌2까지 보고 나니 이젠 밖에서 좀비를 만나도 까무러치진 않겠다 싶었고요. 시즌5까지 끝내니 집 앞에서 좀비를 만나도 당황하지 않고 물리칠 수 있겠다는 자신감도 생겼어요. 제대로 극복했다는 생각이 들어요.

이 드라마는 보안관 릭이 범인을 잡다가 총을 맞고 병원에 입원해 있다가 깨어나면서 시작해요. 깨어나 보니 분위기가 심상치 않았어요. 이미 세상은 좀비들이 날뛰고 있었고 그 가운데서 생존해야 하는 상황이었어요. 그런데 생존자들끼리 똘똘 뭉쳐서 좀비들을 물리치고 그런 내용이 아니에요. 자기가 살아야 하는 생존 본능 앞에서 편을 나누고 다른 편의 사람들을 짓밟고 죽이기까지 하는 내용이 펼쳐지지요.

선한 쪽과 나쁜 쪽이 딱 구분된 게 아니라 인물들 대부분이 선과 악을 넘나들어요. 다만 고뇌하느냐 고뇌하지 않느냐의 차이지요. 법이 소용없는 상황에서 인간 본성에 대한 이야기를 잘 다루었어요. 그래서 매력적인 이야기이지요.

House of Cards

미국의 하원의원 프랭크와 그의 아내 클레어가
권력의 정점에 서기 위해 벌이는 치열한 계략과 암투를 다룬 정치 드라마

시즌1~5 13부작 | 시즌6 8부작

House of Cards는 정치 드라마예요. House of Cards는 해석해 보면 카드로 지은 집인데요. 카드로 지은 집이 튼튼할 리 없겠지요? 불안정하거나 금방 무너질 것 같은 상황을 나타내는 표현이랍니다.

영화 〈유주얼 서스펙트〉에서 반전 연기로 유명한 케빈 스페이시가

주인공으로 나와서 명연기를 펼쳤는데 성추행 파문을 일으켜서 시즌 6에서는 죽은 걸로 나와요. 연기를 그렇게 잘하는 사람이 범죄를 저지르니 뭔가 뒤통수를 맞은 것 같지만 드라마는 별개의 인물로 생각하고 봐야 할 것 같아요.

주인공 하원의원 프랭크가 온갖 음모를 통해 대통령까지 오르는 과정이 적나라하게 펼쳐져요. 프랭크는 오직 권력만을 목표로 사람을 이용하고 배신하고 버리고 심지어 죽이기까지 하는 냉혹한 모습을 보여줘요. 대통령이 되고 나서는 재선에 성공하기 위해 테러 단체를 자극하는 일도 서슴지 않지요.

프랭크의 부인 클레어는 남편 못지않게 냉혹하고 야망이 커서 부통령의 자리에 오르고 남편이 사임할 위기에 몰리자 결국 대통령의 자리에까지 올라요. 프랭크와 클레어에게서 인간다운 모습은 별로 볼 수 없어요. 권력이 인간의 모습을 한다면 딱 둘의 모습이겠구나 싶을 정도예요.

두 사람에게 휘말리는 워싱턴 정계 얘기가 주를 이루면서 음모, 살인, 야망 등등 재미있을 만한 요소는 다 갖추었어요. 드라마를 보면 실제 정치의 세계가 저렇겠구나 하고 깨달을 수 있어요. 신문기사를 읽을 때는 이 기사의 이면에 어떤 정치적 목적이 숨어 있을까 의심하게 될 거예요.

Breaking Bad

폐암 말기 판정을 받은 화학교사 월터가 가족의 생계를 위해
마약을 만들게 되면서 벌어지는 사건을 그린 드라마

시즌1 7부작 | 시즌2~4 13부작 | 시즌5 part1 8부작, part2 8부작

미드를 얘기할 때 절대 빠질 수 없는 최강의 미드가 있어요. 바로
Breaking Bad예요. 마약 이야기가 많이 나오는 드라마라고 해서 보
지 않다가 남편이 하도 권유를 해서 보기 시작한 드라마예요.

미국 드라마도 그렇고 미국 영화도 그렇고 원래 마약 이야기가 많아

요. 그래서 처음에는 마약 이야기가 다 거기서 거기지 싶었어요. 그런데 워낙 유명해서 뒤늦게 억지로 보기 시작했다가 처음부터 끝까지 한번에 보고 말았어요. 많은 사람들이 좋다는 데는 다 이유가 있었어요. 괜히 인기 있었던 게 아니란 걸 알게 되었답니다.

고등학교 화학 교사 월터는 폐암 말기 진단을 받고 돈을 벌기 위해 마약을 만들게 돼요. 아내가 임신을 한데다가 아들은 뇌성마비였거든요. 프랭크는 제자였던 제시가 마약상이라는 것을 알게 된 후 제시를 끌어들여 마약을 팔게 되는데요. 그러면서 본격적인 범죄의 세계로 빠져들어요.

다른 드라마나 영화에 나오다시피 마약 세계에 나오는 조직들은 무시무시하잖아요. 한때 평범한 시민이었던 월터 역시 살벌한 방법을 쓰며 마약계의 거물이 돼요. 그렇다고 월터의 행동에 당위성을 주지는 않아요. 가족을 위한다는 순수한 마음 하나로 시작된 일이었지만 결국 헤어나올 수 없는 함정에 빠져 버리고 말지요.

배우들의 연기가 워낙 뛰어나 상도 여러 번 받았어요. 에미상 남우주연상과 남우조연상을 3회 연속이나 받았으니까요. 보통 시리즈 후반부로 갈수록 평가가 떨어지기 마련인데 이 드라마는 많은 사람들이 마지막 시즌5를 최고라고 손꼽았어요. 그런데 사실 무겁고 폭력적인 걸 싫어하는 분들은 또 맞지 않을 수 있어서 조심스러워요.

Better Call Saul

Breaking Bad에 나오는 변호사
사울 굿맨의 과거 이야기를 다룬 스핀오프 드라마

시즌1~4 10부작

앞서 소개한 Breaking Bad에는 범죄자들을 주로 변호하는 사울 굿
맨이라는 변호사가 나와요. Better Call Saul은 사울 굿맨이 Breaking
Bad의 주인공 월터 화이트를 만나기 전의 이야기를 다루고 있어요.

밝고 환한 드라마는 절대 아니지만 그래도 Breaking Bad보다는 덜

무거워요. 무엇보다 잔인하거나 폭력적인 장면이 거의 나오지 않아서 좀 더 마음 편하게 볼 수 있어요.

Breaking Bad를 봤다면 Breaking Bad에 나오는 등장 인물들을 찾아보는 재미도 쏠쏠해요. 보지 않았더라도 Better Call Saul 자체로 재미있게 볼 수 있어요.

사울 굿맨의 본명은 지미 맥길인데 사기꾼으로 살다가 온라인으로 로스쿨 과정을 이수하고 변호사가 돼요. 지미는 변호사로 성공하기 위해 발버둥치지만 사회가 그렇게 호락호락하지 않아요. 지미는 상황에 휘말려 결국 자신의 능력인 사기와 현란한 말솜씨로 악덕 변호사가 되고 말아요.

지미 역을 맡은 밥 오덴커크의 연기가 정말 훌륭해서 지미가 뻔히 악의 길로 가게 될 것을 알면서도 왠지 지미를 응원하게 돼요.

기존 드라마의 등장 인물이나 설정을 가져와서 새롭게 만드는 스핀오프 드라마가 원작을 능가하기는 쉽지 않아요. 하지만 Better Call Saul은 Breaking Bad만큼이나 짜임새 있고 탄탄하게 잘 만든 드라마라는 평을 받고 있답니다.

1 **American Genius** 스티브 잡스와 빌 게이츠, 에디슨과 테슬라 등 같은 분야에서 뛰어난 업적을 남긴 두 사람이 어떻게 경쟁했는가에 초점을 맞춘 다큐멘터리

2 **Band of Brothers** 제2차 세계대전 당시 노르망디 상륙 작전에 참여한 연합군의 활약을 다룬 전쟁 드라마

3 **Battlestar Galactica** 우주선 갤럭티카 호에 탄 인류와 AI 종족 사일론의 대립과 갈등을 그린 SF 드라마

4 **Boss** 알츠하이머와 비슷한 희귀병으로 시한부를 선고 받은 시카고 시장 톰 케인의 권력을 향한 욕망을 다룬 정치 드라마

5 **Brain Games** 우리 뇌의 작동 원리를 심리 실험, 일상의 질문들을 통해 밝혀내는 내셔널지오그래픽 채널의 인기 있는 다큐멘터리

6 **Chicago Med** 시카고의 병원을 배경으로 환자들의 사연과 의료진들의 노력을 다룬 메디컬 드라마

7 **Downton Abbey** 20세기 초 영국을 배경으로 그랜섬 백작 집안의 재산 상속 문제와 하인들, 마을 사람들의 이야기를 함께 그린 시대극

8 **Dynasty** 재벌 캐링턴 가문에서 결혼과 기업 승계 때문에 벌어지는 온갖 막장 사건들을 다룬 드라마

9 **Entourage** 할리우드에서 배우와 매니저로 활약하는 4명의 친구들의 화려한 생활을 담은 드라마

10 **E.R** 시카고 종합병원 응급실을 배경으로 응급 환자를 구하려는 의료진들의 노력과 삶을 다룬 메디컬 드라마

11 **Fargo** 우연과 우연이 겹치면서 평범한 소시민이 살인 등 엄청난 범죄에 휘말리고 인간성이 변하는 내용을 담은 범죄 드라마

12 **Game of Thrones** 소설 『얼음과 불의 노래』를 원작으로 칠 왕국의 왕좌를 차지하기 위한 왕들의 전쟁을 그린 판타지 드라마

13 **Grey's Anatomy** 미국 시애틀 대형 병원에서 일하는 의료진들의 복잡한 연애 관계와 병원에서 일어나는 온갖 사건을 다룬 메디컬 드라마

14 **Halt and Catch Fire** 1980년대부터 2000년대까지를 배경으로 컴퓨터 업계에서 일하는 프로그래머, 사업가, 엔지니어들의 이야기를 다룬 드라마

15 **House M.D.** 천재지만 까칠하고 괴팍한 진단의학과 의사 하우스가 환자들의 증상을 보고 적절한 치료 방법을 찾는 내용의 메디컬 드라마

16 **Medici : Master of Florence** 15세기 피렌체 경제를 주름잡던 메디치 가문의 이야기를 담은 시대극

17 **Mildred Pierce** 미국의 대공황 시기에 여성 사업가로 성공한 밀드레드와 딸의 갈등, 두 번째 남편의 죽음에 얽힌 비밀에 관한 시대극

18 **Mistress** 30대 여성 4명의 불륜, 남편의 죽음 등 기구한 사랑 이야기를 담은 드라마

19 **My Mad Fat Diary** 1990년대 영국 링컨셔를 배경으로, 4개월 동안 정신병원에 입원했다 돌아온 16세 소녀 레이의 성장과 치유 과정을 그린 드라마

20 **Nobel** 아프가니스탄 전쟁에 참전한 노르웨이 군인의 이야기를 다룬 전쟁 드라마

21 **Pride and Prejudice** 18세기 영국을 배경으로 오만한 귀족 다아시와 편견을 가졌던 엘리자베스가 오해를 극복하고 사랑에 빠지는 내용의 로맨스 드라마

22 **Reign** 스코틀랜드의 여왕 메리 스튜어트를 둘러싼 사랑, 야망, 정치적 음모 등을 담은 시대극

23 **Rescue me** 뉴욕 소방서를 배경으로 9.11테러 현장에 출동한 뒤 트라우마를 겪는 소방관 토미와 동료들의 이야기를 담은 드라마

24 **Rome** 카이사르 부대의 병사인 보레누스와 풀로를 통해 BC 52년부터 BC 27년까지의 파란만장한 로마 역사를 그린 시대극

25 **Roots** 1767년 감비아에서 미국으로 끌려와서 노예가 된 쿤타 킨테와 그의 후손들의 삶을 통해 미국 노예 제도의 실상을 고발한 시대극

26 **Scandal** 백악관 대변인이었던 올리비아가 위기관리 사무소를 운영하면서 일어나는 사건들과 숨겨진 정치적 음모 등을 다룬 정치 드라마

27 **Sopranos** 마피아 중간 보스 토니 소프라노스가 가정과 조직을 지키기 위해 동분서주하는 내용의 드라마

28 **Spartacus** 기원전 1세기 로마에 대항한 노예 반란군을 이끌었던 실존 인물 검투사 스파르타쿠스의 일대기를 담은 시대극

29 **Spotless** 범죄 현장을 치우는 청소 업체를 운영하는 장이 형 때문에 범죄 조직과 얽히면서 벌어지는 사건들을 그린 범죄 드라마

30 **Suits** 천재적인 암기력을 가진 마이크가 무면허 변호사로 일류 변호사 하비와 함께 일하면서 일어나는 사건들을 담은 법정 드라마

31 **The 100** 핵전쟁으로 파괴된 지구에 생존 실험을 위해 보내진 100명의 아이들의 이야기를 담은 SF 드라마

32 **The Crown** 1950년대 영국을 배경으로 엘리자베스 2세의 즉위 초기와 영국 근현대사 주요 사건들의 이면을 담은 시대극

33 **The Leftovers** 어느 날 갑자기 지구의 60억 인구 중 2%가 사라진 후 남겨진 사람들의 이야기를 담은 미스터리 드라마

34 **The Newsroom** 앵커 윌이 뉴스룸 스태프들과 진짜 뉴스를 전달하기 위해 노력하는 내용의 드라마

35 **The Night Manager** 전직 군인인 조나단이 무기 거래상 리처드를 무너뜨리기 위해 측근으로 잠입하며 펼쳐지는 사건을 그린 첩보 드라마

36 The OC 빈민가에서 오렌지카운티라는 부자 동네에 들어간 고등학생 라이언의 가족을 중심으로 부자들의 세계를 사실적으로 그린 하이틴 드라마

37 The Returned 마을에서 수년 전, 혹은 수십 년 전 죽은 사람들이 하나 둘씩 돌아오면서 벌어지는 사건을 담은 미스터리 드라마

38 The West Wing 대통령을 보좌하는 백악관 참모진의 활약상을 흥미진진하게 그려낸 정치 드라마

39 Touch 사건을 예측하여 숫자로 표현하는 자폐아 소년 제이크의 말에 따라 아버지 마크가 사람들을 돕게 된다는 내용의 드라마

40 Vikings 유럽 대륙을 공포에 떨게 했던 전설의 바이킹 영웅 라그나의 젊은 시절을 담은 시대극

미드 목록 550

001　11.22.63　평범한 역사 교사가 1960년으로 돌아가 케네디 암살을 막기 위해 노력하는 시간 여행 드라마

002　12 Monkeys　치명적인 바이러스의 근원을 없애는 임무를 받고 2043년과 과거를 오가는 시간 여행자의 이야기

003　13 reasons why　평범한 고등학생 클레이가 어느 날 자살한 소녀 해나의 녹음 테이프 13개를 받게 되면서 일어나는 사건들을 그린 스릴러 드라마

004　24　테러방지단 C.T.U. 요원 잭 바우어가 테러를 막기 위해 활약하는 24시간을 실시간으로 구성한(1시간이 1부, 한 시즌이 24부작) 액션 드라마

005　3%　미래 사회에서 3%의 특권층에 들기 위해 경쟁하는 사람들을 그린 스릴러 드라마

006　30 Roc　미국의 NBC 방송국을 배경으로 코미디 쇼를 만드는 작가와 방송국 사람들의 이야기를 그린 시트콤

007　3rd Rock from the Sun　4명의 외계인들이 지구를 정찰하기 위해 인간 가족으로 위장해 살아가는 모습을 담은 시트콤

008　The 4400　수십 년 동안 다양한 장소, 다양한 시대에서 실종된 4,400명의 사람들이 초능력을 가지고 한꺼번에 현재로 돌아와 여러 사건에 휘말리는 SF 스릴러

009　Abstract : The Art of Design　사진, 그래픽 디자인, 일러스트레이션, 건축 등의 분야에서 유명한 디자이너들의 철학과 작품을 다룬 다큐멘터리

010　Africa　아프리카의 다양한 자연을 다룬 영국BBC 방송국 자연 탐사팀의 다큐멘터리

011　Agatha Christie's Poirot　아가사 크리스티의 추리소설을 원작으로 영국의 명탐정 포와로가 미궁에 빠진 사건들을 해결하는 추리 드라마

012　Alfred Hitchcock Present　스릴러 영화의 거장 감독 히치콕이 직접 해설, 제작한 TV 단편 영화 시리즈

013　Alias　CIA와 비밀조직 SD-9 사이에서 이중 스파이로 활약하는 시드니의 이야기를 다룬 액션 첩보 드라마

014　Ally McBeal　보스턴의 로펌을 배경으로 변호사 앨리의 일과 사랑 이야기를 그린 로맨틱 법정 드라마

015　Altered Carbon　육체를 옮길 수 있게 된 미래를 배경으로 반정부군이었던 타케시가 최고 부자인 뱅크로프트의 살해 사건을 파헤치면서 벌어지는 사건들을 담은 SF 드라마

016　American Crime　인종, 계층, 성 등의 주제로 매 시즌마다 다른 사건을 다루는 범죄 드라마

017　American Crime Story : The People vs O.J.Simpson　아내를 살해한 O.J. 심슨 사건 (시즌1)과 디자이너 베르사체 피살 사건(시즌2)을 토대로 구성한 범죄 드라마

018 American Dad CIA 요원인 아빠와 가정주부 엄마와 히피 딸, 괴짜 아들, 얹혀 사는 외계인이 벌이는 황당한 일들을 그린 애니메이션

019 American Genius 스티브 잡스와 빌 게이츠, 에디슨과 테슬라 등 같은 분야에서 뛰어난 업적을 남긴 두 사람이 어떻게 경쟁했는가에 초점을 맞춘 다큐멘터리

020 American Horror Story 매 시즌마다 다른 주제로 무서운 이야기를 다루는 공포 스릴러 드라마

021 American Odyssey 특수부대 여성 대원, 변호사, 정치 운동가가 국제적인 군사 음모에 휘말리며 펼쳐지는 전쟁 액션 스릴러 드라마

022 Angel 〈Buffy the Vampire Slayer〉의 스핀오프로 LA에서 뱀파이어 엔젤이 다른 뱀파이어와 괴물들로부터 인간들을 돕는 이야기

023 Anne with an "E" 소설을 원작으로 캐나다의 시골 마을 초록 지붕 집 커스버트 남매에게 착오로 입양된 빨간 머리 소녀 앤이 성장하는 이야기를 담은 드라마

024 APB 백만장자가 친구를 살해한 범인을 잡기 위해 시카고 13구역을 매입한 뒤 APB 앱과 각종 첨단 장비를 지원해 범죄를 해결하는 수사 드라마

025 Archer ISIS 정보국 요원 아처와 주변 사람들의 이야기를 다룬 스파이 코미디 애니메이션

026 Army Wives 군인 아파트를 배경으로 직업 군인을 남편으로 둔 부인들의 일상 생활을 현실적으로 그린 드라마

027 Arrested Development 어디로 튈지 모르는 가족들을 챙기며 부르스 컴퍼니라는 가업을 지키려고 고군분투하는 마이클의 이야기를 다룬 시트콤

028 Arrow DC 코믹스의 만화를 원작으로 억만장자의 아들 올리버가 무인도에 조난 당했다 구출된 뒤 활로 악당들을 물리치는 액션 드라마

029 Arthur & George 소설을 원작으로 셜록 홈스의 작가 아서 코난 도일이 유죄 판결을 받은 조지의 무죄를 입증하기 위해 노력하는 내용의 추리 드라마

030 Ascension 지구 외에 다른 행성을 찾기 위해 1960년대에 발사된 우주선 '어센션'에 탑승한 600명 사람들의 공동체 안에서 일어나는 의문의 사건을 다룬 SF 드라마

031 A Series of Unfortunate Events 부모님을 잃은 보들레어 가의 세 남매와 부모님의 유산을 가로채려는 올라프 백작의 대결을 담은 판타지 드라마

032 Atlantis 현대의 영국 청년 제이슨이 전설의 대륙 아틀란티스로 빠져들어가 그리스 신화를 실제로 체험하는 어드벤처 판타지 드라마

033 Auschwitz 인류 역사상 최악의 대량 학살극이 자행된 독일 나치의 유태인 수용소 아우슈비츠에 대한 진실을 규명한 다큐멘터리

034 Avatar : The Last Airbender 백년 전쟁을 끝내기 위해 물의 부족 남매가 세상의 균형을 되찾아 줄 아바타 소년 아앙과 함께 모험을 떠나는 애니메이션

035 Awake 교통사고 뒤에 아내가 살아남은 현실과 아들이 살아남은 현실을 번갈아 오가게 된 형사의 이야기를 담은 미스터리 드라마

036 Baby Daddy 20대 청년 벤이 전 여자 친구가 두고 간 딸을 키우게 되면서 주변 사람들과 벌이는 유쾌한 소동을 담은 시트콤

037 Into the Badlands 가상의 시대를 배경으로 사악한 영주 퀸의 보디가드였던 써니가 소년 엠케이를 만나서 각성하고 행복의 땅으로 떠나는 여정을 그린 액션 드라마

038 Band of Brothers 제2차 세계대전 당시 노르망디 상륙 작전에 참여한 연합군의 활약을 다룬 전쟁 드라마

039 Banshee 도둑 루카스가 벤쉬라는 작은 마을에서 가짜 보안관으로 위장하여 살면서 여러 가지 사건에 휘말리는 액션 드라마

040 Bates Motel 영화 〈사이코〉의 연쇄살인범 노먼 베이츠의 젊은 시절을 다룬 프리퀄로 노먼이 엄마 노마의 잘못된 사랑 때문에 사이코가 돼 가는 과정을 그린 드라마

041 Batman DC 코믹스의 배트맨을 기반으로 워너 브라더스에서 만든 TV 애니메이션

042 Battlestar Galactica 우주선 갤럭티카 호에 탄 인류와 AI 종족 사일론의 대립과 갈등을 그린 SF 드라마

043 Beauty & the Beast 강력반 형사 캐서린이 10년 전 자신의 목숨을 구해 준 야수 빈센트와 만나면서 펼쳐지는 판타지 수사 드라마

044 Being Human 인간답게 살고 싶은 뱀파이어, 늑대인간, 유령이 한 집에서 살면서 벌어지는 사건을 그린 판타지 드라마

045 Better Call Saul 〈Breaking Bad〉의 스핀오프로, 변호사 사울 굿맨의 과거 이야기를 담은 드라마

046 Better Things 단역배우 샘이 남편과 이혼하고 혼자 세 딸을 키우는 일상을 그린 코미디 드라마

047 Between 지방 소도시에서 22살 이상이 되면 죽게 되는 질병이 퍼지면서 일어나는 혼란을 그린 미스터리 드라마

048 Beyond 13살 소년이 12년 만에 혼수상태에서 깨어나면서 초능력을 얻게 되고 겪는 사건들을 다룬 미스터리 드라마

049 (The) Big Bang Theory 캘리포니아 공과대학 괴짜 대학원생 4명과 이웃인 금발 미녀 페니가 얽히면서 펼쳐지는 해프닝을 그린 시트콤

050 Big little lies 사립 명문 초등학교의 학부모들이 아이들의 문제로 얽히다가 살인 사건에 휘말리게 되는 내용의 미스터리 드라마

051 Billions 월스트리트에서 투자 회사를 운영하는 액슬로드와 그의 범죄 사실을 캐내려는 검사 척의 대결을 그린 드라마

052 Black Books 영국의 중고 서점 블랙북스를 중심으로 일어나는 해프닝을 다루는 시트콤

053 Black Lightning 전기 능력을 가졌지만 슈퍼 히어로 생활에서 은퇴한 제퍼슨이 두 딸이 범죄 집단에 연루되자 다시 슈퍼 히어로로 나선다는 내용의 히어로 드라마

054 Bitten 평범하게 살고 싶은 유일한 여자 늑대인간 엘레나의 고민과 늑대인간들 사이의 협력, 대립, 배신을 그린 판타지 드라마

055 Black-ish 흑인 가장 안드레가 백인 이웃들 속에서 네 명의 아이들을 키우면서 벌어지는 일을 그리는 시트콤

056 Blacklist 거물급 범죄자 레이먼드가 FBI와 협력하여 다른 범죄자들을 잡는 이야기를 담은 범죄 드라마

057 Black Mirror 시청자의 선택에 따라 진행과 결말이 달라지는 인터랙티브 형식으로 게임 프로그래머인 스테판이 '밴더스내치'라는 게임을 만들면서 벌어지는 SF 드라마

058 Black Sails 18세기를 배경으로 카리브해에서 활동한 플린트 선장과 해적들의 이야기를 담은 드라마

059 Blindspot 기억을 잃은 여자의 몸에 새겨진 문신을 통해 사건의 실마리를 찾아가는 FBI 요원들의 이야기를 담은 수사 드라마

060 Bloodline 가족의 골칫덩어리인 첫째 아들이 돌아오면서 서서히 가족의 어두운 비밀이 드러나는 심리 드라마

061 Blue Blood Bloods 할아버지에 이어 뉴욕 경찰청장을 맡은 아버지, 아들 둘은 경찰, 딸은 검사인 한 가족이 사건을 해결하는 수사 드라마

062 Boardwalk Empire 금주법이 시행된 미국의 1920년대를 배경으로 갱들의 세력 확장과 정치인들의 뒷거래를 그린 범죄 드라마

063 Bob's Burgers 밥스버거 햄버거 가게를 운영하는 밥과 그의 아내 린다, 아이들의 일상을 다룬 애니메이션

064 BoJack Horseman 동물들이 사람과 섞여 사는 설정으로 한물간 스타인 말 보잭과 주변 사람들, 동물들의 이야기를 담은 블랙코미디 애니메이션

065 Bones 법의학자 템퍼런스와 연구원들이 피해자의 뼈를 연구해 FBI와 살인 사건을 해결하는 법의학 수사 드라마

066 Bored to Death 작가였던 주인공이 친구 2명과 함께 무면허 탐정 사무소를 열면서 과정은 어설프지만 사건은 잘 해결한다는 코미디 드라마

067 Bosch LA 할리우드의 고독한 강력반 형사 해리 보슈가 사건을 해결하는 과정을 담은 수사 드라마

068 Boss 알츠하이머와 비슷한 희귀병으로 시한부를 선고 받은 시카고 시장 톰 케인의 권력을 향한 욕망을 다룬 정치 드라마

069 Boston Legal 보스턴의 잘나가는 로펌을 중심으로 변호사들의 다양한 이야기를 그린 사회 풍자 드라마

070 Brain Games 우리 뇌의 작동 원리를 심리 실험, 일상의 질문들을 통해 밝혀내는 내셔널 지오그래픽 채널의 인기 있는 다큐멘터리

071 Breaking Bad 폐암 말기 판정을 받은 화학교사 월터가 가족의 생계를 위해 마약을 만들게 되면서 벌어지는 사건을 그린 범죄 드라마

072 Breakout Kings 경찰이 각기 능력을 가진 죄수들과 협력해 다른 탈옥수들을 잡는다는 내용의 수사 드라마

073 Broadchurch 영국의 작은 해안가 마을에서 일어난 소년의 죽음에 관련된 미스터리를 풀어 가는 수사 드라마

074 Broad City 뉴욕에서 살아가는 두 20대 여성의 연애, 우정, 일에 대한 고민을 코믹하게 담아낸 시트콤

075 Brooklyn Nine-Nine 뉴욕의 브루클린 99지구 경찰서 경찰들의 생활상을 코믹하게 그린 시트콤

076 Buffy the Vampire Slayer 뱀파이어 슬레이어인 십대 소녀 버피가 친구들과 함께 뱀파이어를 물리치는 이야기를 담은 판타지 드라마

077 Burn Notice 갑작스럽게 해고된 스파이가 생계를 위해 프리랜서 스파이 활동을 하면서 자신의 해고 이유도 파헤치는 첩보 액션 코미디 드라마

078 Californication 캘리포니아를 배경으로 바람둥이 소설가 행크의 여성 편력과 전부인, 딸과의 이야기를 담은 코미디 드라마

079 Call Me Francis 최초의 라틴아메리카 출신 교황인 266대 교황 프란치스코의 전기를 다룬 다큐멘터리

080 Call the Midwife 전쟁 직후 가난했던 1950년대 영국 런던을 배경으로 산모들을 돕는 조산사들의 이야기를 담은 드라마

081 Carnivàle 1930년대 미국을 배경으로 치유의 능력을 가진 한 청년과 악의 능력을 가진 목사가 숙명의 대결을 펼친다는 판타지 드라마

082 **Castle** 유명 추리 소설가 리처드가 자신의 소설 내용을 모방한 범죄를 해결하기 위해 뉴욕 경찰에 합류하면서 자문 역할을 하게 되는 수사 드라마

083 **Casual** 싱글맘인 발레리와 딸 로라가 발레리의 남동생 알렉스 집에서 함께 살면서 벌어지는 해프닝을 담은 시트콤

084 **Catastrophe** 짧은 출장에서 만나 임신까지 하게 된 미국 남자와 아일랜드 여자의 사랑 이야기를 담은 시트콤

085 **Chance** 정신과 의사인 챈스 박사가 환자와 사랑에 빠지면서 어두운 미스터리에 빠진다는 심리 스릴러 드라마

086 **Charmed** 마녀의 집안에서 태어나 마법을 쓸 줄 아는 세 자매가 서로 아웅다웅하면서 악의 세력과도 대결하는 코미디 판타지 드라마

087 **Cheers** 보스턴의 바 치어스를 배경으로 주인 샘과 종업원들, 손님들의 이야기를 담은 시트콤

088 **Chef's Table** 유명 셰프들의 삶과 철학, 경험 등을 담아낸 다큐멘터리

089 **Chef's Table : France** 〈Chef's Table〉의 스핀오프로 미식의 나라 프랑스 셰프들의 모습을 담은 다큐멘터리

090 **Chelsea** 미국의 방송인 첼시 핸들러가 스타와 유명인사를 초청해 이야기를 나누는 토크쇼

091 **Chernobyl** 1986년 구소련의 체르노빌에서 발생한 원전 폭발 사고를 사실적으로 그린 드라마

092 **Chicago Med** 시카고의 병원을 배경으로 환자들의 사연과 의료진들의 노력을 다룬 메디컬 드라마

093 **Chicago P.D.** 시카고의 강력반을 배경으로 경찰들의 실감 나는 사건 해결 과정을 보여 주는 수사 드라마

094 **Claws** 손톱 관리사로 일하던 5명의 여자들이 불법 약물 거래에 뛰어들면서 일어나는 사건들을 그린 범죄 드라마

095 **Cleverman** 가까운 미래의 호주를 배경으로 신화 속 존재 헤어리 족이 나타나면서 인간들과 겪는 깊은 갈등을 그린 판타지 드라마

096 **Cobra Kai** 영화 〈카라테 키드〉의 30년 뒤 이야기로 숙적이었던 조니와 대니얼이 다시 얽히게 되고 각자의 제자들이 대결하게 되는 내용의 드라마

097 **Cold Case** 여형사 릴리를 중심으로 과거의 미해결 사건을 담당하는 필라델피아 경찰의 이야기를 담은 수사 드라마

098 **Colony** 외계인에 점령당한 LA를 배경으로 저항군 활동을 하게 되는 부부의 이야기를 다룬 SF 드라마

099 **Community** 커뮤니티 컬리지에 등록한 전직 변호사 제프와 스페인어 스터디 그룹 학생들의 좌충우돌 학교 생활을 그린 시트콤

100 Continuum 테러범을 잡기 위해 2076년에서 2012년으로 타임슬립한 미래 경찰 조직의 프로텍터 키에라의 이야기를 담은 SF 드라마

101 Cosmos : A Spacetime Odyssey 자연과 우주의 법칙에 대해 탐구하는 과학 다큐멘터리

102 Crazy Ex-Girlfriend 잘나가는 변호사였던 레베카가 모든 것을 포기하고 고등학교 때 남자 친구의 사랑을 얻기 위해 캘리포니아의 작은 마을로 떠나는 뮤지컬 코미디 드라마

103 Criminal Minds 프로파일링 기법으로 연쇄살인범, 잔혹한 범죄자들을 잡는 FBI 행동분석팀의 이야기를 담은 심리 수사 드라마

104 Crossing Jordan 여자 법의관 조단이 열정적으로 미해결 살인 사건을 풀어 나가는 수사 드라마

105 Crossing Lines 유럽을 배경으로 국제형사재판소 소속 다국적 수사팀이 거대한 범죄 조직을 추적하는 수사 드라마

106 CSI : Las Vegas 라스베이거스를 배경으로 철저한 과학적 증거 분석을 통해 사건을 해결하는 과학 수사대의 활약을 그린 수사 드라마

107 CSI : Miami 〈CSI〉의 스핀오프로 마이애미의 범죄를 해결하는 과학수사대의 활약을 그린 수사 드라마

108 CSI : NY 〈CSI〉의 스핀오프로 뉴욕의 범죄를 해결하는 과학수사대의 활약을 그린 수사 드라마

109 Curb Your Enthusiasm 유명한 코미디 작가 래리 데이비드가 황당한 상황들을 대본 없이 애드립으로만 직접 연기하는 코미디 드라마

110 Damages 신참 변호사 엘렌이 유능하지만 냉혹한 상사 패티 밑에서 일을 하며 겪는 사건을 다룬 법정 스릴러 드라마

111 Dark 독일의 한 마을에서 33년 주기로 아이들이 실종되는 사건이 일어나면서 과거와 현재가 얽혀 벌어지는 사건들을 담은 드라마

112 Dark Matter 낡은 우주선에서 기억을 잃은 채 깨어난 6명의 사람들이 갈등, 배신, 협력하며 그들을 둘러싼 비밀을 파헤치는 SF 드라마

113 Dead Like Me 어느 날 갑자기 죽음을 맞이한 소녀가 사신이 되어 다른 사신들과 함께 겪는 해프닝을 그린 블랙코미디 드라마

114 Dead to Me 뺑소니 사고로 남편을 잃은 젠이 유족 모임에서 새 친구 주디와 친해지면서 남편의 죽음에 얽힌 비밀을 알게 되는 이야기를 담은 드라마

115 Deadwood 미국의 서부 개척 시기 금광이 발견된 마을 데드우드에서 일어나는 일을 그린 서부 드라마

116 Death Comes to Pemberley 소설 『오만과 편견』의 주인공 다시와 리지가 팸벌리 저택 근처에서 일어난 살인 사건을 파헤치는 추리 드라마

117 Death in Paradise 한적한 카리브해의 세인트 마리 섬에서 일어난 살인 사건들을 파헤치는 리처드 경감의 수사 드라마

118 Death Note 일본 만화를 원작으로 이름을 적어 넣으면 죽게 되는 사신의 노트를 손에 넣은 고등학생의 이야기를 다룬 판타지 스릴러 드라마

119 Designated Survivor 국회의사당이 폭파되어 대통령과 주요 요인들이 모두 죽고, 하루 아침에 대통령이 된 주택도시개발부 장관 톰의 이야기를 담은 정치 드라마

120 Desperate Housewives 교외 중산층 마을의 주부들에게 감춰진 비밀들이 서로 얽히면서 일어나는 일들을 담은 드라마

121 Devious Maids 베벌리 힐스의 대저택에서 일하고 있는 라틴계 가정부들의 이야기를 담는 미스터리 코미디 드라마

122 Dexter 법의 심판을 받지 않는 연쇄살인마들을 골라 죽이는 법의학자 사이코패스 덱스터의 이야기를 담은 드라마

123 Dirty John 인테리어 회사를 운영하는 이혼녀 데브라가 어두운 과거를 숨긴 존을 만나 위험한 사랑에 빠져드는 이야기를 그린 스릴러 드라마

124 Doc Martin 피 공포증이 있는 의사 마틴이 시골 마을 포트웬의 보건의로 부임해서 환자를 치료하면서 벌어지는 일들을 그린 코미디 드라마

125 Doctor Foster 의사 젬마가 남편의 외도를 의심하고 추적하게 되면서 겪는 사건들을 담은 심리 드라마

126 Doctor Thorne 19세기 영국을 배경으로 의사 토머스의 집안과 지주 그레셤 가문이 돈과 사랑 문제로 얽히면서 일어나는 사건을 다룬 시대극

127 Doctor Who 외계 종족인 '닥터'가 타임머신 타디스를 타고 시간 여행을 다니며 우주와 지구를 위협하는 여러 사건을 해결하는 SF 드라마

128 Doom Patrol 끔찍한 사고로 초능력을 얻었지만 괴물 취급을 받는 초능력자들과 그들을 모아 팀을 만들려는 천재 과학자 치프의 이야기를 담은 히어로 드라마

129 Downton Abbey 20세기 초 영국을 배경으로 그랜섬 백작 집안의 재산 상속 문제와 하인들, 마을 사람들의 이야기를 함께 그린 시대극

130 Drop Dead Diva 예쁘지만 지식이 얄팍한 모델 뎁이 자동차 사고로 죽은 뒤 뚱뚱하고 똑똑한 변호사 제인의 몸에 들어가면서 일어나는 일들을 그린 코미디 드라마

131 Drunk History 가볍게 술을 마시면서 역사에 대해 이야기하는 코미디 시리즈

132 Dynasty 재벌 캐링턴 가문에서 결혼과 기업 승계 때문에 벌어지는 온갖 막장 사건들을 다룬 드라마

133 Earth's Natural Wonders 킬리만자로, 에베레스트, 아마존 등에서 자연과 함께 살아가는 사람들의 이야기를 담은 자연 다큐멘터리

134 Easy 사랑, 이별, SNS, 부부 관계 등 현대인들의 인간 관계에 대한 복잡미묘한 감정을 각기 다른 에피소드로 표현한 옴니버스 단편 드라마 시리즈

135 Elementary 미국판 〈Sherlock〉으로 현대 뉴욕에서 활약하는 탐정 셜록 홈스와 여조수 조안 왓슨 박사의 활약을 담은 수사 드라마

136 Emerald City 소설 『오즈의 마법사』를 원작으로 성인인 간호사 도로시가 경찰견과 함께 마법의 땅 오즈에 떨어지면서 겪는 모험을 그린 판타지 드라마

137 Empire 힙합 엔터테인먼트 회사인 엠파이어의 후계자 자리를 둘러싸고 암투와 계략을 벌이는 가족들의 이야기를 담은 드라마

138 Empire of the Tsars 역사가 루시 월시가 300년 동안 러시아를 지배한 로마노프 왕조의 흥망성쇠를 조망하는 다큐멘터리

139 Endeavour 1960년대 영국 옥스포드를 배경으로 젊은 시절의 모스 경감이 살인 사건을 조사하는 수사 드라마

140 Enlightened 신경쇠약으로 회사를 뒤집어 엎은 뒤 재활 치료를 받고 복귀한 에이미가 일상에 다시 적응하는 이야기를 담은 드라마

141 Entourage 할리우드에서 배우와 매니저로 활약하는 4명의 친구들의 화려한 생활을 담은 드라마

142 ER 시카고 종합병원 응급실을 배경으로 응급 환자를 구하려는 의료진들의 노력과 삶을 다룬 메디컬 드라마

143 Escape to the Country 구매자들에게 영국의 전원 주택을 소개하며 각 지역의 아름다운 자연 환경을 강조하는 리얼리티 쇼

144 Everybody Hates Chris 백인 학교로 전학 간 흑인 소년 크리스가 겪는 일들을 담은 시트콤

145 Everything Sucks 1996년의 미국 고등학교를 배경으로 십대들이 성장하고 정체성을 확립하는 과정을 그린 하이틴 드라마

146 Family Guy 그리핀 가족과 그들의 애완견 브라이언의 생활을 담은 성인용 블랙코미디 애니메이션

147 Family Tree 직장과 여자 친구를 모두 잃고 자신의 가계도를 조사하기 시작한 톰 채드윅의 이야기를 담은 다큐멘터리 형식의 코미디 드라마

148 Fargo 우연과 우연이 겹치면서 평범한 소시민이 살인 등 엄청난 범죄에 휘말리게 되고 인간성이 변하는 내용을 담은 범죄 드라마

149 Fauda 이스라엘과 팔레스타인의 분쟁을 배경으로 이스라엘 첩보 요원 도론의 활동을 그린 액션 스릴러 드라마

150 Fear the Walking Dead 〈The Walking Dead〉의 스핀오프로 좀비가 처음 출연하기 시작해서 확산되는 과정을 풀어 가는 드라마

151 Firefly 우주를 배경으로 전체주의 정부연합에 대항하는 행성독립파 세레니티 호에 탑승한 사람들이 여러 행성을 떠돌면서 겪는 이야기를 담은 SF 드라마

152 F is for Family 1970년대 머피 가족의 생활을 통해 그 당시 시대 상황을 보여 주는 애니메이션

153 Fleabag 세상을 삐딱하게 살아가는 한 여성의 삶을 그린 블랙코미디 드라마

154 Fleming : The Man Who Would Be Bond 영화 〈007 시리즈〉의 제임스 본드를 만든 작가 이안 플레밍의 파란만장한 삶을 그린 드라마

155 Flight of the Conchords 뉴욕에 살고 있는 뉴질랜드 출신 밴드의 좌충우돌 생활을 담은 코미디 드라마

156 Forensic Files 법의학을 이용해서 사건을 해결하는 과정을 보여 주는 다큐멘터리

157 Foyle's War 제2차 세계대전을 배경으로 살인 사건들을 추적하는 포일 경감의 이야기를 담은 추리 드라마

158 Frasier 라디오 상담 프로그램을 운영하는 정신과 의사 프레이저가 아버지와 같이 살며 동생, 주변 사람들과 겪는 일들을 그린 시트콤

159 Freaks and Greeks 고등학교에 다니는 괴짜 십대 남매의 학교 생활을 그린 하이틴 코미디 드라마

160 Frequency 영화 〈프리퀀시〉의 리메이크로 현재의 경찰관 딸과 과거의 경찰관 아버지가 무전기로 소통하며 함께 사건을 해결해 나가는 수사 드라마

161 Fresh Off the Boat 1990년대 올랜도의 교외에 사는 중국계 이민자 가족의 미국 생활 정착기를 그린 시트콤

162 Friday Night Lights 시골 고등학교 미식축구부의 후보 선수 맷을 중심으로 십대들의 고민과 사랑, 우정 이야기를 담은 하이틴 드라마

163 Friends 뉴욕 맨해튼을 배경으로 6명 친구들의 삶과 우정을 다루며 전세계적으로 인기를 누린 시트콤

164 Frontier 18세기 캐나다 모피 무역상들의 탐욕과 대립을 그린 역사 드라마

165 **Frozen Planet** 북극과 남극의 아름다움과 그곳에 사는 생물들의 세계를 담은 자연 다큐멘터리

166 **Fuller House** 남편 없이 혼자 아들 셋을 키우는 디제이가 동생 스테파니, 친구 키미와 함께 살면서 벌어지는 일들을 훈훈하게 그린 코미디 드라마

167 **Futurama** 피자 배달부가 냉동 인간이 된 뒤 천 년 뒤에 깨어나 로봇, 외계인 등과 어울리는 미래 사회에서 살아간다는 블랙코미디 SF 애니메이션

168 **Game of Thrones** 소설 『얼음과 불의 노래』를 원작으로 칠 왕국의 왕좌를 차지하기 위한 왕들의 전쟁을 그린 판타지 드라마

169 **Generation Kill** 2003년 이라크전에 참여했던 미국 해병 수색대의 실제 이야기를 다룬 전쟁 드라마

170 **Ghost Whisperer** 죽은 사람의 영혼과 대화할 수 있는 영매사 멜린다가 영혼들의 한을 풀어 주어 이승을 떠나게 도와주는 이야기를 담은 드라마

171 **Gilmore Girls** 16살에 미혼모가 된 로렐라이가 십대가 된 딸 로리와 함께 꿈을 향해 성장하는 모습을 훈훈하게 그린 코미디 드라마

172 **Girlfriends' Guide to Divorce** 성공한 작가인 애비가 남편과 별거에 들어가게 되면서 겪는 이야기를 담은 코미디 드라마

173 **Glee** 오하이오의 고등학교를 배경으로 음악 클럽 글리에 모인 학생들의 이야기를 담은 하이틴 뮤지컬 드라마

174 **Glitch** 호주의 빅토리아라는 작은 마을에 어느 날 갑자기 죽었던 7명의 사람들이 기억을 잃은 채 살아 돌아오면서 벌어지는 이야기를 담은 드라마

175 **Goliath** 한때는 잘나갔지만 한물간 변호사가 대형 로펌과 맞서 싸우는 이야기를 담은 법정 드라마

176 **Gomorrah** 이탈리아 마피아 가문의 이야기를 담은 범죄 드라마

177 **Good Doctor** 한국 드라마의 리메이크로 자폐이자 서번트 신드롬인 숀이 의사로 일하면서 겪는 사건들을 그린 메디컬 드라마

178 **Good Girls Revolt** 1960년대 후반 미국을 배경으로 뉴스 잡지사에서 일하는 여성 직원들의 이야기를 담은 드라마

179 **Good trouble** 입양되어 자매로 자란 칼리와 마리아나가 대학을 졸업하고 LA에 취직하면서 겪는 사회 초년생의 애환을 담은 드라마

180 **Good Witch** 그레이 하우스에 사는 마녀 캐시와 딸 그레이스가 이웃 사람들과 함께 살아가는 이야기를 담은 코믹 판타지 드라마

181 Gossip Girl 뉴욕 맨해튼의 부촌을 배경으로 상류층 고등학생들의 얽히고설킨 관계를 다룬 드라마

182 Gotham 영화 〈배트맨〉 시리즈의 프리퀄로 고담 시에서 젊은 고든 경감이 활약하는 내용의 드라마

183 Grace and Frankie 각자의 남편들이 서로 사랑에 빠져 결혼하면서 이혼하고 친구가 된 그레이스와 프랭키의 이야기를 담은 드라마

184 Graceland 캘리포니아의 그레이스랜드에 모인 마약단속반, 세관, FBI 요원들이 함께 마약 범죄를 조사하는 내용의 수사 드라마

185 Grand Designs 의뢰자와 함께 집을 설계하고 짓는 과정을 보여 주는 리얼리티 쇼

186 Grantchester 1950년대 영국을 배경으로 성공회 신부 시드니스가 키팅 형사를 도와 사건을 해결하는 내용의 수사 드라마

187 Secrets of Great British Castles 영국을 대표하는 건축물과 그곳에 살았던 인물들을 탐구하는 역사 다큐멘터리

188 Greenleaf 미국 멤피스에서 대형 교회를 운영하는 그린 리프 가족의 이야기를 담은 드라마

189 Green Paradise 브라질, 멕시코, 칠레, 마다가스카르 등 세계 곳곳의 아름다운 자연을 소개하는 자연 다큐멘터리

190 Grey's Anatomy 미국 시애틀 대형 병원에서 일하는 의료진들의 복잡한 연애 관계와 병원에서 일어나는 온갖 사건을 다룬 메디컬 드라마

191 Grimm 괴물들을 알아볼 수 있는 그림 가문의 후손 형사 닉이 능력을 활용해 사건을 해결하는 판타지 수사 드라마

192 Halt and Catch Fire 1980년대부터 2000년대까지를 배경으로 컴퓨터 업계에서 일하는 프로그래머, 사업가, 엔지니어들의 이야기를 다룬 드라마

193 Hand of God 며느리가 비극적인 사건을 겪고 아들이 식물인간이 된 후 판사 퍼넬이 신의 계시를 받아 사건을 추적하는 내용의 드라마

194 Hannibal 영화 〈양들의 침묵〉의 연쇄살인범 한니발 박사를 주인공으로 차용해 한니발이 FBI 요원 윌을 살인범으로 몰아 가는 과정을 잔혹하게 그린 드라마

195 Hap and Leonard 백인 햅과 흑인 레오나드가 인종, 성격, 가치관이 다름에도 친구가 되어 여러 범죄 사건에 얽히게 되는 블랙코미디 드라마

196 Happy Valley 영국 요크셔의 중년 경찰 캐서린이 자신의 딸을 죽음으로 몬 범죄자와 다시 마주치면서 벌어지는 일을 그린 수사 드라마

197 Hart of Dixie 신참 의사 조이가 뉴욕 대신 시골 마을에 정착하면서 겪는 사건들과 사랑 이야기를 담은 로맨스 드라마

198 Haven FBI 요원 오드리가 초능력을 가진 사람들이 사는 헤이븐이라는 마을에 와서 초자연적인 사건들을 해결하는 미스터리 수사 드라마

199 Hawaii Five-O 하와이의 풍경을 배경으로 범죄 조직을 추적하여 소탕하는 정예 수사팀의 이야기를 담은 수사 드라마

200 Heartland 어머니의 죽음 이후 목장을 물려받아 말 치료사로 일하게 되는 에이미와 루 자매가 성장하는 모습을 그린 가족 드라마

201 Hell on Wheels 1860년대 남북전쟁 뒤 미국의 서부 횡단 철도 건설 과정에서 대립하는 사람들의 이야기를 담은 서부 역사 드라마

202 Hemlock Grove 뱀파이어 로만과 늑대인간 피터가 햄록그로브 마을에서 일어나는 살인 사건을 함께 추적하는 내용의 공포 판타지 드라마

203 Hidden Houses 영국 웨일즈의 오래된 저택들의 숨겨진 역사들을 소개하는 다큐멘터리

204 Hill Street Blues 경찰들의 이야기를 소재로 1981년부터 1987년까지 미국에서 인기 있었던 드라마

205 Hinterland 런던 경찰 마티아스가 웨일즈 지방의 시골 마을에 와서 살인 사건을 추적하는 내용의 수사 드라마

206 Historia de un Clan 부유한 사람들을 납치해 인질로 가두는 푸치오스 가족의 이야기를 담은 범죄 드라마

207 Homecoming 전쟁에 참전한 군인들을 위한 심리 상담사로 일했던 하이디가 일을 그만두게 되면서 정부 기관의 음모에 휘말린다는 내용의 스릴러 드라마

208 Homeland 이라크 전쟁 중 포로가 되었던 해병 니콜라스가 8년 만에 고국에 돌아오면서 테러 용의자로 의심받게 되는 이야기를 그린 국제 첩보 드라마

209 Horace and Pete 술집을 운영하는 호레스와 피트의 이야기를 담은 코미디 드라마

210 Hostages 가족들이 인질로 잡혀서 대통령을 암살할 것을 강요받는 외과의사의 이야기를 담은 액션 드라마

211 House M.D. 천재지만 까칠하고 괴팍한 진단의학과 의사 하우스가 환자들의 증상을 보고 적절한 치료 방법을 찾는 내용의 메디컬 드라마

212 House of Cards 미국의 하원의원 프랭크와 그의 아내 클레어가 권력의 정점에 서기 위해 벌이는 치열한 계략과 암투를 다룬 정치 드라마

213 How I Met Your Mother 2030년 테드가 자식들에게 그들의 엄마를 만나게 된 이야기를 들려주는 형식으로 과거와 현재의 이야기가 교차하며 진행되는 시트콤

214 How to Get Away with Murder 유능한 법학과 교수와 그녀의 제자들이 실제 살인 사건에 얽히면서 벌어지는 범죄 스릴러 드라마

215 Human Planet 사막, 정글 등의 자연 환경에 인간이 적응하는 모습을 담은 BBC와 디스커버리가 공동 제작한 자연 다큐멘터리

216 Humans 미래 사회에서 인간과 최첨단 로봇 휴머노이드와의 관계를 다룬 SF 드라마

217 Hunter x Hunter 소년 곤이 아버지와 같은 헌터가 되기 위해 모험을 떠나는 내용을 다룬 애니메이션

218 I Love Lucy 루시와 그녀의 남편 리키, 친구들의 일상 생활을 다루며 1950년대 미국에서 큰 인기를 끌었던 시트콤

219 Impulse 평범한 고등학생 헨리가 자신에게 순간 이동 능력이 있다는 것을 자각하면서 벌어지는 사건을 그린 SF 스릴러 드라마

220 Inside Amy Schumer 코미디언 에이미 슈머가 진행하는 코미디 쇼

221 Inside the American Mob 1960년대 중반부터 1990년대까지 미국 뉴욕에서 활동한 이탈리아 마피아의 범죄에 관한 다큐멘터리

222 Inspector Lewis 영국 옥스포드에서 루이스 검사관과 제임스 중사가 사건들을 해결하는 수사 드라마

223 In Treatment 정신과 의사 폴이 환자들과 상담하며 자신도 상담을 받는 내용의 심리 드라마

224 Iron Fist 억만장자의 아들 대니가 15년간 잠적했다가 돌아와 아이언피스트(철권)로서의 자신의 정체성을 찾는 액션 드라마

225 It's Always Sunny in Philadelphia 필라델피아에서 아이리시 펍을 운영하는 남매 데니스와 디가 친구들과 벌이는 황당한 사건들을 담은 시트콤

226 iZombie 갑자기 좀비가 된 리브가 생존을 위해 검시소에 취직해 신원미상 시체들의 뇌를 먹으며 생활해 나가는 일들을 다룬 드라마

227 Jack Taylor 전직 경찰 잭 테일러가 사립탐정으로 활약하는 내용을 담은 범죄 드라마

228 Jane the Virgin 순결을 지키던 제인이 검진을 받던 중 의사의 실수로 인공수정을 받고 임신을 하면서 벌어지는 소동을 그린 코미디 드라마

229 Jericho 1870년대 영국의 요크셔 데일스의 가상의 판자촌을 배경으로 철도 공사와 얽힌 각계각층의 사람들의 이야기를 담은 시대극

230 John Adams 미국의 2대 대통령 존 애덤스의 일대기를 통해 미국의 건국 과정을 그린 시대극

231 John Doe 자신에 대한 기억은 잃었지만 세상의 모든 지식을 알고 있는 주인공이 의문의 사람들에게 쫓기는 가운데 사건을 해결하는 액션 스릴러 드라마

232 Jonathan Strange & Mr Norrel 19세기 영국을 배경으로 두 마법사 조나단과 노렐을 둘러싸고 펼쳐지는 이야기를 담은 판타지 드라마

233 **Juana Inés**   멕시코의 천재적인 시인이자 학자인 후아나 크루스의 일생을 담은 드라마

234 **Justified**   보안관 레일런이 고향 켄터키주에 발령을 받고 사건을 해결하는 내용의 액션 드라마

235 **Key & Peele**   코미디언 키와 필이 연기하는 짧은 코너들로 이루어진 스케치 코미디 쇼

236 **Kim's Convenience**   캐나다 토론토에서 편의점을 운영하는 김씨네 가족을 통해 한국 이민 가정의 모습을 그린 시트콤

237 **Knightfall**   중세 시대를 배경으로 필리프 4세의 방해 속에서 성전 기사단이 잃어버린 성배를 찾기 위해 고군분투하는 내용의 시대극

238 **Last Man Standing**   아웃도어 용품 회사의 마케팅 책임자인 마이크가 부인과 세 딸과 함께 살아가는 이야기를 다룬 시트콤

239 **Last Tango in Halifax**   셀리아가 70대가 되어서 페이스북을 통해 10대 시절 첫사랑을 만나 연애하면서 일어나는 일들을 다룬 가족 드라마

240 **Late Night with Seth Meyers**   배우이자 코미디언인 세스 마이어스가 진행하는 토크쇼

241 **Law & Order**   20년 동안 이어진 시리즈로 범죄 사건을 파헤치는 경찰과 법정에서 기소하는 검사들의 이야기를 다룬 수사 드라마

242 **Law & Order : Special Victims Unit**   〈Law & Order〉의 스핀오프로 성범죄를 파헤쳐 수사하는 성범죄수사대의 활약을 그린 드라마

243 **Legends**   FBI 위장 잠입요원 마틴이 자신의 정체를 의심하게 되면서 일어나는 일들을 그린 액션 스릴러 드라마

244 **Leverage**   전직 보험 수사관 네이트가 사기꾼, 해커, 도둑 등을 모아 사회 부조리에 맞서 싸우는 이야기를 그린 드라마

245 **Lie to Me**   범죄 심리전문가 라이트만 박사가 사람들의 거짓말을 분석하며 사건을 해결하는 내용의 수사 드라마

246 **Life**   누명을 쓰고 감옥에서 12년간 복역한 전직 형사 찰리가 다시 복직한 뒤 범죄자를 잡으며 과거 사건의 진실을 파헤치는 수사 드라마

247 **Limitless**   한량처럼 살던 브라이언이 두뇌를 100% 사용하게 해 주는 약을 얻게 되면서 FBI와 함께 일하게 되는 내용의 SF 스릴러 드라마

248 **Longmire**   와이오밍의 시골 마을에서 일어나는 사건을 해결하는 보완관 롱마이어의 이야기를 담은 수사 드라마

249 **Lost**   비행기 사고로 섬에 추락한 승객들이 겪는 사건들과 서로의 과거가 연관되어 펼쳐지는 미스터리 드라마

250 Lost & Found Music Studios   음악 밴드 회원들의 생활을 다룬 음악 드라마

251 Lost Girl   사람의 정기를 흡수하는 서큐버스 보가 인간 친구 켄지, 늑대인간 다이슨과 함께 불가사의한 살인 사건을 파헤치는 미스터리 판타지 드라마

252 The Lost Room   비밀의 방인 로스트 룸으로 통하는 열쇠를 얻게 된 조가 로스트 룸에서 잃어버린 딸을 찾기 위해 분투하는 내용의 미스터리 판타지 드라마

253 Louie   아내와 이혼하고 두 딸을 키우는 코미디언 루이의 일상을 그린 코미디 드라마

254 Love   발랄한 여자 친구와 어수룩한 남자 친구의 연애 이야기를 담은 로맨틱 코미디 드라마

255 Lucifer   지옥의 왕 루시퍼가 인간 세상으로 와서 형사 클로이를 도와 사건을 해결하는 판타지 수사 드라마

256 Luther   형사 존 루터와 사이코패스 앨리스의 기묘한 협력을 통해 사건을 해결하는 수사 드라마

257 MacGyver   첩보원 맥가이버가 천재적인 물리학적 지식으로 주변 사물을 이용해 수많은 위기를 탈출한다는 내용의 첩보 드라마

258 Madam Secretary   CIA 요원이었던 엘리자베스가 어느 날 갑자기 국무장관을 맡게 되면서 국제 외교 상황들을 잘 풀어 간다는 내용의 정치 드라마

259 Mad Dogs   네 명의 친구가 사업가 친구의 초대를 받아 스페인의 마요르카 섬에 놀러갔다가 의문의 살인 사건에 휘말리게 되는 코미디 스릴러 드라마

260 Mad Men   1960년대 뉴욕의 광고 회사를 배경으로 광고 업계의 치열한 경쟁과 직장 내의 권력 싸움을 담은 드라마

261 Making a Murderer   누명으로 18년간 감옥에 갇혔던 스티븐이 다시 기소되어 감옥에 갇힌 실화를 추적한 다큐멘터리

262 Malcolm in the Middle   둘째 아들인 말콤을 중심으로 3명의 아들을 둔 가족의 코믹한 일상을 그린 시트콤

263 Marcella   남편과 별거 중이던 형사 마르첼라가 연쇄 살인 사건을 수사하면서 벌어지는 사건을 다룬 스릴러 드라마

264 Marco Polo   13세기 몽골에서 이탈리아의 탐험가 마르코 폴로가 펼치는 모험을 그리는 어드벤처 시대극

265 Mars   2033년을 배경으로 6명의 우주비행사가 화성에 착륙해 정착하는 과정을 그린 SF 드라마

266 Marseille   프랑스의 항구 도시 마르세유를 배경으로 시장의 자리를 두고 벌이는 권력 다툼을 담은 정치드라마

267 **Marvel's Agents of S.H.I.E.L.D.** 어벤져스를 만들었던 비밀 조직 쉴드의 조직원들이 활약하는 내용을 담은 드라마

268 **Marvel's Daredevil** 어린 시절 시력을 잃은 변호사 맷이 밤에 히어로 데어데블이 되어 범죄 조직에 맞서 싸우는 이야기를 그린 드라마

269 **Marvel's Jessica Jones** 어린 시절 당한 사고로 괴력을 갖게 된 사립탐정 제시카가 정신을 조종하는 킬 그레이브와 맞서 싸우는 드라마

270 **Marvel's Luke Cage** 감옥에서 잘못된 의료 실험으로 인해 강력한 힘과 강철 피부를 갖게 된 루크가 뉴욕 할렘을 위해 싸우는 이야기를 그린 드라마

271 **Master of None** 배우 지망생인 인도계 이민 2세 데브가 뉴욕에서 살아가며 겪는 일상을 그린 코미디 드라마

272 **Medici : Master of Florence** 15세기 피렌체 경제를 주름잡았던 메디치 가문의 이야기를 담은 시대극

273 **Medium** 영매 알리슨이 꿈을 통해 사건을 예견하며 검사 마누엘과 함께 범죄를 해결하는 내용의 수사 드라마

274 **Merlin** 영국 아서왕 신화에 나오는 마법사 멀린의 젊은 시절 이야기를 담은 판타지 시대극

275 **Mildred Pierce** 미국의 대공황 시기에 여성 사업가로 성공한 밀드레드와 딸의 갈등, 두 번째 남편의 죽음에 얽힌 비밀에 관한 시대극

276 **Midsomer Murders** 영국의 시골 마을 미드소머 카운티의 형사 바나비가 각종 강력 범죄들을 해결하는 내용의 수사 드라마

277 **Miss Fisher's Murder Mysteries** 1920년대 호주를 배경으로 여자 탐정 피셔가 살인 사건을 조사하는 내용의 수사 드라마

278 **Missing** 전직 CIA 요원인 베카가 로마에서 실종된 아들을 찾기 위해 정체 모를 납치범들과 싸우는 이야기를 담은 액션 스릴러 드라마

279 **Mistresses** 30대 여성 4명의 불륜, 남편의 죽음 등 기구한 사랑 이야기를 담은 드라마

280 **Modern Family** LA에 사는 세 가정을 통해 현대 미국 가정의 일상을 보여 주는 시트콤

281 **Mom** 알코올 중독을 극복한 싱글맘 크리스티가 두 아이와 엄마 보니와 함께 생활하면서 일어나는 일들을 그린 시트콤

282 **Monk** 결벽증, 고소공포증, 강박증 등을 갖고 있는 예민한 전직 경찰 몽크가 경찰의 자문 탐정으로 활약하며 사건을 해결하는 수사 드라마

283 **Mozart in the Jungle** 오케스트라 지휘자 로드리고와 오보이스트 헤일리를 중심으로 오케스트라 연주자들의 이야기를 담은 코미디 드라마

284 Mr. Bean 영국의 중년 소시민 남성 미스터 빈의 좌충우돌 일상 생활을 슬랩스틱 코미디로 그린 시트콤

285 Mr. Robot 사회부적응자인 프로그래머 엘리엇이 해커 조직과 연관되면서 벌어지는 사건을 다룬 심리 스릴러 드라마

286 Mr. Selfridge 1900년대 런던에서 백화점을 개업한 미국인 사업가 셀프리지의 이야기를 담은 시대극

287 Mr. Show 미국의 코미디언 밥과 데이비드가 진행하는 코미디 쇼

288 Murdoch Mysteries 19세기 말 영국의 식민지 시절 캐나다를 배경으로 형사 머독이 과학 수사로 사건을 해결하는 수사 드라마

289 My Mad Fat Diary 1990년대 영국 링컨셔를 배경으로, 4개월 동안 정신병원에 입원했다 돌아온 16세 소녀 레이의 성장과 치유 과정을 그린 드라마

290 My So-Called Life 1990년대 중반 미국 고등학생들의 고민과 방황, 학교 생활을 다룬 드라마

291 Mystery Science Theater 3000 미친 괴짜 과학자 클래이튼과 프랭크가 관리인 조엘을 우주로 보내 로봇을 만드는 내용의 코미디 SF 드라마

292 Narcos 콜롬비아 마약왕 파블로 에스코바르의 실화를 바탕으로 경찰, 정치, 대통령까지 휘두르려고 했던 마약 조직의 실체를 다룬 범죄 드라마

293 Nashville 예전의 스타 컨트리 가수 레이나와 신흥 스타 줄리엣의 라이벌 구도를 중심으로 컨트리 음악계의 이야기를 담은 음악 드라마

294 NCIS 미국 해군과 해병대에 관련된 범죄를 해결하는 해군 범죄 수사국 특수요원 팀의 이야기를 다룬 수사 드라마

295 New Girl 실연 당한 제시가 남자 셋이 집주인인 집에 룸메이트로 들어가면서 벌어지는 일들을 그린 시트콤

296 Newhart 작가인 밥과 아내 매리가 버몬트의 작은 시골 마을에서 여관을 운영하며 일어나는 일들을 그린 시트콤

297 Nikita 암살자로 훈련 받은 니키타가 자신을 훈련시킨 비밀 조직 디비전과 대결하는 이야기를 담은 액션 드라마

298 Nobel 아프가니스탄 전쟁에 참전한 노르웨이 군인의 이야기를 다룬 전쟁 드라마

299 North & South 미국 남북전쟁 발발 직전, 남부인 오리와 북부인 조지의 우정 이야기를 다룬 드라마

300 No Tomorrow 품질 관리 평가자인 에비가 종말을 믿고 자유분방하게 사는 자비어와 만나 사랑에 빠지면서 일어나는 일들을 그린 드라마

301 **Nurse Jackie** 뉴욕 병원 간호사인 재키와 병원 동료들의 이야기를 담은 블랙코미디 드라마

302 **O.J. : Made in America** 유명 미식축구 선수였다가 아내 살인 사건으로 몰락한 O. J. 심슨의 일대기를 통해 미국의 인종 문제를 다룬 다큐멘터리

303 **Oliver Stone's Untold History of the United States** 잘 알려지지 않은 사건들을 통해 현대 미국의 역사가 어떻게 형성되었는가를 살펴보는 역사 다큐멘터리

304 **On My Block** 어렸을 때부터 절친한 친구 4명이 고등학생이 되면서 겪게 되는 사랑과 우정, 오해와 갈등 이야기를 담은 드라마

305 **Once Upon a Time** 백설공주의 딸이지만 현실 세계에 살고 있던 엠마가 동화 속 인물들이 기억을 잃은 채 살고 있는 마을 스토리브룩에 가면서 일어나는 일들을 그린 판타지 드라마

306 **One Day at a Time** 미국에 정착한 쿠바계 이민자 가정에서 외할머니, 엄마, 남매 등 삼대가 함께 살며 일어나는 일들을 그린 시트콤

307 **One Tree Hill** 고등학교 농구부를 배경으로 십대들의 사랑과 우정 이야기를 그린 하이틴 로맨스 드라마

308 **Orange Is the New Black** 마약 사건에 휘말려 뉴욕 연방 여자 교도소에서 복역하게 된 파이퍼가 죄수들과 엮이며 벌어지는 일들을 그린 드라마

309 **Origin** 다른 행성에서의 새 삶을 찾아 우주선 오리진 호에 탑승한 사람들이 가는 도중에 사고로 잠에서 깨어난 뒤, 괴생물체와 마주치는 내용의 SF 드라마

310 **Orphan Black** 서로 다른 환경 속에서 성장한 복제 인간들이 서로의 존재를 알게 되면서 자신들에 얽힌 비밀을 찾아가는 내용의 SF 스릴러 드라마

311 **Oz** 오스왈드 교도소의 에메랄드 시티라는 공간을 배경으로 마약, 동성애, 살인 등 교도소 안에서 일어나는 사건들을 다룬 드라마

312 **Pablo Escobar : El Patrón del Mal** 콜롬비아의 전설적인 마약왕 파블로 에스코바의 일대기를 다룬 드라마

313 **Paranoid** 영국의 작은 마을에서 발생한 살인 사건의 배후를 추적하면서 거대한 음모가 드러나는 내용의 범죄 스릴러 드라마

314 **Parenthood** 지크와 카밀 부부가 그들의 성장한 4남매와 손자들과 함께 살아가는 일상을 다룬 가족 드라마

315 **Parks and Recreation** 가상의 도시 퍼니를 배경으로 공원과 여가 부서에서 일하는 공무원들의 이야기를 그린 오피스 코미디 드라마

316 **Anthony Bourdain : Parts Unknown** 요리사 안소니 부르댕이 세계를 여행하며 잘 알려지지 않은 장소와 문화, 요리를 소개하는 쇼 프로그램

317 **Party Down** 할리우드 배우 지망생, 작가 지망생 등 6명이 함께 파티 대행 업체를 운영하면서 벌어지는 일을 그린 코미디 드라마

318 **Peaky Blinders** 제1차 세계대전 직후 영국 버밍엄을 배경으로 셸비 가문이 이끄는 범죄 조직인 피키 블라인더스의 이야기를 그린 범죄 드라마

319 **Peep Show** 대학 동창이자 룸메이트인 두 남자의 직장 생활과 일상을 그린 코미디 드라마

320 **Penny Dreadful** 19세기 영국을 배경으로 말콤 경이 딸을 뱀파이어로부터 구하기 위해 프랑켄슈타인, 늑대인간 등을 모으면서 펼쳐지는 판타지 공포 드라마

321 **Person of Interest** 전 국민을 감시하는 대테러 프로그램을 개발한 개발자가 전직 CIA 요원과 함께 테러 외에 강력 범죄를 예방하기 위해 나서는 액션 스릴러 드라마

322 **Pitch** 최초로 미국 메이저리그에서 활약하게 되는 흑인 여자 선수의 이야기를 담은 스포츠 드라마

323 **Planet Earth** 초고화질 항공 영상으로 지구의 아름답고 광활한 자연 환경과 생물 군락을 소개하는 자연 다큐멘터리

324 **Poldark** 18세기 후반 영국 콘월을 배경으로 미국 독립전쟁에 참전한 뒤 돌아온 로스 폴닥이 몰락한 가문을 일으키기 위해 애쓰는 이야기를 담은 시대극

325 **Portlandia** 미국 포틀랜드를 배경으로 도시에서 벌어지는 엉뚱한 사건들을 그린 코미디 드라마

326 **Pretty Little Liars** 친구인 앨리슨이 죽은 뒤 4명의 친구들이 익명의 발신자 A로부터 의문의 메시지를 받으면서 펼쳐지는 스릴러 드라마

327 **Pride and Prejudice** 18세기 영국을 배경으로 오만한 귀족 다아시와 편견을 가졌던 엘리자베스가 오해를 극복하고 사랑에 빠지는 내용의 로맨스 드라마

328 **Prime Suspect** 뉴욕 경찰서 강력계 형사 제인이 성차별을 극복하고 오직 실력으로 사건을 해결하는 내용의 수사 드라마

329 **Prison Break** 누명을 쓴 형을 구하기 위해 탈옥 계획을 세우고 일부러 감옥에 들어간 동생의 고군분투를 그린 스릴러 드라마

330 **Private Practice** 〈Grey's Anatomy〉의 스핀오프로 시애틀에서 일하던 외과의 에디슨이 LA로 이사하고 겪는 일상과 로맨스를 다룬 메디컬 드라마

331 **Prohibition** 1920~1933년까지 금주법이 시행됐던 미국의 역사를 다룬 다큐멘터리

332 **QI** 매주 다른 주제로 퀴즈를 푸는 영국의 코미디 쇼

333 **Quantico** FBI 훈련생 알렉스가 테러 용의자로 의심받는 가운데 진짜 테러범을 추적하는 내용의 액션 드라마

334 Queer as Folk 동성애자들의 삶을 통해 그들의 결혼과 출산, 성소수자 혐오, 가족과의 불화, 에이즈 등 여러 문제를 다룬 드라마

335 Raising Hope 23살에 갑자기 미혼부가 된 지미가 젊은 부모님, 증조할머니와 함께 딸 호프를 키우며 벌어지는 일들을 그린 시트콤

336 Rebellion 영국에 대한 아일랜드의 독립 전쟁을 1916년 부활절 봉기부터 다룬 드라마

337 Rectify 여자 친구를 강간, 살해한 혐의로 사형 선고를 받고 19년 동안 복역했던 대니얼이 증거불충분으로 풀려나면서 벌어지는 일들을 다룬 드라마

338 Red Oaks 1980년대를 배경으로 레드 오크스 컨트리 클럽의 테니스 코치 데이비드와 친구들의 일상을 그린 코미디 드라마

339 Red Rock 아일랜드의 레드락이라는 가상의 마을을 배경으로 앙숙인 카일리 집안과 헤네시 집안의 충돌로 일어나는 사건을 그린 드라마

340 Reign 스코틀랜드의 여왕 메리 스튜어트를 둘러싼 사랑, 야망, 정치적 음모 등을 담은 시대극

341 Rescue Me 뉴욕 소방서를 배경으로 9. 11 테러 현장에 출동한 뒤 트라우마를 겪는 소방관 토미와 동료들의 이야기를 담은 드라마

342 Revenge 테러리스트로 누명 쓰고 죽은 아버지의 복수를 하려는 딸의 분투를 그린 드라마

343 Revolution 어느 날 갑자기 지구에 전기가 사라지고 15년 뒤에 약육강식의 법칙에 따라 살아가는 사람들의 이야기를 그린 드라마

344 Rick and Morty 천재 과학자이지만 알코올 중독자인 릭이 손자인 모티와 함께 펼치는 우주 모험 이야기를 그린 애니메이션

345 Rick Steves' Europe 미국의 여행 작가 릭 스티브가 안내하는 유럽 여행을 다룬 여행 다큐멘터리

346 Ripper Street 1889년 연쇄살인범 잭 더 리퍼와 유사한 범죄를 해결하기 위한 런던 경찰들의 이야기를 담은 수사 드라마

347 Rita 덴마크의 교사 리타의 학교 생활과 일상을 다룬 코미디 드라마

348 (The) River 탐험가 에밋 박사가 아마존에서 실종된 뒤 아들인 링컨 등이 포함되어 떠난 구조대가 겪는 사건들을 담은 미스터리 드라마

349 Riverdale 시골 마을 리버데일의 고등학교를 배경으로 제이슨의 실종 사건을 추적하는 베티와 주변 아이들의 이야기를 담은 스릴러 드라마

350 Rock the Park 미국의 국립 공원을 소개하는 자연 다큐멘터리

351 Roman Empire : Reign of Blood 로마 제국의 통치를 다룬 역사 다큐멘터리

352 Rome 카이사르 부대의 병사인 보레누스와 풀로를 통해 BC 52년부터 BC 27년까지의 파란만장한 로마 역사를 그린 시대극

353 Roots 1767년 감비아에서 미국으로 끌려와서 노예가 된 쿤타 킨테와 그의 후손들의 삶을 통해 미국 노예 제도의 실상을 고발한 시대극

354 Roseanne 일리노이에 사는 노동자 계층인 코너 가족의 일상을 그린 시트콤

355 Roswell 1947년 미국 로스웰 지역에 UFO가 추락했던 사건을 모티브로 고등학생 리즈가 외계인들과 얽히면서 벌어지는 사건을 다룬 SF 미스터리 드라마

356 Royal Pains 거리의 환자를 치료하느라 VIP 환자를 죽게 만들어 쫓겨난 의사 행크가 실력으로 부촌 햄튼의 왕진 의사가 된다는 내용의 메디컬 드라마

357 Runaway 각각의 부모님들이 악당이라는 사실을 알게 된 십대 6명이 가출한 뒤 팀으로 뭉쳐서 악의 세력에 대항하는 히어로 드라마

358 Sabrina the Teenage Witch 마법사 아버지와 인간 어머니 사이에서 태어나 마법을 쓸 수 있는 사브리나의 일상을 그린 판타지 드라마

359 Salem 17세기의 미국의 세일럼을 배경으로 마녀 사냥의 광풍 속에서 음모를 꾸미는 진짜 마녀의 이야기를 담은 판타지 공포 시대극

360 Santa Clarita Diet 평범한 부동산 중개인 쉴라가 좀비가 되면서 그녀의 가족이 겪는 좌충우돌 이야기를 담은 시트콤

361 Saturday Night Live 미국의 정치, 문화를 풍자한 짧은 콩트들과 스타가 생방송으로 출연하는 코너들로 다양하게 구성된 코미디 쇼

362 Scandal 백악관 대변인이었던 올리비아가 위기 관리 사무소를 운영하면서 일어나는 사건들과 숨겨진 정치적 음모 등을 다룬 정치 드라마

363 Schitt's Creek 갑부였던 로스 가족이 자산 관리인에게 사기를 당해 망하고 시골로 이사하면서 겪는 일들을 그린 시트콤

364 Scorpion 실존 인물인 천재 해커 월터 오브라이언을 모델로 월터를 중심으로 여러 천재들이 모여 사건을 해결한다는 내용의 드라마

365 Scream 작은 시골 마을에서 일어나는 고등학생 연쇄 살인 사건을 다룬 공포 드라마

366 Scrubs 3명의 인턴이 진정한 의사로 성장해 가는 과정을 그린 시트콤

367 Seinfeld 미국의 코미디언 제리 사인필드가 뉴욕에서의 일상 생활을 재미있게 표현한 시트콤

368 Sense 8 인종, 국가, 성별이 다른 8명의 사람들이 서로 정신적으로 연결되었음을 알게 되면서 그들을 쫓는 조직 BPO에 맞서는 판타지 드라마

369 Sex and the City 뉴욕에 사는 4명의 여자 친구들의 사랑과 우정, 일상을 다룬 드라마

370 **Sex Education** 성 상담사 어머니를 둔 모태 솔로 고등학생 오티스가 학교 화장실에서 친구들의 성 상담을 해 주면서 일어나는 일들을 담은 드라마

371 **Shadowhunters : The Mortal Instruments** 뉴욕의 평범한 소녀인 클레리가 자신이 악마를 처단하는 섀도 헌터인 것을 알게 되면서 일어나는 일을 그린 액션 판타지 드라마

372 **Shameless** 알코올 중독자인 프랭크와 6명의 자녀들이 시카고 빈민가에서 살아가며 벌어지는 사건들을 담은 드라마

373 **Sherlock** 21세기 영국을 배경으로 셜록 홈스와 왓슨 박사가 사건들을 해결하며 숙적 모리아티 교수와 대결하는 내용의 추리 드라마

374 **Shut Eye** 전직 마술사 찰리가 심령술로 사기 치며 살아가던 중 머리를 다쳐 신비한 능력을 얻게 되고 범죄 조직과 얽히게 되는 내용의 드라마

375 **Siren** 자신의 자매를 구하기 위해 육지로 나온 인어 린이 해양 생물 학자 벤을 만나면서 일어나는 사건들을 담은 스릴러 드라마

376 **Six Feet Under** LA에서 장의사 일을 하는 피셔 가족과 여러 유형의 죽음에 관한 이야기를 담은 드라마

377 **Slasher** 살인 사건으로 부모를 잃은 새라가 성인이 된 뒤 다시 연쇄 살인 사건에 휘말리게 된다는 내용의 공포 드라마

378 **Sleepy Hollow** 250년 뒤 현대에서 깨어난 주인공 이카보드가 목 없는 유령 기사들과 대결하는 내용의 판타지 공포 드라마

379 **Sliders** 웜홀을 통해 여러 개의 평행우주를 여행하는 사람들의 이야기를 담은 SF 어드벤처 드라마

380 **Smallville** 슈퍼맨의 사춘기부터 청년 시절의 이야기를 담은 히어로 액션 드라마

381 **Sneaky Pete** 사기꾼 마리우스가 감방 동료였던 피트 행세를 하며 그의 가족들과 얽히게 되는 내용의 드라마

382 **Sons of Anarchy** '차밍'이라는 동네 오토바이 갱단이 경찰, 다른 갱단 등과 대립하며 세력을 키우는 내용의 액션 드라마

383 **The Sopranos** 마피아 중간 보스 토니 소프라노스가 가정과 조직을 지키기 위해 동분서주하는 내용의 드라마

384 **Southland** LA를 배경으로 사건 현장을 뛰어다니는 경찰들의 모습을 현실감 있게 그린 수사 드라마

385 **South Park** 카트만, 카일, 케니, 스탠 4명의 악동들을 통해 미국 사회와 문화를 풍자한 애니메이션

386 **Spaced** 팀과 데이지가 집을 얻기 위해 가짜 커플 행세를 하면서 벌어지는 사건들을 담은 시트콤

387 **Spartacus** 기원전 1세기 로마에 대항한 노예 반란군을 이끌었던 실존 인물 검투사 스파르타쿠스의 일대기를 담은 시대극

388 **Speechless** 지체 장애와 언어 장애가 있는 JJ와 그 가족들의 이야기를 유쾌하게 그린 시트콤

389 **Sponge Bob Square Pants** 해저 도시 비키니 시티에 사는 해면동물 스폰지밥과 친구들의 일상을 담은 애니메이션

390 **Sports Night** 케이블 방송에서 야간에 〈스포츠 나이트〉라는 프로그램을 진행하는 케이시와 댄의 이야기를 담은 드라마

391 **Spotless** 범죄 현장을 치우는 청소 업체를 운영하는 장이 형 때문에 범죄 조직과 얽히면서 벌어지는 사건들을 그린 범죄 드라마

392 **Standoff** FBI 협상가 맷과 파트너 데일리가 사건을 해결하는 과정을 담은 수사 드라마

393 **Star-Crossed** 지구에 외계인들이 살기 시작한 뒤 인간 소녀 에머리와 외계인 소년 로먼의 금지된 사랑 이야기를 담은 SF 드라마

394 **Stargate SG-1** 행성 간 이동할 수 있는 스타게이트를 이용하여 모험을 하는 내용의 SF 드라마

395 **Star Trek : Deep Space Nine** 연방 우주 정거장 딥 스페이스 나인에서 우주 평화를 지키는 시스코 사령관과 대원들의 이야기를 담은 SF 드라마

396 **Star Trek : Enterprise** 〈Star Trek〉 시리즈의 프리퀄로 엔터프라이즈 NX-01의 조나단 선장과 선원들이 우주에서 모험을 하는 SF 드라마

397 **Star Trek : The Next Generation** 〈Star Trek〉 오리지널 시리즈의 백 년 뒤의 이야기로 엔터프라이즈 D호의 피카드 선장과 선원들의 이야기를 담은 SF 드라마

398 **Star Trek : The Original Series** 2265년, 우주 함선 USS 엔터프라이즈 호의 커크 선장과 승무원들의 모험을 그린 SF 드라마

399 **Star Trek : Voyager** 〈Star Trek〉 시리즈의 스핀오프로 연방 우주탐사선 USS 보이저 호가 반란 세력을 추적하며 겪는 모험담을 그린 SF 드라마

400 **Star Wars : The Clone Wars** 영화 〈스타워즈〉의 내용을 바탕으로 제다이들의 활약을 다룬 애니메이션

401 **Steven Universe** 외계 문명의 위협에서 지구를 지키는 조직 크리스탈 젬스의 일원 스티븐의 주변에서 일어나는 일들을 담은 애니메이션

402 **Stitchers** 죽은 사람의 기억 속에 들어가 살인 사건의 단서를 찾는 내용의 수사 드라마

403 Stranger Things 1980년대 미국 인디애나주를 배경으로 한 소년이 실종되고 마을에 일어난 이상한 일들을 담은 미스터리 공포 드라마

404 Suits 천재적인 암기력을 가진 마이크가 무면허 변호사로 일류 변호사 하비와 함께 일하면서 일어나는 사건들을 담은 법정 드라마

405 Super girl 영화 〈슈퍼맨〉의 스핀오프로 슈퍼맨보다 24년 늦게 지구에 도착한 카라가 슈퍼걸로 활약하며 지구를 지킨다는 내용의 히어로 드라마

406 Supernatural 인간 세상에 들어온 악마들을 물리치는 형과 동생의 이야기를 담은 판타지 공포 드라마

407 Switched at Birth 태어나면서 부모가 뒤바뀐 두 소녀, 대프니와 베이가 한집에 살게 되면서 서로를 알아 가는 내용의 하이틴 드라마

408 Taboo 19세기 초반 아프리카에 있던 제임스가 런던으로 돌아와 아버지의 사업을 이어받으며 영국과 미국의 충돌에 휘말리게 되는 내용의 시대극

409 Tales by Light 세계적인 사진작가 5명이 히말라야에서 파푸아 뉴기니의 해저까지 풍경을 카메라에 담는 과정을 다룬 다큐멘터리

410 Taxi 뉴욕에서 일하는 택시 운전사들의 일상을 다룬 시트콤

411 Terra Nova 2149년, 지구가 피폐해지고 시간의 문을 통해 80만 년 전의 지구로 돌아간 사람들의 이야기를 그린 SF 드라마

412 Terriers 전직 경찰인 행크가 친구 브릿과 함께 무허가 사설 탐정사무소를 열며 일어나는 이야기를 담은 코미디 드라마

413 That 70's Show 1970년대 미국을 배경으로 에릭, 재키, 마이클, 스티브, 도나 등 5명 친구들의 청춘과 우정 이야기를 그린 시트콤

414 The 100 핵전쟁으로 파괴된 지구에 생존 실험을 위해 보내진 100명의 아이들의 이야기를 담은 SF 드라마

415 The Adventure of Sherlock Holmes 코난 도일의 소설을 원작으로 탐정 셜록 홈스와 조수 왓슨 박사가 사건을 해결하는 내용의 추리 드라마

416 The Affair 불륜 관계인 노아와 앨리슨이 어떤 사건에 휘말려 경찰의 조사를 받게 되면서 서로 다른 입장을 보여 주는 내용의 드라마

417 The Americans 냉전 시대인 1980년대 미국에 스파이로 온 소련의 KGB 요원 부부의 이야기를 담은 첩보 드라마

418 The Bible 창세기부터 요한계시록까지 성경의 내용을 다큐멘터리 형식으로 담은 드라마

419 The Blacklist 거물급 범죄자 레이먼드가 FBI와 협력하여 다른 범죄자들을 잡는 내용의 수사 드라마

420 The Bletchley Circle 1952년을 배경으로 제2차 세계대전에서 암호해독가로 일했던 4명의 여성이 연쇄살인범을 잡기 위해 다시 뭉친다는 내용의 수사 드라마

421 The Blue Planet 해변가에서부터 심해의 해저에 이르기까지 바다에 대해 심도 있게 조명한 자연 다큐멘터리

422 The Borgias 15세기 로마를 배경으로 가장 타락한 교황 알렉산더 6세를 배출한 보르지아 가문의 권력을 향한 음모를 다룬 시대극

423 The Bridge 국경에서 발생한 연쇄 살인 사건을 조사하기 위해 미국과 멕시코 경찰이 협력한다는 내용의 수사 드라마

424 The Carmichael Show 코미디언 카마이클의 가족과 여자 친구를 중심으로 일어나는 이야기를 담은 시트콤

425 The Catch 사립 탐정인 앨리스가 약혼남이었던 사기꾼을 추적하면서 벌어지는 사건들을 담은 드라마

426 The Chicago Code 시카고 최초의 여성 경찰청장이 시카고의 부정부패 범죄와 싸우는 내용의 수사 드라마

427 The Closer 범인에게서 자백을 끌어내 사건을 끝내는 데 재능을 가진 LA 경찰 부서장 브렌다와 동료들의 이야기를 담은 수사 드라마

428 The Crown 1950년대 영국을 배경으로 엘리자베스 2세의 즉위 초기와 영국 근현대사 주요 사건들의 이면을 담은 시대극

429 The Cuba Libre Story 소련과 미국이 대립하던 냉전 시대, 쿠바의 격동의 역사를 다룬 다큐멘터리

430 The Eighties 1980년대 레이건 대통령, 냉전 종식, 텔레비전의 확산, 음악 산업의 진화 등 미국의 역사를 담은 다큐멘터리

431 The Fall 북아일랜드 벨파스트를 배경으로 연쇄살인범을 체포하기 위해 파견된 런던 경시청 수사관 스텔라의 이야기를 담은 수사 드라마

432 The Finder 이라크전 참전 때 입은 뇌 손상으로 무엇이든 찾을 수 있는 능력을 갖게 된 남자가 여러 사건을 해결해 나가는 내용의 수사 드라마

433 The Flash 입자 가속기 폭발 사고로 빛보다 빠르게 움직이는 능력을 갖게 된 배리가 센트럴 시티의 범죄자들을 물리치는 내용의 히어로 드라마

434 The Following 연쇄살인범 조 캐롤과 전 FBI 요원 라이언 하디의 숨막히는 대결을 그린 스릴러 드라마

435 The Fosters 동성 커플 리나와 스테파니가 2명의 입양아, 2명의 위탁아, 친아들과 함께 지내는 일상을 다룬 가족 드라마

436 **The F Word** 유명 요리사 고든 램지가 진행하는 요리 대결 프로그램

437 **The Get Down** 1970년대의 뉴욕의 브롱크스를 배경으로 힙합을 하는 십대들의 이야기를 그린 음악 드라마

438 **The Glades** 시카고 형사 짐이 플로리다로 전출되면서 여러 사건을 수사하는 내용의 수사 드라마

439 **The Good Fight** 〈The Good Wife〉의 스핀오프로 로펌에서 일하는 변호사들의 이야기를 다룬 법정 드라마

440 **The Golden Girls** 마이애미에 사는 이혼녀, 과부 등 4명의 나이든 여자들의 일상을 다룬 코미디 드라마

441 **The Good Place** 죽은 뒤 착오로 Good Place에 보내진 엘레노어가 그곳에 소속되기 위해 개과천선하려고 노력하는 내용의 드라마

442 **The Good Wife** 정치인 남편이 스캔들로 감옥에 가고 13년 만에 변호사로 복귀한 엘리샤의 이야기를 담은 법정 드라마

443 **The Grand Tour** 유명 진행자 제레미, 리처드, 제임스가 자동차를 리뷰하는 자동차 예능 프로그램

444 **The Great British Baking Show** 영국의 아마추어 제빵사들이 10주간의 기간 동안 최고가 되기 위해 경쟁하는 요리 대결 프로그램

445 **The handmaid's tale** 암울한 미래를 배경으로 가임 능력이 있는 여자들이 권력자의 집에 강제로 대리모로 보내지면서 일어나는 사건들을 그린 드라마

446 **The Heavy Water War** 제2차 세계대전 당시 핵폭탄을 만들려는 나치 독일과 이를 막으려는 연합군의 노력을 그린 전쟁 드라마

447 **The Inbetweeners** 영국의 약간은 부족한 고등학생 4명의 일상을 다룬 시트콤

448 **The IT Crowd** 대기업 IT 부서에 컴맹 여직원 젠이 매니저로 부임하고 부서원 로이와 모리스와 만나면서 벌어지는 일을 담은 시트콤

449 **The Kettering Incident** 어린 시절 친구가 실종되어 트라우마를 가진 의사 안나가 15년 뒤 클로이의 실종에 얽히면서 펼쳐지는 미스터리 드라마

450 **The Killing** 한 시즌 동안 하나의 사건을 다루며 형사 새라와 스티븐이 사건을 추적하는 과정을 그린 수사 드라마

451 **The Knick** 1900년대 뉴욕의 병원을 배경으로 당시 시대 상황과 의료 현실을 그린 시대극

452 **The Last Man on Earth** 2022년의 미래에 지구에 홀로 살아남은 한 남자의 이야기를 담은 시트콤

453 **The League**　판타지 풋볼이라는 시뮬레이션 게임을 즐겨 하는 6명 친구들의 일상을 담은 시트콤

454 **The Leftovers**　어느 날 갑자기 지구의 60억 인구 중 2%가 사라진 후 남겨진 사람들의 이야기를 담은 미스터리 드라마

455 **The Legend of Korra**　물의 부족 코라가 에어 밴딩을 배우기 위해 모험을 떠나는 내용의 애니메이션

456 **The Last Kingdom**　9세기 후반 바이킹의 침략에 대항하는 영국의 웨섹스 왕국의 이야기를 담은 시대극

457 **The Magicians**　뉴욕의 마법 대학교 브레이크 빌스에 입학한 쿠엔틴이 마법 세계에서 겪는 사건들을 담은 SF 드라마

458 **The Man in the High Castle**　제2차 세계대전에서 히틀러가 승리한 가상의 1960년대에 독일과 일본의 지배를 받는 미국의 이야기를 담은 시대극

459 **The Mary Tyler Moore Show**　방송국 프로듀서 보조로 일하는 메리가 당당하게 일과 사랑을 해 나가는 과정을 그린 시트콤

460 **The Mentalist**　사기꾼 영매사 패트릭이 연쇄살인범 레드존에게 부인과 딸을 잃은 뒤 수사팀을 도와 여러 사건을 해결하며 레드존을 추적하는 내용의 수사 드라마

461 **The Mindy Project**　산부인과 의사 민디의 엉뚱한 일상을 그린 시트콤

462 **The Missing**　5살 때 실종된 아들 올리버를 계속 찾는 토니의 이야기를 담은 스릴러 드라마

463 **The Mysteries of Laura**　쌍둥이 형제를 키우는 뉴욕 강력반 형사 로라의 일상을 그린 코미디 수사 드라마

464 **The Newsroom**　앵커 윌이 뉴스룸 스태프들과 진짜 뉴스를 전달하기 위해 노력하는 내용의 드라마

465 **The Night Manager**　전직 군인인 조나단이 무기 거래상 리처드를 무너뜨리기 위해 측근으로 잠입하며 펼쳐지는 첩보 드라마

466 **The OA**　7년 동안 실종되었다가 신비한 힘을 가지고 돌아온 딸을 둘러싸고 벌어지는 일들을 그린 미스터리 드라마

467 **The O.C.**　빈민가에서 오렌지 카운티라는 부자 동네에 들어간 고등학생 라이언의 가족을 중심으로 부자들의 세계를 사실적으로 그린 하이틴 드라마

468 **The Office**　사무용지 판매 회사에 다니는 다양한 인물들이 벌이는 사건들을 담은 시트콤

469 **The Originals**　〈The Vampire Diaries〉의 스핀오프로 1세대 뱀파이어 가족들의 이야기를 다룬 판타지 드라마

470 **The Orville** 〈Star Trek〉 시리즈의 코미디 버전으로 우주 탐사선 오빌 호의 승무원들의 이야기를 담은 드라마

471 **The Pacific** 〈Band of Brothers〉의 후속작으로 제2차 세계대전 당시 태평양 전선에서 미국 해병대의 활약을 통해 전쟁의 참상을 보여 주는 전쟁 드라마

472 **The Paradise** 1870년대 영국 최초의 백화점 '더 파라다이스'에서 펼쳐지는 사랑 이야기를 담은 로맨스 시대극

473 **The Path** 종교 공동체에서 가족과 평화롭게 살아가던 에디가 공동체에 의구심을 품게 되며 벌어지는 사건을 담은 드라마

474 **The Punisher** 이라크전에 참전했던 군인 프랭크가 가족들이 살해당하는 것을 목격한 뒤 물불 가리지 않고 범죄자들을 처단하는 내용의 드라마

475 **The Ranch** 실패한 미식축구 선수 콜트가 고향 콜로라도에 돌아와 형과 함께 농장을 운영하는 일상을 담은 시트콤

476 **The Returned** 한 마을에서 수년 전, 혹은 수십 년 전 죽은 사람들이 하나 둘씩 돌아오면서 벌어지는 사건을 담은 미스터리 드라마

477 **The Roosevelts : An Intimate History** 미국 정치 역사상 중요한 인물인 시어도어, 프랭클린, 엘리너 루스벨트의 삶을 살펴보는 다큐멘터리

478 **The Seventies** 베트남 전쟁, 워터게이트 스캔들, 테러의 위험 등 1970년대의 미국 역사를 살펴본 다큐멘터리

479 **The Shannara Chronicles** 핵전쟁으로 문명이 붕괴된 지구에 엘프, 난쟁이, 트롤, 인간이 공존하면서 악의 세력 디몬과 싸우는 이야기를 담은 판타지 드라마

480 **The Shield** LA의 비리 경찰 맥키가 자신만의 폭력적인 방식으로 사건을 해결하는 내용의 수사 드라마

481 **The Simpsons** 미국 방송 역사상 가장 오래 방영되고 있는 작품으로 심슨 가족의 일상을 그린 애니메이션

482 **The Sinner** 가족과 함께 놀러간 해변에서 갑자기 살인을 저지른 가정주부 코라가 조사받으면서 일어나는 사건들을 그린 스릴러 드라마

483 **The Sixties** 쿠바 미사일 위기, 케네디 대통령 암살 사건, 베트남 전쟁 등 1960년대의 미국 역사를 살펴본 다큐멘터리

484 **The Thick of It** 가상의 영국 정부 부처의 직원들을 주인공으로 영국의 공직 사회와 정치를 풍자한 시트콤

485 **The Tomorrow People** 텔레포트, 텔레파시, 염력 등의 초능력을 갖고 태어난 '투모로우 피플'과 그들을 없애려는 조직 '울트라'의 대결을 그린 SF 드라마

486 The Tonight Show : Starring Jimmy Fallon 미국의 코미디언 지미 팰론이 진행하는 인기 있는 토크 쇼

487 The Tudors 영국 튜더 왕조의 헨리 8세가 왕비를 6번 바꾸며 종교, 정치에서 여러 스캔들을 일으킨 역사를 담은 시대극

488 The Twilight Zone (Original) 초능력, 괴물, 외계인 등 초자연적이고 불가사의한 단편 이야기들로 구성한 판타지 공포 드라마

489 The Umbrella Academy 7명의 슈퍼 히어로들이 자신들을 입양하고 훈련시켰던 양아버지 레널드의 장례를 계기로 뭉친 뒤, 종말을 막기 위해 활약하는 히어로 드라마

490 The Vampire Diaries 두 뱀파이어 형제와 인간 소녀의 삼각 관계를 다룬 판타지 드라마

491 The Walking Dead 좀비들이 창궐하는 세상에서 살아남은 생존자 그룹들이 서로 협력하기도 하고 전쟁을 벌이기도 하는 내용의 드라마

492 The West Wing 대통령을 보좌하는 백악관 참모진의 활약상을 흥미진진하게 그려낸 정치 드라마

493 The Wine Show 와인 구입부터 어울리는 음식까지 다양한 주제로 와인의 세계를 탐구하는 내용의 프로그램

494 The Wire 거대한 마약조직을 수사하는 볼티모어 경찰 특수팀의 이야기를 담은 드라마

495 The Wonder Years 미국 60~70년대 사춘기를 겪는 소년의 성장기를 다룬 시리즈

496 The Wrong Mans 영국 공무원 샘과 친구 필이 버려진 휴대폰을 주웠다가 사건에 휘말리게 되는 내용의 코미디 스릴러 드라마

497 The X-Files FBI 요원 멀더와 스컬리가 사건 파일 넘버 X로 시작하는 불가사의한 사건들을 파헤치는 내용의 미스터리 수사 드라마

498 This is Us 세 쌍둥이인 케빈, 케이트, 랜달과 그들의 부모 잭과 레베카의 과거와 현재가 교차하며 전개되는 이야기

499 Timeless 타임머신을 훔쳐 역사를 바꾸려는 악당을 잡기 위해 시간 여행을 하는 역사학자, 군인, 프로그래머의 이야기를 담은 SF 드라마

500 Titans 배트맨의 조수 로빈이었다가 경찰이 된 딕이 어쩌다 젊은 초능력자들을 이끌게 되면서 일어나는 사건들을 담은 히어로 드라마

501 Top Chef 최고의 요리사를 뽑는 미국의 요리 대결 프로그램

502 Top Chef Masters 〈Top Chef〉의 스핀오프로 세계적으로 유명한 요리사들이 경쟁하는 요리 대결 프로그램

503 Top Gear 유명 자동차들로 여러 가지 미션을 수행하는 예능 프로그램

504 **Top of the Lake** 뉴질랜드의 한 마을에서 12살 소녀 투이가 임신한 채 실종된 사건을 외지인 형사 로빈이 추적하는 내용의 미스터리 수사 드라마

505 **Touch** 사건을 예측하여 숫자로 표현하는 자폐아 소년 제이크의 말에 따라 아버지 마크가 사람들을 돕게 된다는 내용의 드라마

506 **Trailer Park Boys** 빈민가 트레일러 파크에 사는 세 명의 친구들의 일상을 담은 시트콤

507 **Transparent** LA에 사는 한 가족이 어느 날 아버지가 트랜스젠더였다는 사실이 밝혀지면서 겪는 일을 그린 코미디 드라마

508 **Travelers** 미래 사람들의 정신이 현재 죽은 사람들의 몸속에 들어오고 미래에서 받은 임무를 실행하면서 벌어지는 이야기

509 **Treasure of the Earth** 금속, 광물, 보석 등 지구의 땅 아래에 숨겨진 보물들을 탐구하는 다큐멘터리

510 **Treme** 허리케인 카트리나가 휩쓸고 지나간 뉴올리언스 사람들이 도시 재건을 위해 함께 노력하는 내용의 드라마

511 **True Blood** 인간과 뱀파이어가 공존하는 세계에서 마음을 읽을 수 있는 초능력을 가진 수키와 뱀파이어 빌의 사랑 이야기를 담은 판타지 드라마

512 **True Detective** 1995년과 2012년에 발생한 연쇄 살인 사건을 추적하는 루이지애나 형사 러스틴과 마틴의 이야기를 그린 수사 드라마

513 **Turn : Washington's Spies** 1778년 여름, 미국의 독립을 위한 조직을 결성한 농부 에이브와 친구들의 이야기를 담은 시대극

514 **Twin Peaks** 트윈 픽스 마을에서 살해된 소녀 로라의 사건을 추적하면서 마을 사람들의 추악한 비밀이 하나 둘 드러나게 되는 내용의 수사 드라마

515 **Ugly Betty** 뉴욕의 패션잡지사에서 일하는 못생겼지만 영리하고 열정적인 베티와 개성 있는 주변 사람들의 이야기를 담은 코미디 드라마

516 **Ultimate Beastmaster** 국가별 대표 선수들이 극한의 신체적 능력을 요하는 장애물 코스에 도전하는 내용의 서바이벌 예능 프로그램

517 **Unbreakable Kimmy Schmidt** 사이비 종교 단체의 벙커에서 15년 만에 구출된 키미가 뉴욕에서 새로운 삶을 시작하는 내용의 코미디 드라마

518 **Uncorked with Billy Merritt** 코미디언 빌리 메리트가 와인에 대해 탐구하는 내용의 예능 프로그램

519 **Underground** 남북전쟁 전 노예제가 시행되던 미국 남부 조지아에서 노예들을 탈출시키는 조직 레일로드의 이야기를 담은 시대극

520 **Under the Dome** 갑자기 투명한 돔에 둘러싸여 바깥 세상과 단절된 작은 마을에서 일어나는 생존 투쟁을 그린 미스터리 공포 드라마

521 **Veep** 대통령을 꿈꾸는 미국 부통령 셀리나와 그녀의 보좌관들을 중심으로 정치계를 코믹하게 그린 정치 드라마

522 **Velvet** 1950년대 스페인 마드리드를 배경으로 백화점의 사장 알베르토와 재봉사 아나의 사랑 이야기를 담은 드라마

523 **Vera** 영국의 중년 여형사 베라가 사건을 해결하는 내용의 수사 드라마

524 **Veronica Mars** 고등학생 베로니카가 탐정 활동을 하면서 친구 릴리의 죽음에 대해 파헤치는 내용의 하이틴 드라마

525 **Versailles** 프랑스의 루이 14세가 왕권 강화를 위해 베르사유 궁전을 지으려고 하는 가운데 펼쳐지는 여러 가지 음모를 담은 시대극

526 **Vikings** 유럽 대륙을 공포에 떨게 했던 전설의 바이킹 영웅 라그나의 젊은 시절을 담은 시대극

527 **Wallander** 소설이 원작으로, 스웨덴의 위스타드 마을의 경찰 커트가 사건 해결을 위해 고군분투하는 내용의 수사 드라마

528 **War & Peace** 톨스토이의 고전 『전쟁과 평화』를 원작으로 나폴레옹의 러시아 침략 당시의 귀족들의 삶을 그린 시대극

529 **Wayward Pines** 가상의 마을 '웨이워드 파인즈'에서 연방 요원의 실종 사건을 조사하는 비밀 요원 에단의 이야기를 담은 미스터리 스릴러 드라마

530 **Weeds** 평범한 주부가 남편이 죽은 뒤 마약 딜러가 되면서 겪게 되는 일들을 그린 범죄 드라마

531 **Wentworth** 폭력을 휘두르던 남편에 대한 살인 미수로 감옥에 갇힌 베아 스미스가 죄수들과 엮이면서 일어나는 사건들을 담은 드라마

532 **Westworld** 미래를 배경으로 인공지능 로봇들로 가득 찬 테마파크 '웨스트월드'에서 일어나는 사건들을 다룬 SF 스릴러 드라마

533 **What We Do in the Shadows** 뱀파이어 4명과 시중 드는 인간 길레르모의 이야기를 다큐 형식으로 그린 코믹 호러 드라마

534 **When Calls the Heart** 1900년대 초 캐나다 서부의 탄광촌에 교사로 부임한 상류층 여성 엘리자베스의 이야기를 담은 시대극

535 **White Collar** 사기꾼 닐이 FBI의 컨설턴트로 일하게 되면서 FBI 요원 피터 버크와 지능형 범죄 사건을 해결하는 내용의 수사 드라마

536 White Rabbit Project 특수 효과 전문가들이 각종 영화의 장면들, 소문, 전설 등을 과학적 실험으로 증명하는 내용의 프로그램

537 Wilderness Vet 수의사 미셸 오클리가 캐나다 유콘의 방대한 자연 속에서 야생 동물들을 돕는 내용의 다큐멘터리

538 Wilfred 자살에 실패한 청년 라이언이 옆집 개 윌프레드와 우정을 쌓으면서 일어나는 일들을 담은 드라마

539 Wings 미국의 난터켓 섬에서 작은 항공사를 운영하는 조와 브라이언 형제를 중심으로 일어나는 일들을 담은 시트콤

540 Witches of East End 불사의 몸을 가진 조아나와 마녀의 능력이 숨겨져 있는 두 딸 등 마녀들의 이야기를 그린 판타지 드라마

541 Workaholics 대학 시절 룸메이트였던 세 친구의 엉뚱한 회사 생활을 담은 시트콤

542 Wynonna Earp 가문에 이어 내려오는 특별한 능력과 무기로 악령과 맞서 싸우는 소녀 위노나의 이야기를 담은 판타지 액션 드라마

543 You 뉴욕의 서점 매니저 조가 여주인공 벡에게 반해 인터넷으로 뒷조사를 하며 벡을 스토킹하는 내용의 로맨스 스릴러 드라마

544 Young & Hungry 요리사인 개비가 IT업계 창업자인 조쉬의 개인 요리사로 취직하면서 펼쳐지는 사랑 이야기를 담은 코미디 드라마

545 Young Sheldon 〈The Big Bang Theory〉의 스핀오프로 주인공 중 천재 물리학도 셸든 쿠퍼의 어린 시절 이야기를 담은 시트콤

546 Younger 이혼하고 싱글맘이 된 40대의 라이자가 나이를 20대로 속이고 출판사에 취업하면서 벌어지는 사건들을 그린 시트콤

547 You're the Worst 남들에게 최악이라는 소리를 듣는 두 남녀가 만나 사랑에 빠지는 내용의 로맨스 드라마

548 Z Nation 좀비 백신을 만들기 위해 좀비에 면역력을 가진 남자를 캘리포니아의 연구소에 데려가면서 벌어지는 사건을 담은 드라마

549 Zoo 전세계에서 동물들이 인간에 대해 공격을 시작하고 이를 해결하기 위해 나선 동물학자 잭슨의 이야기를 담은 스릴러 드라마

550 Z : The Beginning of Everything 실화를 바탕으로 아름답고 재능 있는 젤다가 소설가 스콧 피츠제럴드를 만나 결혼하면서 겪는 일들을 담은 시대극

미드 시청사이트

넷플릭스 세계 최대 유료 영상 스트리밍 서비스. 인터넷에 연결만 되면 언제 어디서나 드라마, 영화, 다큐멘터리, TV 쇼 등의 고화질 영상 콘텐츠를 무제한으로 즐길 수 있다. 콘텐츠를 유통하기만 하는 것이 아니라 콘텐츠를 자체 제작하기도 한다. 자체 제작한 드라마로는 〈House of Card〉가 유명하고 최근에는 우리나라 드라마 〈킹덤〉도 선보였다. 사용자가 어떤 영상을 주로 보는지 파악해 취향에 맞는 영상을 추천해 준다.

아마존 프라임 미국 최대 온라인 쇼핑몰 아마존 닷컴에서 제공하는 영상 스트리밍 서비스. 전세계에 스트리밍 서비스를 제공하는 곳은 넷플릭스 빼고는 아마존 프라임뿐이다. 제공되는 영상의 수가 아직은 넷플릭스에 비해 적다.

유튜브 사용자가 동영상을 자유롭게 올릴 수 있는 사이트로 전세계 최대의 비디오 플랫폼. 웬만한 드라마, 영화, 다큐멘터리, TV 쇼 등의 동영상도 검색하면 거의 다 나온다. 무료로 볼 수 있지만 중간에 삽입되는 광고들을 봐야 한다. 광고를 안 보고 싶은 사용자를 위해 유튜브 프리미엄 서비스가 나왔다. 그리고 넷플릭스처럼 자체적으로 드라마를 제작하기도 한다.